活动策划实战全书

图解版

卡米雷特 / 编著

电子工业出版社·

Publishing House of Electronics Industry

北京·BEIJING

内 容 简 介

本书以多年的跨行业活动策划经验为基础，总结出一套通用的活动策划理论和方法，希望让不同行业、不同层次、不同职位的关注活动策划工作的读者都能有所收获。

本书共 10 章，涵盖活动策划理论和实践，包括：活动策划人的职责和工作内容；活动的分类；策划思维的含义和要点；思维方式和思维工具；分析活动发起方需求的方法；活动策划方案的呈现方式和内在逻辑；前期调查和市场调研；撰写活动策划方案的方法；活动策划相关的表格；如何优化活动策划方案。

本书兼顾活动策划理论与实践，类比丰富、案例简单、语言浅显易懂，适合刚刚接触活动策划行业的新人及策划跨行业活动的职业策划人，还适合希望了解活动策划如何理论化的业内人士等学习使用。

图书在版编目（CIP）数据

活动策划实战全书：图解版 / 卡米雷特编著. —北京：电子工业出版社，2020.6

ISBN 978-7-121-38818-7

Ⅰ. ①活… Ⅱ. ①卡… Ⅲ. ①活动—组织管理学—图解 Ⅳ. ①C936-64

中国版本图书馆 CIP 数据核字（2020）第 047409 号

责任编辑：高洪霞　　　特约编辑：田学清
印　　刷：北京天宇星印刷厂
装　　订：北京天宇星印刷厂
出版发行：电子工业出版社
　　　　　北京市海淀区万寿路 173 信箱　　　邮编：100036
开　　本：720×1000　1/16　印张：16.5　　　字数：314 千字
版　　次：2020 年 6 月第 1 版
印　　次：2025 年 8 月第 13 次印刷
定　　价：69.00 元

凡所购买电子工业出版社图书有缺损问题，请向购买书店调换。若书店售缺，请与本社发行部联系，联系及邮购电话：（010）88254888，88258888。

质量投诉请发邮件至 zlts@phei.com.cn，盗版侵权举报请发邮件至 dbqq@phei.com.cn。

本书咨询联系方式：010-51260888-819，faq@phei.com.cn。

前　言

  活动策划是一项实践性很强的工作，也是一项随活动内容而千变万化的工作。由于活动策划不存在统一规范，因此不同形式、不同规模、不同行业的活动策划人的工作方法各异，完成的活动策划方案也各不相同。

  本书以多年的跨行业活动策划经验为基础，总结出一套通用的活动策划理论和方法。不论是准备从事活动策划工作的新人，还是需要跨行业工作的活动策划人，都可以利用本书介绍的思维方式和思维工具来满足自己的需求。

  应用本书介绍的活动策划思维方式，可以快速构思出简单的活动框架。在对产品足够熟悉的情况下，进行商务谈判时，能够快速针对活动发起方的需求完成构思，并当场给出基本的策划思路，以便快速建立专业的形象并获取活动发起方的信任。

  在构思复杂的活动时，可以利用本书提供的思维工具图表，快速完成思维成果的记录，并根据记录的思维成果进一步推导和拓展，最终形成完整的活动框架。思维工具图表可以很好地反映出对应的思维逻辑，绘制一定内容后再次查看，也可以很快还原出策划思路，方便继续构思或为他人讲解。

  在撰写活动策划方案时，可以参考本书提供的文章结构和撰写要求，使得活动策划方案成为一篇逻辑有序、内容完整、方便阅读的"文章"。另外，本书还提供了活动策划方案中常用的表格，方便活动策划人归纳和展示关键信息。

本书特色

  本书采用了逐步深入的介绍方式：先解释活动策划是什么，再介绍活动策划的思维方式，然后介绍对应的思维工具，最后进行实际的方案撰写。在介绍的每个部分都使用了类比手法或辅以实际案例，所有活动案例均采用本书提供的策划思维和策划方法，并与所在章节完全对应，可以帮助读者更好地理解本书的内容。

  本书为所有的活动策划步骤提供了出发点和落脚点：在介绍策划思维的章节，介绍了可以用于记录思维成果的工具；在介绍前期调研的章节，介绍了需要调研的内容和方向；在介绍撰写方案的章节，介绍了可以选择的文章结构。哪怕是没有接触过活动策划的新人，也可以快速上手，以解决有想法但不知道如何下手的问题。

  虽然本书的目的是撰写活动策划方案，但是也没有忽略活动执行。笔者利用多年参与活动执行的经验，将可执行性融入本书的各个环节，从流程安排、项目选择、人员分工等方面，引导读者撰写一份可以执行的活动策划方案。

本书核心内容

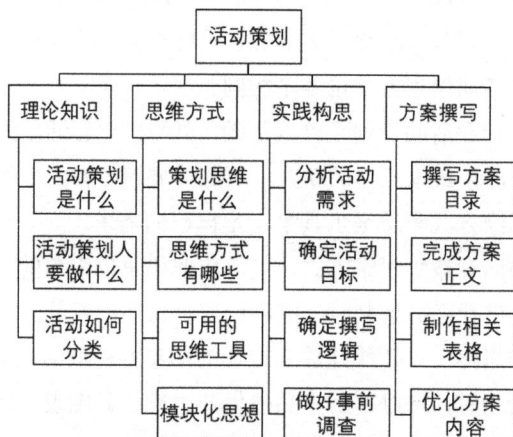

作者介绍

卡米雷特曾在多种与活动策划相关的行业任职，广泛参与活动策划、活动执行、市场营销、品牌策划等活动相关业务，被称为"能把任何事情变成兴趣，把任何兴趣带入工作的人"；曾亲自担任活动策划人、项目经理、广告策划人、产品设计师、摄影师、平面设计师、网络运营师、后勤主管、户外领队、舞台主控等与活动相关的职务；现为"设计师充电站"站长，并开设了个人工作室，承接品牌策划、视觉设计、整合营销等业务。

本书读者对象

- 需要跨行业工作的活动策划人
- 希望从事活动策划的活动执行人
- 公司人力资源负责人
- 活动策划公司的管理人员
- 公司市场部门的管理人员

目 录

第 1 章
什么是活动策划人

定位，和方法一样重要。

一个清晰的自我定位，可以让你站在正确的角度看待和处理问题。比如，居民楼停电，住户 A 可以选择打电话询问或等待来电，而电网公司的工作人员 B，则必须动手处理和解决这个问题。尽管住户 A 和工作人员 B 的行为都是在积极地解决问题，但他们的解决方式截然不同，而且对结果的最终影响也有很大的差别。

因此，我们要先搞清楚活动策划人的定位是什么。也就是说，在问"怎么办"之前，我们需要先解决关于活动策划的"是什么"和"为什么"的问题。

活动策划是一项工作内容。如今越来越多的人被打上"复合型人才"的标签，工作岗位也越来越多元化，许多职位都可能有策划活动的需求，我们将需要进行活动策划工作的人统称为活动策划人。归根结底，活动策划这项工作是 "按照计划，执行活动"中必要的一环。

如果要煽情一点，可以说活动策划是一项神圣而古老的工作。古代的祝寿、祈雨、婚嫁都可以称为活动，它们背后都有活动策划人在履行职责。活动策划也可以是简单朴实的，甚至可以不流于形式。比如，你可能曾在脑中构思：明晚约朋友去哪里吃饭，去哪里玩，去看什么电影……这也可以算作活动策划。

总的来说，活动策划的主要目的就是制定计划、指导活动的执行。要执行活动，并不是必须先有策划，但有了策划，就有可能提前把控时间、地点、人员、资金、物料、流程等一系列因素。这样就可以让活动变得可控，可以允许更多人以分工合作的形式参与到活动执行中来，也可以提升活动的展现效果。

笔者喜欢将活动比喻成一场电影。电影中可能有长相出众的男女主角，可能有华丽炫目的视觉特效和镜头切换，可能有环环相扣的剧情发展，而这些，其实早就被写在了电影剧本中。可以说电影的拍摄制作，实质上就是以某种方式执行电影剧本中的策划。

因此，电影制作和活动策划，编剧和活动策划人，在某种意义上是很类似的。既然说到这种类似，就让我们先从比较熟悉的电影制作出发，来详细讲讲活动执行的人员构成，以及活动策划的工作特点吧。

1.1　编剧和活动策划人

既然要用电影制作来说明活动的策划与执行过程，那么我们不如先来聊聊电影制作的流程。电影制作是个庞大而复杂的工程，尽管笔者不属于电影行业，但作为电影的观众，我们对电影制作的相关工作是略知一二的，只要稍加归纳和精简，就可以整理出一个比较易于理解的常规流程。

图1-1展示了电影制作的基本流程，以及各个流程涉及的主要相关人员。虽然这个流程对于真实的电影制作过程来说并不严谨，但是这个经过简化的流程表很容易理解，也能很好地把相关人员的职责划分开来，这有利于我们通过类比的方式了解活动的策划和执行。

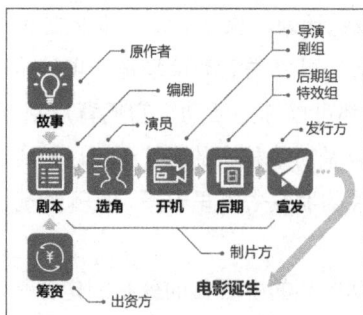

图1-1　电影制作流程

根据图 1-1，我们可以将电影制作的流程分为 7 个步骤：

1．选定故事，即电影要表现什么主题和内容。电影的故事一般改编自某个其他形式的作品，包括但不限于神话、小说、漫画、电视剧或对真实事件的记录等。比如，2019 年热播的电影《流浪地球》，其故事创意就来自刘慈欣先生的同名小说。虽然原作者可能不担任电影的编剧，甚至完全不参与电影剧本的制作，但是原作者所著的原作品对电影起到了定性作用。仍然拿《流浪地球》举例，虽然《流浪地球》的电影和小说的故事内容并不相同，但它们却有着相似的世界观设定和精神内核。也就是说，原作品至少决定了电影故事的主格调。

2．筹措资金，即得到制作和宣传电影所需的经费。电影制作需要各种专业人员投入时间进行拍摄和制作，他们的薪资或片酬就是一笔很大的花费。另外，还需要拍摄场地、影音设备、搭建耗材等。在电影拍摄完成后，后期制作、媒体宣传、发行渠道公关等也需要必要的花费。总而言之，没有资金是不行的。筹措资金可以和选定故事同时或分别进行，没有必然的先后关系。

3．制作剧本，即将原作品进行改编或二次创作，以制作出完整的剧本。剧本的作用主要有两点，一是将故事变为可以编排演出的展现形式，让场景、对话、动作等更适合用镜头语言来表现，比如，在小说形式中常见的大段独白，在电影形式中往往就需要进行删减或拆解为对话的形式；二是使用必要的详细描述，以减少人与人之间的理解偏差，比如，某场景的背景是做搭建还是做特效，对话是用收音还是后期配音等，需要多个岗位的剧组人员能够理解一致。图 1-2 展示了某拍摄场景下，对多个岗位的剧组人员进行说明的例子，这里面的任何一个岗位的剧组人员工作出现偏差，都意味着这组镜头要进行重拍。

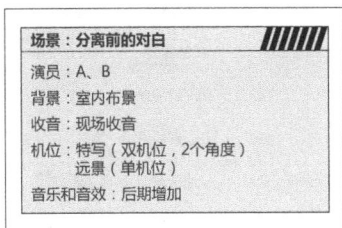

图 1-2　某拍摄场景下的拍摄方法

4．选择演员，即选择由谁来承担表演的任务。由于在活动执行时往往不需要临时招聘整个执行团队，因此为了类比活动策划和执行，我们假定电影的剧组是已经成型的，所以并没有加入"组建剧组团队"这个步骤。

5. 开始拍摄，上述过程进行完毕后，就可以进入实际拍摄的环节了。在拍摄过程中，所有被拍下且没有被现场否决的镜头，都会成为后期制作的素材。在大多数情况下，电影拍摄都是根据剧本进行的，当然也有例外，比如，导演临时决定加减戏码，或者演员有出色的临场发挥。这些意外的镜头也可能被保留下来，甚至最终成为电影的一部分。

6. 后期制作，后期制作包括配音、音效、剪辑、特效等内容。后期制作将决定哪些镜头素材会保留下来，以及调整它们的顺序和逻辑关系。后期制作可以对电影的最终呈现效果起到决定性的作用。比如，科幻镜头和危险镜头很多时候是在绿幕下进行拍摄的，没有后期制作时这些镜头毫无看点。由于后期制作需要考虑到电影的总长度和展现故事的逻辑等问题，因此可能会舍弃一些镜头或场景。这就可能会造成电影成品并不完全符合剧本的内容。我们经常看到电影有导演剪辑版或未放映片段等，它们大都是因为有后期制作这个步骤才会产生的。

7. 宣传发行，即宣传和发行。宣传发行是将电影对外公布并投放到市场中的过程。我们从正规渠道看到的电影，不论是在电影院还是在视频网站上，都是经过宣传发行后才上市和观众见面的。

活动从策划到执行的过程，和电影的制作过程极为相似，这也是为什么我们要花篇幅来详述电影的制作过程。其实，我们可以将电影的相关人员和活动的相关人员对应起来。电影和活动的相关人员对比如图 1-3 所示。

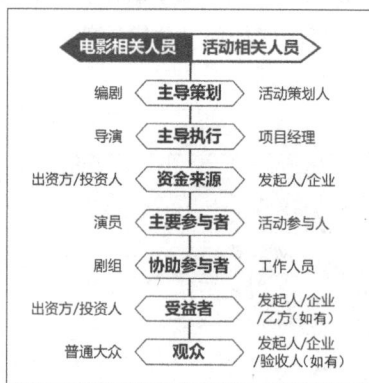

图 1-3　电影和活动的相关人员对比

也许读者无法理解图 1-3 中的部分和活动相关的名词，但没有关系，我们会在后文中逐一提到它们。现在让我们重点关注电影制作过程中的编剧，他的作用和活动策划人是类似的，而且活动策划人撰写的活动策划方案，也和剧本一样重要。

从电影这个比较熟悉的事物出发，通过类比的方式，读者可以更好地理解活动策划人的这份工作。上述类比揭示了一个需要重点强调的事实：活动策划人是"编剧"，而不是"原作者"。编剧的工作是写出剧本，而不是故事，而活动策划人也是一样的，他们往往用现有的方式解决问题（写剧本），而不是从头创造解决方案（写故事）。对活动策划人来说，这是一个需要重点关注的区别。

为了进一步说明这种区别，我们假设电影的原作品为小说形式，并从上面提到的 7 个步骤中提取以下 3 个要点。

- 剧本所对应的故事，很可能并不是由编剧原创的，而是改编自某个原作品。在活动策划方案中，活动的某些步骤和形式，也并不是由活动策划人决定的。活动策划人可能会接到"策划一场开业仪式""策划一场运动会"这样的任务，此时活动的主要内容是已被明确决定了的。
- 小说要考虑的是对文字的运用，要用适合阅读的方式来讲述故事，而剧本则需要考虑对镜头语言的运用，要用适合拍摄的方式来讲述故事。活动策划方案也一样，不能只写出要做什么，还要从执行的角度，对"怎么做"提出指导，所以，也可以说活动策划方案是用"执行语言"来写的。
- 小说往往会在内容上"留白"，留给观众想象的空间，讲究"一千个人心中有一千个哈姆雷特"，而剧本则要力求"一千个剧组人员能共同塑造一个哈姆雷特"。活动策划方案也要突出这种一致性，让相关人员分工合作，而不是各自为战。

电影的原著小说，可以讲清楚电影讲的故事，而电影的剧本，也可以讲清楚电影讲的故事，豆瓣上不到千字的电影剧情简介，同样可以讲清楚电影讲的故事。虽然故事都是同一个，但是原著小说、电影剧本、剧情简介对电影制作的意义是完全不同的。

活动策划新人最容易犯的错误，就是将电影剧本写成原著小说，甚至写成剧情简介。活动策划新人可能只看到了活动策划高手讲解活动时用的华丽的 PPT 和活动中的精彩环节，却忽略了其背后的目标制定、流程把控、工作分配、时间管理等过程，以及这些过程背后的思想。在这种情况下，活动策划新人会很难认识到自己的活动策划方案有什么欠缺，容易走进死胡同。

因此，如果读者是刚刚接触活动策划的新人，笔者建议你先花点时间思考一下剧本到底是什么，应该包含什么元素，它和其他文学形式的区别在哪里，然后再带着你的答案去看一场电影放松一下，也许就会对活动策划有新的感悟。

1.2 活动策划是一份怎样的工作

在上一节中，我们用 7 个步骤划分了电影制作的流程，而这一节的主要目的仍是让读者了解活动策划人的定位。既然活动策划人的活动策划方案类似于电影的剧本，那么我们就从剧本开始聊吧。

如果我们以剧本为核心，则可以将电影制作的步骤区分得更加粗略，于是得到以下 3 个大阶段。

- 找故事，找资金，撰写剧本。我们将这一阶段称为策划阶段。虽然这个阶段我们已经在筹划电影了，但是并不知道能不能实际投入制作，因此这个阶段我们把做出的成果，称为策划。

- 选择演员和实际拍摄。我们将这一阶段称为执行阶段。这个阶段的工作是执行，具体任务是执行剧本，剧组和演员的实力将极大地影响电影的最终质量。一旦进入执行阶段，电影就成了项目。

- 后期制作和宣传发行。我们将这一阶段称为收尾阶段。在收尾阶段，执行剧本产生的结果已经不能改变，能改变的只是展现结果的方式。另外，这个阶段也是向出资方汇报执行成果的阶段，我们统称这个阶段的任务为"后期"。

电影的编剧在这三个阶段中有不同的作用，而这三个阶段也可以对应到活动策划执行的三个阶段中。

由于活动策划执行的三个阶段各有侧重，因此我们从不同的角度对编剧或活动策划人提出了要求。下面，我们将活动策划执行过程中的策划阶段、执行阶段和收尾阶段分别展开，以此来分析活动策划人的工作职责，帮助读者深入理解活动策划是一份怎样的工作。

1.2.1 策划阶段：分析目标，制定策略

策划阶段包括了写活动策划方案的过程，其最终目的也是让活动策划方案通过。在实际工作过程中，写的过程仅占很小的一部分，活动策划人的主要职责是调查、分析、整合和沟通，具体来说，活动策划人需要完成以下步骤。

1. 从活动发起方那里获取必要的活动相关信息，主要是活动需求，一般会包括准确或模糊的活动时间、地点、人数、预算、目的和预期效果。活动发起方给出的信息越多，对活动策划就越有利，也越容易避免活动策划脱离现实的情况。

2．进行相关调查和初步分析，明确活动条件。根据获得的信息和当前情况，做基本的排除法。比如，活动的时间安排是否和公司、场地、执行团队、主要供应商的时间表有冲突；对方的预算相对于活动内容是否合理，如果预算太低，还有没有增加预算的空间；活动规模是否超出了现有的执行能力，如果在这一步出现了严重的判断失误，那接下来就会"一步错、步步错"，导致整个活动策划方案出现问题，甚至产生亏损。

3．头脑风暴，构思执行活动的步骤，建立活动框架。在这一步我们要对活动的内容、环节、人员等有个初步的设计思路，确保活动策划方案在理论上是可执行的。我们会在第三章介绍各种思维工具，以帮助读者进行构思。

4．沟通，尝试使用现有资源满足需求。整个活动有了框架之后，首先考虑使用现有的、可调度的资源，包括物料、人员、合作关系等。比如，已签约的摄影师、现有的桌椅等物料、固定的供应商等。在策划阶段，活动策划人应该沟通确认这些资源的数量和可用性。

5．查找、补充新的资源，满足空缺的需求。寻找新的物料、场地、供应商，甚至是临时聘用的工作人员，以完成对活动框架的填充。要特别注意，引入新资源可能产生额外的预算。

6．确定预期目标。根据上述内容，预估在现状下，能在什么程度上实现活动发起方对活动效果的要求。

7．补充完成时间表和预算表。将具体的时间安排和预估的花费报表制作成 Excel 表格（或其他你需要的形式），并调整内容使它们符合现有条件。

8．撰写活动策划方案。活动策划方案的原稿一般是配图的文字版。

9．提交和展示活动策划方案。文字版活动策划方案可能有多个版本，比如，对内版本附加成本表，而对外版本附加报价表。另外，可能还会根据需要，额外制作 PPT 或视频版的活动策划方案以进行展示。在此阶段，还可能需要其他部门配合设计效果图、场地图等内容辅助展示。

10．修改活动策划方案，直至通过。

我们在策划阶段需要完成活动策划的大部分工作，另外有小部分工作是需要在执行阶段完成的。完成了活动策划方案，就像电影有了剧本，如何执行它也就有了基本的计划。在本书中，笔者将用 7 章的篇幅（第 2 章到第 8 章），结合案例详细讲解完成活动策划方案的过程。

活动策划方案是指导性的，目的是满足"做活动"这一需求。因此我们一般从需求出发，先找到活动目标，然后再想办法解决问题。需要场地，我们就去确认档期；

需要物料，我们就去确认价格，这展示了活动策划方案的方向性。但是，做策划毕竟和实际执行不同，活动策划方案的所有内容都是计划中的，所有承诺都是预先给出的，当活动策划方案本身都未确定时，很多因素都将处于变化状态：场地不可能保证是保留的，价格不可能保证是不变的。因此，活动策划方案还需要一定的灵活性。

活动策划方案没必要是完美的，也不可能是完美的，计划赶不上变化的问题每时每刻都在发生，而这些问题，需要在将活动策划方案投入实际执行的过程中——解决。

1.2.2 执行阶段：辅助实施，监督执行

电影和活动的策划、执行两个阶段分别是由编剧和活动策划人、导演和项目经理主导的，如图 1-4 所示。

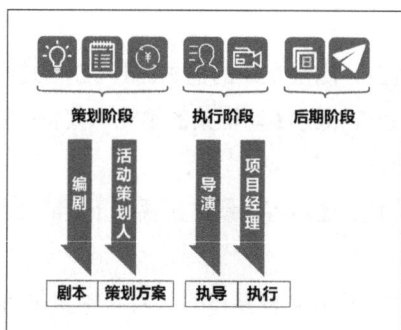

图 1-4　电影和活动的三大阶段

我们刚刚提到，在电影拍摄的执行阶段，电影成了项目。对于活动来说，一旦活动策划方案获得通过，那么相应的活动项目也就产生了。主导活动执行的人，业内一般称为项目经理，虽然有些公司会将促成活动签约的销售人员称为项目经理，但是为避免歧义，在本书中项目经理仅指活动执行的总负责人。

正如导演和编剧的关系，项目经理是活动策划人的重要合作伙伴。在多数情况下，活动策划的总负责人——活动策划人和活动执行的总负责人——项目经理，这两个岗位是分离的，但有时也会出现两者兼任的情况。

虽然从理论上讲，活动策划人和项目经理是两个不同的职位，但是据笔者所知，没有哪个活动策划人是可以在活动执行阶段当旁观者的，活动策划人或多或少要参与到执行过程中去，就像电影在实际拍摄过程中仍然需要编剧参与一样。

活动策划人具体如何参与到执行过程中去，取决于其实际职位，以及所在团队的

工作风格。一般来说，活动策划人可能会以下面几种方式参与活动执行。

- 解答问题，给出建议，即以"顾问"的形式参与到活动执行中来。当项目经理或工作人员有需要时，可以向活动策划人进行咨询。这种方式比较理想化，通常是资深活动策划人的工作方式。
- 帮助进行对接。这种参与活动执行的方式是笔者经历次数最多的。在活动策划阶段，活动策划人往往需要联系包括场地、餐饮、灯光音响在内的各种供应商，初步确定排期和价格。在活动执行阶段，活动策划人可能仍要承担联络供应商的责任，而不是将对接工作交接给执行人员。这样一来，活动策划人和供应商只需要在之前沟通的基础上，进行确认落实即可，而不需要由执行人员重新进行谈判。这种方式对活动执行是比较有利的。
- 负责某个任务模块。如今很多人都是多职能的复合型人才，活动策划人也不例外。笔者经常看到活动策划人兼任舞台总控、视觉设计师、催场负责人、摄影指导等角色。作为比较了解活动流程和预期效果的人之一，活动策划人的协助可以保障某些方面的执行效果。
- 全程陪同活动执行或兼任项目经理。没错，你是编剧，又是导演。许多团队采用"谁策划，谁执行"的方式运作，这种方式可以节约大量的沟通成本，让活动的筹备时间更短、流程更流畅，但无疑会给活动策划人带来更大的压力。

不论活动策划人是否参与到活动执行中，活动执行的顺利与否关键还是要看策划阶段的工作是否完善。前期活动策划中的疏漏和问题越多，在实际执行的时候就会越不顺利，而且还会反过来在执行期间给活动策划人带来更多的额外工作。

作为活动策划人，在执行阶段出现问题的时候不要沮丧，也不要忽视它，应当把这些问题记录下来，以备后续总结反思。有句话说得好，"发现问题解决了，就是成功；把成功的事情做得更成功，也是成功"。

另外，像拓展训练、运动会、晚会这样的活动，是没有销售额或浏览量这样的硬指标来衡量活动效果的，因此活动的氛围和效果到底如何，只有在活动现场才能很好地体会到。所以，如果条件允许，活动策划人应该亲临现场，而不是仅在事后总结会上听执行人员的反馈。

1.2.3　总结分析，后期宣传

笔者一直主张要把自己的每个活动策划方案消化掉。

在活动执行过程中，活动策划方案哪里是有疏漏的、无法执行的、不符合实际的，这些问题都会被检验并暴露出来。即便活动最终成功执行且效果是令人满意的，但策划方案也一定存在不足之处，而这些不足之处可能被参与活动执行的任何一个人发现并处理掉。一个人能关注到的事情是有限的，即便活动策划人亲临现场，也未必能发现所有问题的存在。

因此，在活动结束之后，活动策划人有必要召开一场反思会议，并邀请主要的执行人员列席。在反思会议上，活动策划人需要关注活动中出现的各种问题，不论它们是否和活动策划方案直接相关。比如，舞台的 LED 显示屏出现了黑屏。这个问题可能和活动策划方案没有直接关系，但活动策划人必须记住它，以便下次为这种情况做预备方案。比如，准备额外一组不需要大屏幕的互动游戏，在紧急情况下用于镇场。

活动策划是一项可以学会，但无法学好的技能，要想从"会做"到"做好"需要不断积累经验，不断发现和总结自己的不足。

笔者曾经服务的部门拥有非常强大的执行团队，即便是有一定缺陷的活动策划方案，他们也能将那些缺陷消化掉，从而执行出很好的效果。因此，对于活动策划人，尤其是活动策划新人来说，执行团队越是强大，就越要积极地询问自己的不足并总结反思，否则很容易重犯某个错误，这样不仅会给执行团队带来麻烦，而且对自己的进步也是非常不利的。

另外，在活动之后，往往会有后期宣传的环节，这一点也是很多新活动策划人想不到的。不论活动是某个企业的年会，还是某个产品的促销会，它们都有一类共同的问题：不能保证所有人都参加，现场的宣传力度往往也是不足的。因此，活动发起方会有后期宣传的需求，需要在后期宣传中覆盖未能参加活动的人群，同时也可以将后期宣传内容用于向领导汇报。常见的后期宣传形式包括新闻稿、HTML5 页面、在线相册、录像剪辑、精彩画面合集等。

有些活动非常重视后期宣传，如结婚典礼、颁奖晚会等，二次传播的重要性甚至可能超过现场活动。因此，在策划阶段就要和活动发起方充分沟通这个问题，如有后期宣传的需要，应在活动策划方案中体现出来。如果活动策划人有一定的摄影知识，可以根据需求亲自指导现场拍摄，也可以根据需要亲自指导后期剪辑，以满足在活动后期呈现活动内容的需要。

1.3　再谈电影制作的流程

在了解了电影制作的 3 个阶段的细分后，我们对活动策划人的工作有了一定的了解。回过头来，我们再来看看第一节中讲到的电影制作的 7 个步骤，它们分别对应活动策划的 7 个步骤，这将会让你对活动策划人的定位有更深刻的理解。

1．选定故事的过程，对应确定活动需求的过程。活动策划人需要了解活动发起方的需求，总结出活动目标，并选择他们希望的方式展开策划，最终实现它们。

2．筹措资金的过程，对应确定预算、可用资源等客观条件的过程。活动策划人需要对活动的开销有相对准确的预估，以便为提出报价和预估利润打下基础。

3．创作剧本的过程，对应撰写活动策划方案的过程。活动策划方案需要是可执行的，没有歧义的。

4．选择演员的过程，对应了解活动参与者属性的过程；活动的演员，对应参与活动的人，是活动的目标群体。活动执行方往往无权选择活动的参与人群，但我们可以选择执行团队和第三方供应商，以组建完整的"剧组"。

5．开始拍摄的过程，对应活动正式开始执行的过程。在不出意外的情况下，活动将按照活动策划方案有序执行。通常来说，执行团队会根据实际情况对活动策划方案中的某些细节做出调整。

6．后期制作的过程，对应活动收尾后进行宣传材料整理制作的过程。这个过程的具体任务可能包括整理照片、剪辑视频、撰写新闻稿等。

7．宣传发行的过程，对应将活动后期宣传材料进行公布和推广的过程。

可以看出，电影制作和活动执行的过程可以基本对应。活动策划人在整个过程中，主要扮演的是提供计划和解决方案的角色。

笔者曾与人讨论过艺术和设计的区别，最后的结论是设计解决现有需求，而艺术创造新的需求。活动策划这一工作就如同设计，它的重点不是创造，而是解决问题。活动策划人并不是按照时间安排事项的自由人，反而像是按照事项制定工作时间表的秘书。很多时候，所谓的活动策划，可能仅仅是将现成的环节拼凑起来而已。这是我们第二次强调这一点，做活动策划，请优先解决问题，不要追求创新。

另外，活动策划可能是一份事无巨细的工作。每个人的职责、每个物料的价格、每个场地的档期，可能都需要活动策划人一一联系落实。繁杂、耗时且功效不明显的工作可能充斥着活动策划人的日常。

　　如果你即将从事活动策划这一工作，读到这里也许会感到失望，但其实活动策划也是一项足够复杂、宏大而有意义的工作。活动策划是对资源和信息进行全面整合的过程，是将想法变为现实的过程。在使用"策划"这种方式解决问题的过程中，你的分析能力、沟通能力、统筹能力等都将得到全方位的体现。

　　在掌握了活动策划这一技能后，就意味着你将能站在一个更客观、更全面、更理性的角度看待一个复杂的问题，这种思维能力本身，就不失为一种宝贵的财富。

第 2 章

策划什么：活动目的和活动类型

分类，是处理复杂问题的好方法。

可以被称为活动的事件非常之多，它们之间的差异也很大，比如，一场大型运动会和某超市的线下促销活动，二者并没有多少共性。因此，我们选择使用分类的方式将活动划分为几个基本类型，这样在分析和解决问题的时候就可以有所侧重。

大多数时候，活动类型是很容易判断的，而一旦确定了活动类型，就能够找到思考的切入点，能够快速找出同类活动的案例作为参考。接下来，我们就来讨论一下如何划分活动类型，以及如何利用活动类型进行初步分析。

2.1 如何将活动分类

活动策划并不是一门精准的学科，而且活动有很多可选择的分类依据，因此读者可能在网上看到非常多样的活动类型。比较主流的活动分类方式如下。

- 按活动目的，划分为营销型活动、传播型活动、娱乐型活动、社会及公益型活动。
- 按活动规模，划分为系列活动、大型活动、小型活动。
- 按活动场地，划分为线上活动、户外活动、室内活动。
- 按活动形式，划分为运动型活动、会议型活动、庆典型活动、展览型活动。
- 按活动发起方（或主办方）类型，划分为企业活动、政府活动、社会活动。
- 按参与者类型，划分为内部型活动，开放型活动。

由于这些分类的划分依据不同，因此在描述特定活动的时候，它们可以进行自由组合并使用。比如，趣味运动会，它可能是大型运动型娱乐活动；商场某门店的开业仪式，则可能是小型室内庆典型营销活动。

有些活动可能还带有综合性，可以同时具有一个分类里的两种属性。比如，很多企业的年会，可能同时具有会议型活动（年度总结会议）和庆典型活动（庆功晚宴）的特点；某品牌的产品促销活动，可能同时具有线上活动（线上商城促销）和室内活动（线下商场促销）的特点。

在这些分类方式中，按活动目的和按活动场地的分类方式是比较值得注意的，前者将决定活动的初衷和发力点，而后者将大大改变活动所需的资源结构。本章将对这两种分类方式做重点描述。

那么，让我们继续以电影说活动，来聊聊活动分类及分类的重要性吧。

2.1.1　按活动目的划分

对于活动策划人来说，按活动目的划分是十分重要的活动分类方法。

所谓活动目的，就是活动发起方发起活动的主要原因，是活动需求中的核心部分，也是活动策划人必须想办法去了解的。活动策划人需要通过沟通、揣摩、反馈等方式，确定自己和活动发起方对活动目的有一致的认识，如此展开的活动策划才有意义。

从电影的角度来说，制作每一部电影之前，主创团队也必定是有目的的。你可能会说，拍摄电影的目的不都是盈利吗？其实未必如此，虽然没有明确的界定标准，但是电影业界至少有三类电影：

1. 商业片。所谓商业片，其重点也就是"商业"。商业片主要指以票房收益为主要目的，注重盈利的电影。这类电影一般会主动迎合大众的口味，加入大众喜欢的元素，如搞笑效果、武术动作、视觉特效等。另外，商业片往往会融入较多商业元素，除较大的投资规模之外，可能还需要关注明星效应、广告效应、话题效应等。

2．艺术片。所谓艺术片，就是主创团队用来表达某些艺术思考的影片。这类影片的主要目的就是创作本身，用于承载主创团队想要传达的东西。因此，艺术片未必迎合大众的口味，甚至未必会在宣传发行上下很大功夫。艺术片是否盈利，并不是主创团队关心的主要问题。

3．纪实片。所谓纪实片，就是讲述真实故事的电影。大部分纪录片属于纪实片，还有一类通过拍摄手法，人物传记、记录历史事件的电影，也属于纪实片。有些纪实片甚至没有演员出演，而是通过剪辑真实的人物镜头、环境镜头、事物镜头，最后整合成故事。纪实片带有很强的记录、宣传、纪念目的，对盈利的关注度通常较低，甚至经常出现"主动亏损"的情况。

虽然大部分电影属于商业片，但是文艺片和纪实片也有相当大的数量。商业片为了迎合大众口味，在创意上需要保持克制，而文艺片和纪实片就不用太在意这个问题，在创意上可能会更抽象、随意一些。

活动策划也有上述类似的特点。大多数的活动，其实都类似于电影中的商业片，按照我们在分类时使用的词汇，就是营销型的。在我们的日常生活中，随时都能看到"开业特惠、满减优惠、降价促销、分享有礼"等各种活动，它们背后都是营销型活动。在企业销售部门、广告公司、品牌门店任职的活动策划人，甚至有可能只接触过这一个类型的活动。

除营销型活动之外，也有类似文艺片和纪实片的活动类型。在活动中，活动发起方就相当于主创团队，活动发起方可能会希望借助活动达成盈利之外的目的，也有可能只是为了进行活动这件事本身。

带着这些认识，我们再来看看按照活动目的划分的活动类型。

- 营销型活动：以商业利益为主的活动。营销型活动以商业利益为最终目的，不论是直接的还是间接的。小型营销活动每时每刻都在我们身边展开，如通过降价促销提升销售量；通过转发、砍价唤醒老用户；通过诱导分享获得潜在用户等。商品展销会、巡回演唱会、新品发布会、商业体育赛事、电商狂欢节等大型活动，也应都算作营销型活动。这种活动类似于商业片，以吸引观众获取利润为主。

- 传播型活动：以宣传某个主题为主要目的的活动。这类活动未必完全剥离了商业性质，只是宣传本身对于活动发起方来说更加重要。典型的传播型活动有部分颁奖典礼、非商业项目的完成仪式、消防知识宣传等。总的来说，传播型活动是通过活动的形式将某个主题及相关的内容广而告之。这种活动类似商业片和文艺片的混合，以传播价值观为主，但也有可能间接导向商业利益。

- 娱乐型活动：为了让参与者享受娱乐的活动。这里的"娱乐"是比较宽泛的，凡是非日常工作的活动，几乎都可以算作娱乐活动，其可以包括旅游、聚会、餐饮、培训和体育活动。娱乐型活动往往是内部型的，参与者同属于某个团体，不对外开放。常见的娱乐型活动有企业内组织的拓展培训活动、趣味运动会、企业家庭日等。这种活动类似文艺片，大家以自己开心为主，不追求有多少人欣赏。

- 社会及公益型活动：追求的主要是社会和公益效益。追求社会效益的活动大多是由政府部门组织或监管的，如市民体育运动会、政务开放论坛、公园的灯会等。公益型活动以服务社会为目的，并通过服务（如关爱孤寡老人）、募捐（如捐款捐物）、劳动（如植树）等形式进行。这种活动类似纪实片，虽然社会的整体反应可能比较平淡，但是往往具有特定的意义，所以总会有特定群体关注。

虽然我们按照活动目的划分出这几种类型，但是活动可能同时有多个目的，而活动的多个目的必定是有主次之分的，其中主要目的将决定活动的类型。如果活动的主要目的没有抓准，就会在策划活动时犯根本错误。比如，如果将营销型活动搞成了传播型活动，可能会导致叫好不叫座，活动发起方是不可能对此表示满意的。这就像编剧在一部商业电影里加入了太多"私货"，结果电影拍出来没多少人愿意买票一样。

下面我们举几个具体例子，请各位读者试着判断一下它们应该属于哪种类型的活动，我们将在本节最后讨论答案。

案例 1：A 美容院的第三家门店即将开业，老板希望联合所在商场，合力举办一场比较盛大的开业典礼。

案例 2：某商业协会设立了蓝点子设计大奖，用以选出优秀的产品进行展示。本届蓝点子设计大奖有超过 100 家企业的产品参与了评选。某商业协会准备筹办一个颁奖典礼并广而告之。

案例 3：B 集团希望召开颁奖典礼，奖励年度优秀员工。颁奖典礼预计在网络上同步直播，好让集团的各分公司员工一起观看。

案例 4：C 市即将举办首届城市马拉松比赛，需要向全国招募比赛赞助商和志愿者，并希望将其打造成国际级赛事。

案例 5：在冬季招聘完成后，D 公司希望展开一场以趣味运动会为主要形式的团队建设活动，让新老员工共同参与。

在思考活动类型的时候，非常重要的一点就是区分活动到底是不是营销型的。因为一旦涉及营销，活动的参与者就是某范围内的未知人群。为了将"未知"变为"已知"，就必须要思考市场的喜好。

另外，在思考活动目的的时候，还要考虑到人的因素。活动发起方可能包含多个人，而不同的人其决定权不同，和活动策划人接触沟通的层次不同，对活动的重要性也不同。在拥有一定的活动策划经验后，你将认识到"以人为本"地思考活动目的的重要性。这就涉及活动需求的部分了，我们将在本书第 4 章重点分析这个问题。

最后，我们来看看上面的 5 个例子是什么类型的活动吧。

- 案例 1 是非常典型的营销型活动。虽然 A 美容院老板的要求只是举办开业典礼，但是作为活动策划人，我们也要意识到开业典礼的商业性，要思考在开业典礼中如何解决获得客户及促销等问题。

- 案例 2 通常也是营销型活动。实际上大部分奖项都是商业奖项，颁奖典礼起到的是类似广告的作用，甚至参与评奖的企业都可能是交了广告费的。在策划此种活动的时候，需要考虑到如何突出这种广告的作用。

- 案例 3 是传播型活动。B 集团召开的颁奖典礼面向的主要是集团内部，而不是市场，因此可以说没有盈利性质。即便是对外公开的，对于这种公司内部奖项的颁奖典礼，活动发起方一般也不会要求它产生营销效果，活动的主要目的仍然是传播。

- 案例 4 大概率是营销型活动。城市马拉松赛事是大型体育赛事，有公益性的，也有许多是商业性的，随着知名度、举办次数、参与人数的增加，一些商业性马拉松赛事会逐渐走向以盈利为目的，甚至还会带来丰厚的报酬。协办商业性马拉松，有必要把执行重点放在宣传上。

- 案例 5 是典型的娱乐型活动。企业内部的活动大部分属于娱乐型活动。把这种活动叫作娱乐型活动是有意义的，因为作为活动策划人，在为企业策划内部团队活动的时候，一般要考虑到娱乐性。对于企业的内部活动，如果参与者不能乐在其中，就基本可以判断为活动效果不佳了。

2.1.2　按照活动场地划分

按照活动场地划分，我们可以将活动划分为室内活动、户外活动和线上活动。虽然这个分类方式看起来一目了然，但是在实际的活动策划过程中，活动场地的差别对策划的影响还是很大的，因此这个分类很有意义。

我们先来谈谈室内活动和户外活动。室内活动一般选择室内封闭场地，包括但不限于体育馆、会议室、宴会厅等。而户外活动的形式就比较多了，大草坪、公园、景区、拓展基地、山区等都可以作为户外活动的场地。

很多时候，活动发起方对于活动场地可能没有特殊的要求。换言之，这时候活动策划人是可以在室内活动和户外活动之间做选择的，具体选择室内还是户外，可以根据二者的特性来决定。具体来说，室内活动和户外活动在以下几个方面各有优劣。

- 场地价格：室内场地的费用是昂贵的，不仅相同面积的室内场地往往比户外场地贵上许多，而且在室内场地举行的活动有排他性，无法通过和他人共同使用的方式来分摊成本。户外场地就鲜有这个问题，租用半个大草坪、一小段沙滩等都是常见的户外场地租用方式。

- 场地规模：室内的空间相对户外来说非常有限，通常在可选范围内，能找到的室内场地的面积只有几种。太小的室内场地会限制活动的内容，而太大的室内场地则会造成不必要的花费。在活动人数非常多的情况下，找不到足够大的室内场地是非常有可能的。户外活动的场地选择一般相对较多，在正常的活动场景下（1000人以内），几乎都能找到大小足够的大草坪。

- 场地使用限制：相对户外场地，室内场地往往有较多使用限制，这些限制可能来自任何一方。在宴会厅进行书法家笔会之类的活动，可能会弄脏地毯；在会议室进行运动类活动，可能容易在大理石地板上摔伤；在酒店里进行音乐类活动，可能造成扰民……这些问题都会影响我们对活动内容的选择。虽然户外场地也可能面临类似的限制，但是相对来说限制要少很多。我们知道，在活动人数超过200人时需要进行消防备案，此时不同场地类型的消防要求也是不同的，户外场地的消防备案相对比较简单。另外，在公园等公共场所进行活动时，除要获得公园管理部门的许可之外，还要注意活动应符合当地对安保管理和噪音管控方面的要求。

- 场地配套设施：室内场地的配套设施要比室外场地更加丰富，基础一点的，如供水供电；高级一点的，如投影仪、LED显示屏、音响等，很多室内场地都可以提供。然而，如果选择户外场地，可能连照明设备都没有，而要搭建这些配套设施就需要额外的成本；如果所选的户外场地是公共场所，那需要用到场地资源时，就会涉及更多的问题，如用电问题。

- 场地提供的保障：户外场地的劣势之一，就是它是在户外进行活动的，这就意味着高温、寒冷、雨雪等不适合户外活动的天气，会影响户外活动的正常进行。

所以，在大多数情况下，如果选择策划户外活动，就需要有后备方案。天气对室内活动的影响比较小，如果活动档期完全没有灵活性，在室内进行活动是比较稳妥的选择。

因为室内场地和户外场地各有优劣，所以在实际策划时，可以根据活动的需要，在策划的早期阶段就确定活动是在室内还是在户外。另外，活动的连贯性也可能影响到场地的安排。比如，活动中上一个项目是露天烧烤，那紧接着的项目如果选择安排在室内的话，就需要进行集体转移，这就可能会破坏活动的连贯性。

无论如何，在选择将活动安排在室内还是户外时，一定要仔细思考并再三确认。上述的室内场地和户外场地的优劣，也说明了二者在策划上的差异。临时将室内活动变为户外活动，或者反过来将户外活动变成室内活动，在成本上会产生不小的差距，在执行时也很容易出现问题。

接下来我们说说线上活动。线上活动即主要在网络上进行的活动，它和室内活动、户外活动（统称为线下活动）有着本质上的不同。线上活动需要大量的虚拟资源，而线下活动主要需要的是现实资源，因此它们在策划的细节上没有太多的共性。

电影也是如此，大部分电影会先在电影院上映，但也有少部分电影是直接在网络平台上上架的。这两种方式在发行方式、收益分配、版权保护、传播性等方面有相当大的区别。

不管电影在哪里放映，电影都是电影；不论活动在哪里进行，活动都是活动。作为同一事物，它们总是有共性的。线下活动和线上活动都需要人员分工合作，需要按照时间表推进，需要协调安排资源。本书大部分章节讨论的都是线下活动的策划方式，但其中的方法论也适用于线上活动。另外，本书中也有一部分案例涉及线上活动。

2.2　按活动类型完善活动策划

既然我们可以把具有类似属性的活动归为一类，那么也可以为每个活动类别总结出特定的策划方式，甚至形成特定的模板。尽管根据所在的行业不同，每个活动策划人所要面对的活动类型也不一样，但是对于特定行业的活动策划人来说，总有几个经常遇到的活动类型。因此，建议读者根据自己的岗位经历，并结合所在公司或组织过去策划过的活动进行总结归档。

在进行某一次活动策划的时候，过去同类活动的活动策划方案是非常好的参考资料。从过去的某类型的活动策划中，可以总结出的信息包括但不限于以下几个方面。

- 常见的活动环节。有些活动环节会和活动类型绑定出现。比如，运动会几乎都会有开幕式和领导发言，年会晚宴几乎都有颁奖仪式等。熟悉了这些常见的活动环节，就可以加快对活动框架的构思速度。

- 常见的物料和搭建需求。很多活动都有表演节目或颁奖仪式，这些活动往往需要有舞台，这也就涉及舞台搭建、灯光、音响等一系列的要求。同样的舞台配置，是可以在不同的活动中多次使用的。

- 活动发起方对预算的接受程度。对于同一个活动发起方，可以纵向对比多个同类活动，以了解他们会在一场活动上花费多少钱。此时有两个数据是比较具有指导意义的：一是最大值，即他们做过最贵的一场活动花费了多少钱；二是平均值，即他们的活动，花费在单位人数或单位推广目标上的平均费用。对于不同的活动发起方，则可以横向对比，看看同类活动可以被接受的报价范围，从而得到作为活动策划执行方，你们可以给出的报价。

- 执行所需的人员配比。人员配比是户外活动中常见的概念。比如，每 15 个徒步者配 1 个领队。这一概念也可以推广到一般的活动中。总结出常用的人员配比，这样在思考活动需要哪些工作人员时，就可以更快地得出结论。

也就是说，经过充分的总结归纳，当我们判断出活动类型时，就可以完成活动策划的一小部分了，从而加快了完成活动策划方案的速度。

第 3 章

思考方法：建立策划思维

在前两章中，我们讨论了活动策划"为什么"和"是什么"的问题，而本章我们要说的是"怎么办"。也就是说，在本章我们将正式进入到实践部分，开始进行活动策划方案的构思工作。

要进行构思，首先要找到合适的思维方式，因为不同的思维方式会做出不同的选择。请先随笔者思考以下场景。

C 公司要通过会议的形式商议一单重要的销售合同，会议的时间安排在上午 10 点。领导安排销售人员 Jack 前往机场迎接活动发起方。Jack 开车顺利接到了活动发起方，但是在 9 点 30 分左右，市区发生了严重的堵车，Jack 驾驶的车辆寸步难行。此时，Jack 有以下两个选择：

1. 随遇而安，跟着车流缓慢通过这一地段。但到达公司的时间肯定会超过 10 点。

2. 就近停车，带活动发起方乘坐地铁前往公司。这样可以确保准时到达公司。

如果你是 Jack，你会怎么做呢？

对很多人来说，这并不是一个两难的选择，毕竟选择 2 可以保证准点到达，那么还有什么可犹豫的呢？保证议程准时开始，不是应该优先考虑的事项吗？但是如果仔细思考，你会发现事实未必如此。

带活动发起方乘坐地铁这种行为，也许活动发起方自己都觉得没什么，但 C 公司的领导却不会这么想。既然对 C 公司来说，这是一个关系到重要合同的、需要接机的活动发起方，那么带他坐地铁的行为在商务礼仪上是不合适的。因此，C 公司的领导很大程度上会选择推迟会议等待活动发起方。

对于 Jack 来说，虽然处理堵车这个问题是必须的，但是最好的办法并不是在 1 和 2 之间选择，而是及时向公司请示，请领导做出决定。也许领导和活动发起方沟通后，还是会做出乘坐地铁的决定，但这和不经请示就带活动发起方乘坐地铁的行为性质是不同的。

在上述案例中，我们看到了思维方式的重要性。对于 Jack 来说，他应着重思考的是如何解决堵车这个问题；对于领导来说，他也许会更多地权衡两种做法在商务礼仪上的表现；对于活动发起方来说，他说不定完全没把堵车放在心上，反而在思考关于合同的细节。

三者对这个问题的思维方式不同，应用这三种思维方式得出的结果也不同。我们从上帝视角来看这则案例的话，显然采用领导提出的方案是最妥当的。

因此，如果想得到较好的结果，就需要合适的思维方式。对于活动策划，我们将这种思维方式称为策划思维。在成为活动策划人之前，读者往往是站在活动参与者或活动发起方的角度来思考活动的，但从今天开始，你需要开始尝试使用活动策划人对活动的思维方式，并争取早日将它应用在日常工作中。

3.1 什么是策划思维

策划思维，是有利于"针对活动的需求，产生解决方案"的思维方式。活动策划方案是应用策划思维的产物，因此我们可以反过来，利用活动策划方案的特点，对策划思维进行定义。

一份优秀的活动策划方案，至少应该做到以下几点。

- 能清晰地定义活动目标：定义问题。
- 能给出活动的执行方案：解决问题。
- 能分析解决执行方案的投入和产出：投产分析。
- 能够被他人理解：可传播性。

- 能够被他人执行：可执行性。
- 符合书写规范：符合标准。

所谓策划思维，就是要将上述要求作为前提进行活动策划构思。接下来，让我们展开讨论图 3-1 中的 6 个维度是如何对策划思维做出要求的。

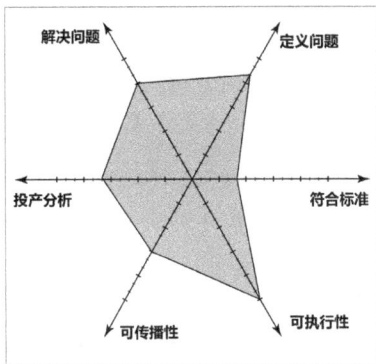

图 3-1　策划思维的 6 个维度

3.1.1　定义问题和解决问题

活动策划首先要做的，就是说清楚到底要做一场怎样的活动，也就是定义问题的过程。注意这里的"说清楚"，是指在分析活动需求和限制条件，以及收集相关信息之后，对活动目标进行定义。

我们从活动发起方或销售人员那里听到的活动需求，是一种对要求的描述，而不是对活动目标的定义。在对活动目标进行定义的时候，我们要把口语化的、模糊化的、相对性的表述语言转化为文字化的、精确化的、绝对化的表述语言。

举例来说，我们从活动发起那里听到的对活动的要求可能是这样：

下个月五号，我们公司要举办年会，搞一次晚宴，主要内容就是大家一起吃饭，然后看表演。表演是各部门自己出节目，中间穿插几次抽奖。活动最好能在市区找个酒店举办，这样想回家的可以回家，不方便回家的当晚就可以入住酒店。

虽然这样的表述已经相当清楚了，但是我们却不能用这样的文字来下定义。因为上面的描述内容不仅过于口语化，而且它是在和某活动发起方沟通这个场景下才得以成立的。一旦阅读的人不了解当前的场景，就无法从中获取有效信息。这段文字里有很多内容是和场景紧密相关的，具体如下：

- 下个月五号，是指的哪个月？
- 我们公司，是指的哪个公司？
- 市区指的是哪个市的市区，有没有特定的范围？

作为读者的你，在看完案例的文字后却没法回答这些问题，因为笔者没有给出具体场景。还有些内容，是需要建立在一定默契的基础上的，比如，甲乙双方已经合作过多次，很多信息和形式双方已经默认了，这可能包括：

- 晚宴的规模有多大？参与者包括公司的所有人吗？
- 各部门自己出节目的话，大概是多少个节目？抽奖环节有几轮，穿插在什么位置？总的来说，整个流程安排下来，晚宴的时长大约会是多少？

在将上述的活动要求记录在活动策划方案里的时候，我们需要把这些信息全部变成文字化、精确化、绝对化的表述，比如：

Z 公司预计 2018 年 11 月 5 日 17:00—21:00，在杭州市二环范围内举办企业年会，年会主要形式为晚宴，参会者大约 200 人，需要准四星级以上酒店的 500 平以上的宴会厅。晚宴有节目表演和抽奖等环节，需要有 LED 背景屏幕，以及舞台搭建和灯光音响设备。另外，可能还需要预订一批房间。

这样，就可以把活动目标描述得比较精准，即便是第一次接触这场活动的人，也可以了解到这场活动要做什么。这表明了定义问题的重要性。

一旦对问题有了比较准确的定义，接下来就要考虑解决问题了。对活动策划人来说，解决问题就是在定义的基础上，将那些仍然未确定的、模糊的信息补充完整。

如果读者阅读或撰写过论文，应该知道论文开头都有内容摘要，其一般包含：为何选择这个论题、论文大致的思路和方法及对论文结论的总结。活动策划方案也是一样，不管是针对哪种活动类型的活动策划方案，定义部分都应该放在开头，只有优先讲清楚定义，阅读活动策划方案的人才能知道接下来的人员配置、资金和物料的使用都是为了什么。阅读完定义部分后，阅读者应该就能了解到活动的大体内容和核心信息了。

图 3-2 是某讲座的海报。在这幅海报中，提供了以下关键信息。

- 活动主题：时间管理和职业发展。
- 讲座内容：为你分析时间管理的重要性，让你更好地实现自我发展！
- 主讲人：Elvin。
- 活动时间：2018 年 5 月 30 日 18:30—20:30。
- 活动地点：（某学校）第二教学楼 201 教室。

图 3-2　讲座海报

　　结合教室的设施和规模，以及活动的报名方式（图中未写出），还可以确定活动的预计参与人数、需要的设备等信息。这一张海报的内容，就把一场活动的关键信息全部说清楚了，作为一份宣传材料，它是应该做到这一点的，而在撰写定义部分的时候，我们也可以把能否用于宣传作为定义部分内容是否充足的判断基准。也就是说，你可以问自己，在看完这部分策划内容后，设计师能获取足够的信息，并用于制作一张宣传海报吗？潜在的参与者能利用所给的信息，判断自己适不适合、能不能参加这场活动吗？

　　虽然在开头的内容摘要部分，我们要给出必要的信息，但是这里的信息量也不能太大。在撰写活动策划方案的时候，我们需要选择性地省略掉部分细节。比如：当某活动有颁奖环节时，可以在内容摘要里写明要做这件事，但具体颁几轮、有什么奖项、由谁来颁发奖项等细节问题，则应在正文部分进行说明，也就是在解决问题的部分说明。

　　解决问题的部分是活动策划方案的主体，其至少应包括以下几个方面。

- 整个活动流程的执行方案。该方案应包括前期准备、现场执行和后期收尾三个环节，并和我们在第 1 章所讲的内容对应。
- 已确定的细节，以及需要进一步确定的细节。比如，确定现场需要花篮，但具体供应商还没有找到；需要根据某一个环节的结束时间，判断下一个环节以 A 方案进行还是以 B 方案进行。
- 活动的备用方案和注意事项。比如，我们谈到过户外活动需要雨天备案，这就是典型的备用方案。注意事项用于提醒，防止部分问题的发生，比如，活动周围的水域较深，需谨防落水。
- 时间表、物料清单、人员分工表等。表格可以对部分内容起到总结作用，对活动很有帮助。

就拿我们刚刚说到的讲座活动来说，在解决问题的部分，我们要把定义中提到的各种细节进行细化处理。在进行这种细化处理时，需要站在执行的角度思考。

图 3-3 列出了关于这场讲座活动的一些执行问题。比如，我们刚才说到的内容、时间、地点、主讲人等，都是需要仔细考虑的。

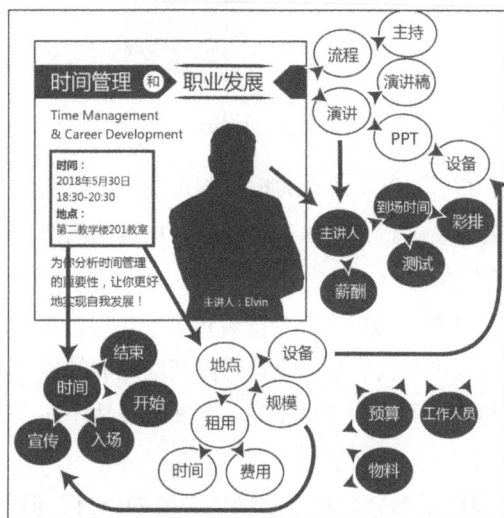

图 3-3　讲座的部分执行细节

- 内容：演讲前后现场如何安排，需不需要专门聘请主持人？演讲的内容具体包括什么，可否提前提供演讲稿？讲座使用什么形式来呈现，是脱口秀、PPT、视频还是板书？为了使用这些呈现形式，还需要哪些设备？
- 时间：用于宣传和筹备的时间有多少，在这段时间里要做什么？什么时间开始入场，什么时间真正开始演讲？讲座在什么时间必须结束，有没有教学楼关闭、寝室门禁等客观上的时间限制？
- 地点：所选教室可容纳多少人，和讲座的预期规模匹配吗？如何获得教室的使用许可，需要什么手续和多少费用？教室内有什么设备，有没有投影仪、幕布、音箱等设备？这些设备够用吗？教室需要提前多久预定，预定多长时间，需要预留多少调试设备、彩排、布置场地的时间？
- 主讲人：主讲人什么时候能到场，需要派专人接他到现场吗？主讲人是否需要提前熟悉场地和设备？需要支付给主讲人多少费用？主讲人需要助手、翻译等人员的协助吗？

这些具体问题都需要在活动策划方案中解决掉，否则在执行时很容易遇到障碍。

解决问题的部分，我们需要做到有条理、不遗漏。我们将在本章第 2 节介绍各种思维工具，为读者提供构思和撰写解决问题部分的方法。

在定义问题、解决问题这两部分之后，活动策划方案还有一个重要的部分——投产分析。

3.1.2　投产分析

投产分析，即投入、产出分析。

在完善了解决问题的方案之后，活动策划人需要从两个方面对方案进行分析，具体如下。

- 活动的投入包括人员、设备、物料、资金等投入。
- 活动的产出，即活动能带来的收益、人气、反响、提升等效果。

虽然读者可能会认为有投入才有产出，但是这里我们要先讲产出。在做活动策划时，产出才是活动策划的出发点。

在介绍活动分类的时候，我们讲到了按活动目的的分类方式，这种分类方式之所以成立，是因为活动必然是有目的的，而分析活动的产出，就是将活动的结果和目的联系起来，预估活动能否达到预期的效果。

举例来说，如果一家公司希望举办一场营销活动，那么他们会希望这场活动带来销售收益、产品知名度、潜在用户等。这样的活动目的，就基本确定了活动的产出形式。在进行活动策划时，我们往往先确定产出形式，然后再分析投入，最后预估产出。图 3-4 表示的是有活动策划需求的企业和活动策划的公司之间对于投入和产出的博弈。

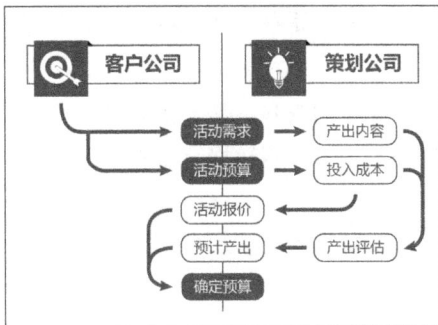

图 3-4　活动策划的投入和产出

在图 3-4 中，我们可以看到确定投入和产出的顺序关系。

- 活动需求指导产出内容：在了解了活动需求之后，就可以知道需要产出什么了。但要注意，这里的产出仅仅是指导性的，我们关注的主要是需要产出的内容，而非数量。具体能产出多少，不能只看活动发起方的要求，还要看活动发起方愿意将多少资金花费在活动上。
- 用活动预算预估产出内容：一旦知道了活动发起方的预算，活动策划人需要做的就是尽可能高效地分配这些预算，然后预估这些预算所能带来的效果。
- 预估实际花费，进行报价：活动策划人在告知活动发起方预期产出的同时，还需要给出报价。这里的报价代表着在实现预计产出的前提下所需要的费用，可能会比预算高也可能会比预算低。作为活动策划公司，还需要在报价里预留出利润空间。

在我们完成活动策划方案，并将它递交给活动发起方后，除活动内容之外，对方主要关注的就是活动报价和预计产出。这很好理解，各行各业的活动发起方关注的都是同一个问题：花了多少钱，花出去的钱有什么效果。

在活动策划方案中，和活动投入相关的内容大部分是以表格的形式存在的。常用的表格如下。

- 人员分工表：罗列各岗位需要的人数和职责，包括需要临时外聘的工作人员和志愿者等。
- 物资需求表：罗列活动中需要的所有物资，包括已有的和需要采购的。
- 活动预算表：罗列活动中所有预期的消费。除上述人员和物料的费用之外，还包括活动期间参与者吃住行的费用、策划服务费、场地租赁费等。

在制作活动预算表之前，完善人员分工表和物料需求表是很有必要的。因为除雇佣、采购这些表面上的花费之外，还有人员交通、工作餐、物料运输等隐形费用，如果产生遗漏就会影响预期利润。

活动策划方案中和产出相关的内容，其表现形式可能随活动目的的变化而变化。

在活动目的对应的产出需求难以用数据衡量的时候，可以用相对模糊的方式描述产出。比如：

D 公司刚完成了新员工招聘，希望通过一场拓展培训活动，让新老员工相互认识、培养感情。

对于这样的活动目的，我们无法量化产出，即不可能做出"让新老员工的关系提升 30%"这样的判断，因此只能使用更加模糊的表达方式来预测产出。比如，让新员工充分体会公司文化，让新员工和老员工相互熟悉、加快磨合，以帮助新员工快速适应公司工作氛围，以便使新员工更快地转化为企业的战斗力……做到结合活动内容，迎合活动目的即可。

对于以营销型活动为主的、数据说明一切的活动来说，使用模糊的表达就是错误的。比如，我们得到的活动要求如下。

X 电子商务公司要举办一场十周年答谢活动。本次活动在互联网各大平台同步进行，以分享给好友，领取"满减优惠券"为主要形式，希望获得较好的销售额和更高的知名度。

对于这样的活动，预测产出的部分可能会是这样写的：通过这场活动，我们可以提升 X 公司各大平台的销售量，并吸引大量新粉丝，创造 X 公司新的历史佳绩。

尽管内容没有错误，而且还提出了"新的历史佳绩"这样的口号，但是这基本上是空话。不管你的活动策划方案写得多么详细，涉及多少平台和营销方法，这样的结论是不可能让活动发起方满意的。

我们刚刚讲过，客户公司在乎的是花了多少钱，花出去的钱有什么效果，而提升销售量、吸引新粉丝这都不是效果，无法量化地看到预算带来的价值，就算将预算提升 100 倍，你仍然可以说提升销售量、吸引新粉丝，不是吗？因此，对于这样的活动，我们需要用数据、表格或报表的形式来呈现活动效果。用表格的方式预测上述活动的产出，如表 3-1 所示。

表 3-1　网络营销活动效果预测样表

数据 平台	曝光量/人次	拉新量/人	转化率（%）	营业额/元
微信公众号				
头条号				
微信商城				
淘宝店				
天猫店				
京东店				

3.1.3　可传播性

活动策划方案生来就是要用于传播的。虽然活动策划方案是由活动策划人独立完成的，但是在定稿并启动活动项目之前，它要被很多人参阅，包括自己部门的领导和同事、自己公司的领导、活动发起方的对接人和领导等，而且在启动活动项目之后，活动执行团队甚至第三方供应商，都有可能需要阅读这份活动策划方案。

这就要求活动策划方案必须具有可传播性。可传播性要求活动策划方案要谁拿来都可以看懂，谁看都不会产生歧义。这种特性，主要由以下 4 个方面来保证。

- 书写规范：正确使用词语、句型和数字格式，规范使用标点符号等。比如，表示数量时应尽量使用阿拉伯数字，而表示金额时要用汉字（大写数字）辅助。
- 条理清晰：将逻辑因果关系和先后顺序关系表述清楚。比如，进行露天烧烤并举行篝火晚会和进行露天烧烤后举行篝火晚会，活动策划人的这两种表述想表达的也许是相同的意思，但第一种表述实际并没有讲清楚两件事情是并行的还是有先后的，可能会因此造成误会。
- 结构明确：借助目录，将活动策划方案的内容分为若干个模块，不要想到哪里写到哪里。比如：在应该写活动流程的模块，就不要过多地涉及某环节的人员分工和物料需求。另外，还可以借助多级标题、加粗、下划线等方式来进一步提升逻辑性，强调具体内容。
- 逻辑统一：在活动策划方案中，重要的称呼、用语要使用统一的定义和统一的规范。比如：说到电梯，应该始终代表某个电梯间的电梯，如果需要用到多个方位的电梯，则必须分别起不同的称呼；如果要使用 24 小时制，则所有时间都要是 24 小时制的，不能出现 12 小时制的时间。

活动策划方案主要由文字组成，它是需要被阅读的，因此在撰写活动策划方案的时候，除理清活动内容的逻辑之外，还需要一定的文字功底。

除活动策划方案的内容之外，其可传播性还和活动策划方案的形式有关。这里说的形式，可能是纯文本文件、Word 文件、PDF 文件、PPT 文件或图片文件等不同的文件格式，或者是优质打印稿件。不同的文件格式各有优劣，比如，虽然 Word 是较常见的文字编辑软件，但是在移动设备上查看 Word 文件时，它的版面容易发生变化；有些公司的网络邮箱系统比较严格，无法接收图片或大文件。

在实际撰写活动策划方案时，采用怎样的形式要看活动发起方和活动执行方的具体需求。

3.1.4　可执行性

活动策划方案生来就是要用于执行的。

活动策划方案的可执行性，指的是活动策划方案的内容是否合理，以及它能对活动的执行提供怎样的指导，即合理性和指导性。在理想情况下，活动执行人看到活动策划方案后，就应该能够知晓活动策划方案的各部分应如何处理。

我们先来谈谈合理性。

要让活动策划方案的内容合理，就要规避难以做到的事情、无法利用的资源、违背活动发起方意愿的决策等。要想保证活动策划方案的内容合理，需要活动策划人有同理心和丰富的经验，以及分析可能发生的实际状况。

缺乏合理性是在撰写活动策划方案时很容易犯的错误，这个陷阱可能隐藏在活动的流程、成本、气氛等很多内容中。我们来看个小案例：

H 公司预计 1 月 7 日举办企业年会。午饭后 13:00，参会人员在某酒店 1 号宴会厅集合并召开年度总结会议，会议时长约 3 小时。会后，前往酒店大草坪进行约 2 小时的团队建设活动。17:00 回到 1 号宴会厅，开始年会晚宴，并观看各部门准备的节目。

这段策划内容看上去没什么问题，但实际上却缺少合理性。两场活动都在 1 号宴会厅，可以减少场地租赁成本，但是从活动流程上来说这样的安排是不合理的。

- 13:00 就开始年度总结会议，且晚宴也在这个场地，那么晚宴用到的大型搭建（如舞台和灯光架）必须赶在这个时间前完成。通常来说，在年会召开的旺季，酒店的宴会厅会比较紧张，等上一场晚宴撤场后，场地搭建可能在凌晨 2 点左右才能开始。少于 12 个小时的进场搭建时间并不算充裕。
- 由于年度总结会议在先，因此晚宴用到的一些搭建就只能提前准备并在周围放好。因为晚宴可能用到 T 型舞台、门型灯光架、鲜花气球等装饰物品、KT 背景板等，而这些物品并不适合总结会议的氛围，活动发起方可能会要求延缓搭建，所以年度总结会议结束后，需要在 2 个小时内完成安装。
- 酒店要在进行团队建设活动的 2 个小时内，将 1 号宴会厅的会议布置变为宴会布置。圆形餐桌、餐椅、餐具等都要在这段时间内准备完成。
- 虽然会议的时间长度是未确定的，但是晚宴开始的时间却是确定的，因此就造成了时间安排上的隐患。在实际情况下，尽管团队建设活动的时间可以控制，但我们可能并没有 2 个小时的准备时间。
- 由于各部门要表演节目，活动发起方很可能会要求进行彩排，这就要求舞台、灯光、LED 屏和播放设备尽快到位，而这一安排可能和上面的 4 条计划冲突。

提出这些问题并不是无事生非。也许对活动策划人和活动发起方来说，这样的流程并没什么问题，但对于活动执行人来说，按照活动策划方案中的流程进行是非常困难的。负责执行活动的项目经理，面对的可能是由活动策划公司员工、活动发起方公司对接人、酒店服务员、舞台搭建供应商、灯光音响供应商、临时聘用的工作人员等人组成的，没有经过磨合、缺少默契的执行团队，这样的团队难以发挥出强而稳定的执行力，所以在客观上就需要比较充裕的执行时间。

笔者见过很多活动策划方案，有些活动策划方案的内容甚至比上述案例还不合理，比如，完全不够的预算、相互冲突的安排、高风险的活动项目等。

活动策划方案缺少合理性是很危险的。作为活动策划人尚且认识不到活动策划方案缺少合理性，那销售经理、活动发起方对接人等就更不可能认识到了，这样可能会导致一份"问题策划"被作为合同附件签字盖章通过。等活动策划方案到了项目经理手里，甚至到了实际执行阶段时才发现问题，就已经太晚了。

我们再来说说指导性。

指导性，即活动策划方案能对执行方法做什么程度的指导。一方面，在活动策划方案中，活动策划人应该尽可能表示出执行方法。比如，我们不能只写"在市区预订酒店"，这对执行几乎没有任何意义。

另一方面，活动策划人不是超人，活动策划方案的内容也不能无限长，因此我们不可能将所有的细节都写在活动策划方案中。而将活动策划方案细化到什么程度为止，是活动策划人把控指导性的关键。

以 H 公司年会需要预订酒店的宴会厅和晚宴的案例来说。在进行了前期调查的情况下，活动策划人可以选择很多种工作方法：

- 提出酒店需要几星级标准，以及需要在哪些区域内；晚宴的餐标（价格）是多少，对菜品有什么要求；需要多大的会议室，预订什么时间段。让项目经理按要求寻找合适的酒店。
- 直接给出首选酒店、备选酒店。让项目经理按要求直接开始谈判。
- 写出选哪家酒店，用哪个会议室，联系哪个客户经理。让项目经理直接对接细节并签署合同。

上述 3 种方法，在指导性上都是足够的，但是后面两种方法对活动策划人的要求表述得更加具体，也需要活动策划人投入更多的精力。对于项目经理来说，活动策划方案指导性的高低是各有利弊的，模糊的要求增加了调查工作量，但也带来了灵活性，可以结合人员、货物是否方便进出等其他要素做出更好的选择。

换句话说，如果活动策划方案缺少指导性，也许并不会造成严重的问题，但缺少指导性并不意味着缺少合理性，我们不能要求项目经理完成不可能的任务。

总的来说，要保证活动策划方案的可执行性，活动策划人要学会从活动执行的角度，设身处地进行思考。在活动策划人刚入门时，也许经验和能力还不足以保证活动策划方案的可执行性，那么就多找资深活动策划人和资深项目经理请教，汲取前辈们的智慧吧！

3.1.5　符合标准

在大多数情况下，活动策划方案都应是一份标准的文档。

很多企业都有严谨的文档管理制度，根据不同的文件类型，会有相应的格式、模板和撰写要求。作为活动策划人，让活动策划方案成为符合这些要求的标准文档是很有必要的。

专业的活动策划团队往往都有自己的模板，甚至有针对特定活动类型定制的模板。经过实践检验的成熟模板，可以直接为活动策划人提供完整的活动框架，并帮助活动策划人快速找到策划思路。

即便读者所在的企业或组织没有上述要求，但建议读者在熟悉了活动策划之后，自己设计一种撰写标准，并在每次撰写活动策划方案的时候严格执行。

3.2　思维方式和思维工具

在上一节中，笔者介绍了策划思维的 6 个要点。接下来，我们要谈谈应用策划思维的策略。在开始之前，请读者快速观察下方的图 3-5。

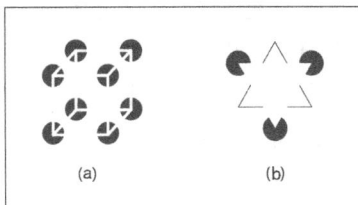

图 3-5　快速观察小例题

看完图 3-5 后，请先说出你看到了什么，然后再回顾一下自己的思维过程。

- 在观察图 3-5（a）时，你先注意到的是 8 个被线条分割的圆形，还是隐形的线条构成的正方体呢？如果你最开始没看到正方体，那后来是通过什么发现它的呢？

- 在观察图 3-5（b）时，你瞬间看到的是 1 个三角形，还是 2 个三角形呢？如果最开始仅看到 1 个三角形，那后来是如何发现第二个三角形的呢？

不论你实际的思维过程是怎样的，它们之间并没有对错之分。每个人的思维习惯是不同的，这和家庭、教育经历、成长环境等因素相关。思维习惯没有绝对的优劣，但顺应自己的思维习惯进行思考，往往是最准确高效的。

不得不说，活动策划是一项复杂的思维任务。在不熟悉活动策划时，使用不熟悉的思维方式尝试解决问题只会适得其反。

许多人靠着自己的摸索与实践，独立成长为了资深的活动策划人，而他们也许会发现，让其他人学会自己的策划方法是很困难的，许多同事只学到皮毛而不得精髓。这不是因为那些同事不够聪明，而是因为策划方法本身就是包含特定的思维方式的。学方法容易，但学思维方式难度却很大。

举例来说，在进行集体思考的时候，有一个非常火的词叫头脑风暴。很多团队的领导喜欢把团队成员召集起来，然后让大家尽情思考并发言，最后再将这些发言记录在白板上。不过，即便是这个方式，也会出现两种典型模式。

- 半开放式，每次让大家思考一个主题。这种方式的背后，是由整体转向部分的思维方式，即先确定框架再思考细节。头脑风暴主持人的发言可能是"关于晚会的颁奖典礼环节，大家有什么想法"？
- 全开放式，让大家自由思考，然后再归类，这是无逻辑的头脑风暴。这种方式的背后是由部分转向整体的思维方式，即获得零散的细节后，再将它们归类整理，最后形成整体。头脑风暴主持人的发言可能是"你提出的这个想法很好，稍后我们把它归类到颁奖典礼环节"。

采用不同的模式，却可以导向同一个结果，这就给了我们选择的空间。通过交流实践，笔者总结出了一种学习活动策划的方法：抓住策划思维的要点，结合自己的思维习惯，从使用适合自己的思维工具开始进行学习。

在上一节中，我们已经讲到了策划思维的要点，而本节的主要目的，就是让读者了解适合各种思维习惯的思维方式。每种思维方式都对应相应的思维工具，掌握其中任何一种都将使读者拥有基本的活动策划能力。

下面几种思维方式可以帮助你从头开始构思完整的活动策划方案，在接触活动策划的初期也可以使用。

- 由点到面，即化零为整的思维方式，先思考每个能想到的细节，最后将这些细节整合到一起，形成完整的解决方案。这种思维方式非常适合无逻辑的头脑风暴，可以满足先想到什么就写什么的需要，缺点是后期整合比较费力。

- 由面到点，即化整为零的思维方式，先从整体方面入手，再逐渐分割到细节。这种思维方式比较灵活，分割的方式也多种多样，可以根据活动的侧重点自由选择，但是这种灵活性也带来了缺点：如果分割的方式不恰当，可能会把简单的问题变复杂。
- 倒推法，即按照和方案执行相反的顺序来思考活动，先思考最后发生的，再根据时间顺序和因果关系判断之前发生的。这种思维方式虽然对时间有较强的控制性，又能获得清晰的执行步骤，但是有可能造成相对较大的执行难度。
- 正推法，即按照活动执行顺序，从头到尾进行构思。虽然用这种方法能够得到非常清晰的活动执行思路，但是需要活动策划人付出较高的思考成本，而且对时间的控制相对弱一些。

上述思维方式，都可以引导活动策划人初步完成活动策划方案，虽然它们各有不周到的地方，但是这些不周都是可以通过后期加工进行弥补的。

使用特定的思维方式，结合特定的思维工具，我们将得到活动框架。在大多数情况下，活动框架对应的是活动的筹备阶段，能表示出如何达成活动中的特定目的。下面我们就来一起看看这些思维方式，以及对应的思维工具吧。

3.2.1　由点到面：思维方式介绍

由点到面的思维方式在数理化学科中比较常见。比如，在学习数学的过程中，随着教学进度依次接触正整数、零、分数、小数、负数、无理数、虚数等，有了对它们的了解，我们才能逐步掌握数的整体概念。

由点到面作为一种思维方式，在活动策划的思维方式中是比较简单直接的，这种思维方式可以让活动策划人直接从策划的细节开始构思，然后用时间先后关系和逻辑因果关系，将不同的细节连接起来，完成由点到线再到面的过程，最终形成活动策划方案。

由点到面的思维方式，其特点在于可以想到哪里就写到哪里，将每个细小的思维成果都记录下来。为了更好地说明这种思维方式，我们举个简单的例子。假设笔者有如下任务。

列出 26 个大写英文字母，尽量做到不重不漏。

如果我们并不能一下子想起所有的英文字母，那就只能想到哪个就写哪个。最开始，笔者随机想起了 A、I、U、H、K、N、G，并把它们写了下来（见图 3-6）。

我们将图 3-6 中的内容作为第一轮思考的成果，而这个思考成果，多少会带给我们额外的启发。

在第一轮思考的基础上，笔者进行了第二轮思考，如图3-7所示。

图3-6　由点到面完成字母表书写任务（一）

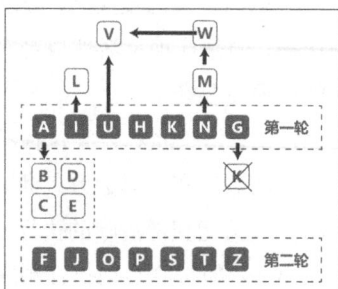

图3-7　由点到面完成字母表书写任务（二）

- 笔者想起了，在字母A后面紧接着的是B、C、D、E。
- 笔者想起了，在字母G后面的是K，但是K已经有了，所以并没什么用。
- 看到字母I的形状，笔者想起了L；看到字母N的形状让笔者想起了M，又根据M想起了W。
- 有了U和W，笔者想起了二者之间的字母V。
- 在第二轮的思考过程中，笔者还随机想起了F、J、O、P、S、T、Z这些字母。

第二轮思考遵循了想到哪里就写到哪里的特点。笔者想到这些新字母的原因是多种多样的，没有模式可循，虽然目前得到的结果很乱，但是我们仍然得到了许多可能有效的内容。根据共有26个字母这一线索，我们也可以知道还剩下多少字母，如图3-8所示。

然后，我们根据字母表的逻辑，对我们已经得到的这些字母进行整理（见图3-9的前半部分）。

有了图3-9的前半部分这个基本完整的字母表，再想出剩下的字母就显得容易多了，于是我们顺利地填补了最后4个字母，得到了图3-9的后半部分。

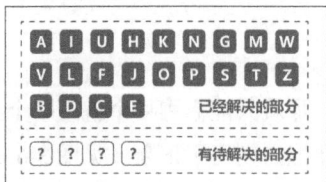

图3-8　由点到面完成字母表书写任务（三）

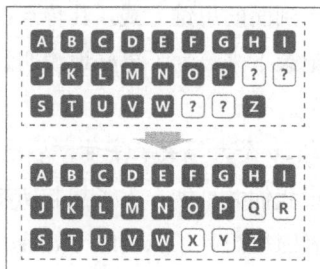

图3-9　由点到面完成字母表书写任务（四）

然后，我们要把自己的成果展示出来，这就需要再次构思整体的逻辑性。

最后，我们得到了两种展示方案：一是以排序规则为主要线索，按照字母表顺序排列；二是以使用方式为主要线索，按照电脑键盘的顺序排列，如图 3-10 所示。

图 3-10　由点到面完成字母表书写任务（五）

这样，就使用由点到面的思维方式，完成了"列出 26 个大写英文字母，尽量做到不重不漏"这一任务。在本次应用由点到面的思维方式时，各阶段都有一定的特点：

- 在思考的最初阶段，几乎不需要考虑方向性，只需要在给定的范围内想到什么写什么即可。
- 然后，根据上一轮思考，进行联想、扩展、改造，不断丰富思考成果并记录下来。即便是错误的、重复的想法也没有关系，可以先记录下来，事后再进行筛选。
- 按照一定的逻辑，对所获得的思考成果进行归类、整理、排序。在此过程中如果发现遗漏，可以随时进行补充。
- 在确定思路基本完整后，再次进行整理，最后输出有逻辑的整体内容。

当我们将这种思维方式应用到更复杂的问题（如活动策划）上时，上述这些特点都会体现出来，由点到面的思维方式的优势和缺点也都会集中体现在上述这些特点上。下面，我们就来看看它在活动策划上的具体应用吧。

3.2.2　由点到面：甘特图的应用

要想将由点到面的思维方式应用在活动策划上，我们需要解决两个问题：

（1）如何确定点，即我们具体要将什么作为基准。因为最后我们要把这些点连成线，然后再用线构成面，所以在选择点的时候，就有必要考虑它们能不能相互关联、凭借什么关联等问题。

（2）如何记录点。虽然由点到面的思维方式可以让我们想到什么就写什么，但具体如何写是要讲究方法的。当然，你可以选择把所有的想法都使用文字记录下来，但这种笨办法会使你在对信息进行整理的时候遇到很大的困难，因为你的记录是缺少逻辑的。

对于第一个问题，我们选择以"待办事项"作为基准。

任何一场活动，其执行过程都是由无数个小事项组合起来的。在执行开始之前，所有的事项都是待办事项。每个待办事项都有自己的属性，其中比较重要的三个属性是开始时间、结束时间和事项内容。

事项内容可以告诉我们具体要做什么，而开始时间和结束时间为我们提供了时间线索，也映射出了事项的先后关系。因此一旦我们准备好了足够多的待办事项，再将每个待办事项的这三个属性都确定好，然后组合起来，那活动也就有了执行框架。

一旦选择了待办事项作为点，那记录的方式也就容易确定了。我们第二个问题的答案：甘特图（Gantt Chart）。

甘特图是以它的创立者亨利·劳伦斯·甘特的名字命名的，它是项目管理中常用的专业图表。甘特图可以利用条带来代表每个事项，并以条带的起点和终点显示各个事项的进行时间，以及各个事项之间的进度关系。

图 3-11 展示的就是一张简单的甘特图，它的核心内容是图中的三条横向条带，因此，甘特图也被叫作横道图或条状。当然，根据实际用途甘特图可能还会有别的名字，比如，甘特先生创造这种图表时，它的名字叫作生产计划进度图。

我们可以看到，在图 3-11 中，任务的总时间是从 T1 到 T13 的这段时间。任务 1 是从 T2 时间开始 T9 时间结束的，而任务 2 紧接着任务 1 进行，任务 3 紧接着任务 2 进行。这三个任务的先后顺序在图中非常清楚，你甚至可以猜想这三个任务之间是否存在因果关系。

图 3-11 展示的是基于坐标的甘特图，而甘特图也可以基于表格，如图 3-12 所示。图 3-11 与图 3-12 的内容完全一致，只是绘制方法不同。本书中所有的甘特图都会用基于坐标的方式绘制，但读者在实际使用的时候，选择使用基于表格的绘制方法也是完全可以的。基于表格的甘特图用 Excel 绘制起来十分简单。

总的来说，甘特图是一种清晰又实用的项目管理图表。作为活动策划人，在日常工作中可能经常会接触这种图表，如果由点到面的思维方式不适合你，即使只将它作为一种工具来学习，也是十分值得的。

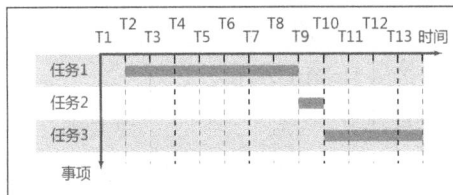

图 3-11　甘特图示例（基于坐标）

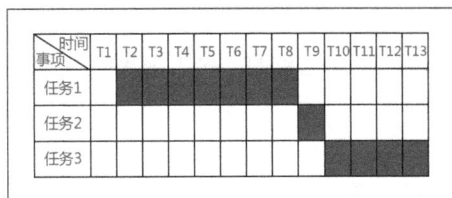

图 3-12　甘特图示例（基于表格）

　　下面通过一个案例，我们一起从头开始，利用由点到面的思维方式和甘特图完成一次活动策划构思。在分析案例的过程中，我们主要关注两对关系：一是由点到面的思维方式是如何与甘特图关联起来的；二是甘特图是如何与活动执行关联起来的。

　　下面让我们来看看案例的活动需求：

　　M 美容院的新分店将于 6 月 30 日开业，在开业当天要举办开业仪式。在开业前 3 到 5 天，M 美容院将以试运营的形式营业并开展营销活动。另外，M 美容院希望通过线上宣传的方式，提前为新分店造势。

　　M 美容院是 A 策划公司的老活动发起方，由于之前的开业仪式都是由 A 策划公司负责的，因此本次开业仪式及相关活动也交由 A 策划公司负责。所以本次合作无须太多前期商议，可以直接进入策划环节，但是现在已经是 6 月 15 日，仅剩 15 天的时间筹备活动了。

　　上述需求还可以更加具体化，但有这些内容基本也足够了。接下来，笔者将策划一场非常传统的、简单的、典型的活动，在开业仪式的现场我们只进行剪彩和发表祝词两个环节。读者可以模仿笔者进行的步骤，以自己想要的方式策划这场开业仪式，比如，加入舞狮、擂鼓及礼炮等内容，完成一次实践学习。

　　下面，请打开你熟悉的软件（Excel、PowerPoint 等都可以）或准备好纸笔，让我们开始绘制甘特图吧。

　　首先，我们先绘制坐标轴。

● 绘制一条向右的水平箭头线作为横坐标，这条线代表时间。我们假设从 6 月 17

日开始筹备活动，那么该日期就是横坐标的原点。横坐标上的每个刻度代表一天，直到活动当天的 6 月 30 日为止。

- 从水平箭头线的起点出发，绘制一条向下的垂直箭头线作为纵坐标，这条线代表待办事项。纵坐标上的每个刻度代表一个事项，我们要在刻度左侧标注事项的内容。

图 3-13 是绘制完成的活动策划示意图，为了让纵坐标不是空白的，笔者在上面附加了"物料购买"一项。在图中，我们可以看到这次执行的总时间是从 6 月 17 日开始到坐标轴结束位置的 6 月 30 日结束的。接下来我们想到的每一个事项，都可以按照时间顺序向下依次铺展开来。

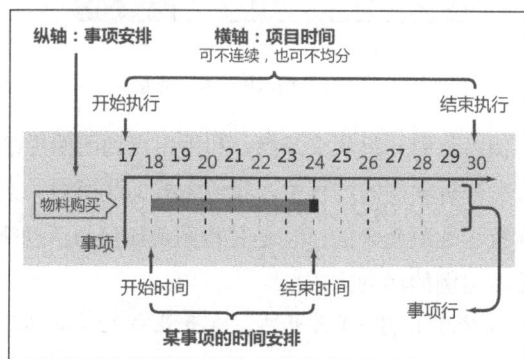

图 3-13　甘特图坐标轴和事项样例

现在，我们可以构思一些这场活动需要执行的内容。

- 线上宣传。这是活动发起方要求的内容，但并没有确定时间，我们可以先定为开业前 7 天开始宣传，直到开业当天，即线上宣传的时间是 6 月 23 日至 6 月 30 日。
- 开业仪式。开业仪式的时间是确定的，即在 6 月 30 日当天。
- 试营业。这也是活动发起方要求的内容，要求是开典仪式前 3 到 5 天，那我们就让它在线上宣传后的第 5 天开始正式营业吧，这样可以充分发挥线上宣传的作用，即试营业的时间是 6 月 26 日至 6 月 30 日。
- 物料购买。即便目前不知道需要什么物料和缺少什么物料，但开业仪式需要的道具、装饰、礼品等总归要涉及采购。一般我们要求活动物至少提前 3 天准备到位，再考虑到物流时间，我们可以适当把这个过程拖长一些。比如，在活动策划方案通过后即可立刻开始采购。这样物料购买的时间就是 6 月 18 日至 6 月 30 日。

- 确认流程，即确定开业仪式当天的流程，具体包括确认当天的主持人、嘉宾、剪彩仪式等。我们做一个比较坏的打算，让它提前 2 天完成，即确认流程的时间是 6 月 18 日至 6 月 29 日。
- 活动策划方案定稿（简称策划定稿），即活动策划方案通过。既然要 6 月 17 日开始正式执行，那我们可以将策划定稿这个事项的时间定为 6 月 17 日至 6 月 18 日。注意，这里的时间包含策划定稿后，和项目经理（活动执行负责人）等人一起召开执行会议，商议执行细节的时间。

在构思上述条目的同时，笔者已经将它们记在了甘特图上，如图 3-14 所示。

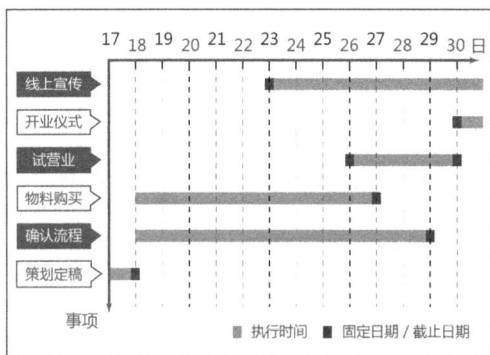

图 3-14 用甘特图进行策划（一）

在图中，笔者加入了一个小细节，即在事件的开头或结尾加上了"实心标记"，用来表示这个时间是必须遵守、不可改变的。读者在绘制甘特图的时候，也可以根据自己的需要创造一些标记和符号。

目前为止我们绘制的内容，都是想到哪里画到哪里，比如，当我们想到开业仪式的时间时，就立刻把这一行的事项名称和时间条带画好了。即便你对事项内容和时间不太确定，那也可以先画上。

然后，我们可以继续把能想到的信息补充进去。

- 线上宣传和活动现场都需要视觉内容，因此我们需要设计相关的内容。设计一般分为三个步骤：主视觉（KV）设计、衍生材料设计、印刷和运输。在线上宣传之前，我们需要用于线上宣传的衍生材料（如线上海报、活动详情页等），因此 6 月 23 日前要完成衍生材料设计。另外，由于需要设计的内容很多，因此这三个步骤可以交叉进行，比如，宣传单设计完成后，就可以先行开始印刷，不需要等待其他设计完成。对于设计方面的内容，我们分成三条事项来表示：

KV 设计在 6 月 18 日到 6 月 20 日进行，6 月 20 日要定稿；衍生材料设计从 KV 设计中的 6 月 19 日开始，到 6 月 23 日必须完成，以预留印刷时间；印刷随设计进行，印刷品在 6 月 27 日必须全部完成。

- 相关人员。相关人员一方面是工作人员和礼仪人员，如果这些职能无法全部由己方人员担任，则需要临时聘请兼职，另一方面是确认到场嘉宾，特别是将在现场发言祝贺和剪彩的嘉宾。因此对于相关人员方面的内容我们分两条来画：外聘兼职人员在 6 月 20 日就可以开始联系初选，活动开始前 2 天，也就是 6 月 28 日必须全部确定；嘉宾的情况难以预测，也难以做出强硬的要求，因此最晚在活动正式开始前确定即可，时间定为 6 月 28 日到开业仪式当天。

- 在开业仪式的前一天要对门店进行装饰。

我们将上述内容补充在甘特图上，如图 3-15 所示。

另外，我们还可以考虑加入节目表演、舞台搭建、互动抽奖等内容，但由于空间有限，为了让读者能看清楚，其他方面的内容笔者在这里就不再补充，我们假定的活动策划方案就仅包括图 3-15 中列举的这些内容。

目前的这些内容，是我们通过发散思考一点一点写上去的，我们没有过多地考虑它们的内在逻辑。利用甘特图，我们最终将这些事项放在了一起，并组合形成了一个初步的想法，而以上的步骤，就是由点到面的思维方式里，将点随意罗列出来的过程。

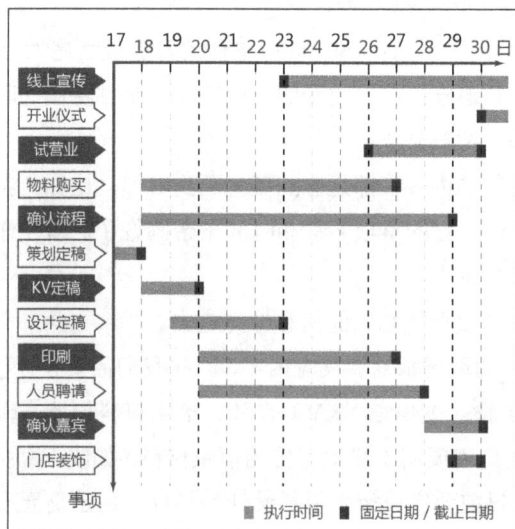

图 3-15　用甘特图进行策划（二）

接下来，我们将这些点进行整理，让它们串成线。在甘特图中，时间是最重要的线索，因此我们可以将所有事项按照起始时间来排列，如图 3-16 所示。

读者可能在网络上搜索过甘特图，发现几乎所有的事项都是首尾相连的，也就是下一个事项的开始必然伴随着上一个事项的结束，但是，在活动执行的过程中，多个任务并列执行是很常见甚至是必要的，所以，在活动策划领域几乎不可能出现所有事项首尾相连的甘特图。

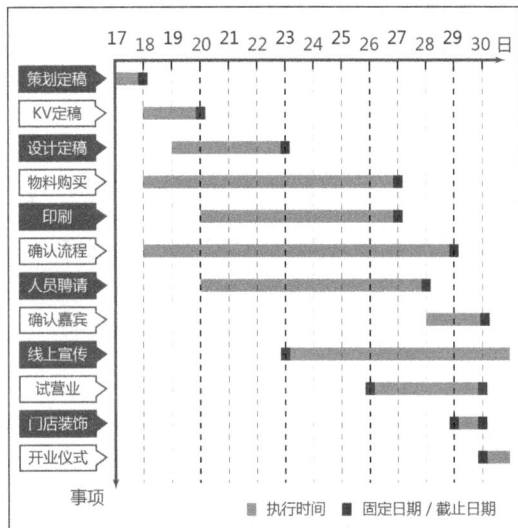

图 3-16　用甘特图进行策划（三）

在图 3-16 中，我们没有严格地按照开始时间排列，而是有意识地保留了几处有顺序逻辑的部分。比如，我们将"KV 定稿"和"设计定稿"的相邻关系保留了下来，将"试营业"和"开业仪式"放在了邻近的位置。

各个事项排列之后，我们会对它们的起止时间有大体的认识。这时，我们会发现在 6 月 20 日到 6 月 26 日的这段时间，似乎安排了太多的事项，日程显得有点紧张，如图 3-17 所示。

如果我们认为在这段时间执行这么多事项是很困难的，那么可以对事项进行优化，减少这段高峰时期内必须处理的问题。比如，"确认流程"可以在前期努力完成，即便临时略有变更影响也不会太大，因此我们可以将时间缩短到 6 月 21 日完成；对外聘兼职人员的选择和聘用可以稍晚一些，可以把"人员聘请"拖到 6 月 23 日开始，这样 5 天时间也差不多足够了。

至于"设计定稿、印刷"等事项，时间本身已经比较紧张了，再缩短是不合适的，而"线上宣传、试营业"等事项关系到活动发起方利益的部分，所以时间尽量要保留地长一些。

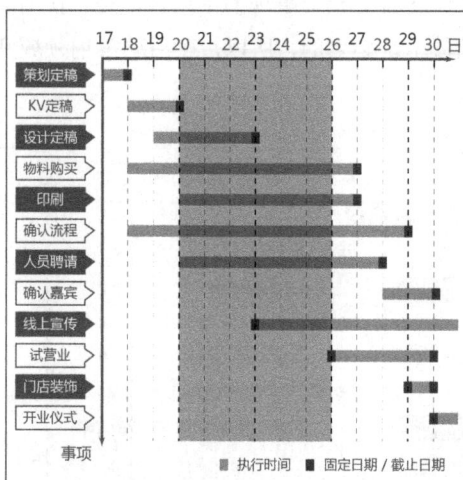

图 3-17　用甘特图进行策划（四）

图 3-18 是修正后的甘特图。

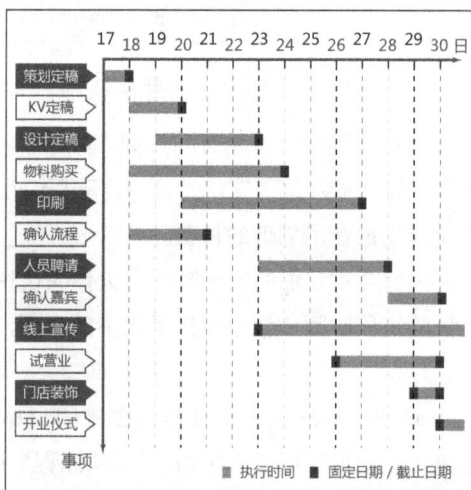

图 3-18　用甘特图进行策划（五）

这样，我们的事项分配看起来就比较均衡了。从修正后的甘特图中，我们已经得到了一个完整的时间表，并对执行过程中需要处理的事项有了比较清晰的理解。至此，我们完成了由点到线的过程。

最后，我们需要再用线连成面。为了由一维空间到二维空间，我们需要引入一个额外的维度，对所有的事项进行分类。这个新维度应该如何选择呢？

在执行活动的过程中，除需要在正确的时间做正确的事之外，还有一个大问题就是由谁来做。因此，我们一般选择引入负责人或负责团队作为新的维度。

在这个案例中，我们可以按照分工，将活动执行团队分为以下 5 个小组。

（1）策划组：负责确定活动的流程和内容；对接活动相关人员等；在甘特图中的相关事项有策划定稿、确认流程、确认嘉宾。

（2）设计组：负责设计活动需要的宣传材料；监督印刷质量和宣传品到位时间；在甘特图中的相关事项有 KV 定稿、设计定稿、印刷。

（3）采购组：负责评估采购质量，保证采购内容到位；在甘特图中的相关事项有物料购买、人员聘请。另外，印刷也可能需要采购组协助。

（4）运营组：负责广告投放和线上线下宣传的推进；在甘特图中的相关事项有线上宣传、试营业。另外，开业仪式当天也可能需要运营组协助。

（5）执行组：负责开业仪式当天的活动执行；在甘特图中的相关事项有门店装饰、开业仪式。

上述的分组关系可以表示在甘特图中（见图 3-19）。

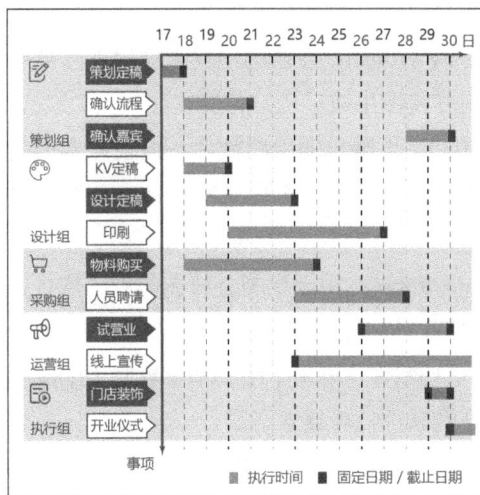

图 3-19　用甘特图进行策划（六）

至此，我们完成了待办事项的点到时间安排的线，再到职责划分的面的构思工作。利用甘特图，我们将想到的零散要点进行记录、整理和分类，最终得到了一份完整的活动执行框架。

有了活动执行框架，我们就可以很容易地梳理活动的筹备流程了，接下来只需要利用模板，将框架中的每个部分再度细化并用文字表述出来即可。我们会在本书的第6章介绍具体的撰写方式，但如果你已经具备足够的写作能力，那么凭借这张甘特图应该能做出一份不错的活动策划了。

以上就是我们借助甘特图，用由点到面的思维方式进行活动策划的过程。

可用于绘制甘特图的软件有很多，你可以根据现有资源或自身的需要进行选择。如果有条件的话，建议你购买并学习一款专业的项目管理软件。由于专业的项目管理软件中比较重要的功能之一就是日程规划，因此绝大多数项目管理软件都有绘制甘特图的功能，而它的许多其他功能也都可以为我们所用，如生成日历等。

以下推荐几款可以用来绘制甘特图的软件。

- 微软 Excel/WPS Excel：常见的表格制作软件，可用于绘制基于表格的甘特图；付费软件。
- LibreOffice Excel：表格制作软件，和微软的 Excel 软件功能相似，可用于绘制基于表格的甘特图；免费开源软件，可搜索下载。
- 微软 Visio：微软的图表制作软件，内含甘特图模块，可用于绘制基于表格/坐标的甘特图；付费软件。
- 微软 Project/Edraw Project：专业的项目管理软件，可用于绘制基于表格/坐标的甘特图，能用甘特图生成日历；付费软件。
- MindMaster/XMind：思维导图绘制软件，但也有专门的甘特图模块，可用于绘制基于表格的甘特图；付费软件（XMind 免费版基本没有功能限制，但是带水印）。
- GanttProject/ProjectLibre：用于绘制甘特图的独立软件，绘制出的甘特图都是基于坐标的甘特图；免费开源软件，可搜索下载。
- Redmine：项目管理软件，可用于绘制基于表格/坐标的甘特图，能用甘特图生成日历；免费开源软件，可搜索下载。
- 微软 Powerpoint/WPS PPT/绘图软件：利用类似在计算机上绘画的方式，直接一笔一笔画出甘特图，如果愿意，你可以创造出自己想要的美观的甘特图。

3.2.3　由面到点：思维方式介绍

由面到点的思维方式在文史类学科中比较常用，比如，在学习春秋战国这段历史时，我们会先了解这个时期的整体特点，然后再了解这个时期内的主要事件，最后才了解和事件相关的具体人物；同样，在分析小说的时候，我们会先理解大意，再按照时间、地点、人物、起因、经过、结果来分解内容。

由面到点的思维方式比较符合逻辑分析的通常习惯，即先思考整体，再思考整体中的小群体，最后思考小群体中的个体。

由点到面的思维方式的内容是从无逻辑到有逻辑的，而由面到点的思维方式的内容自始至终都是用逻辑贯穿的。因此，使用由面到点的思维方式时，我们获得的所有思维成果都是有理有据的，思考的质量更是有保障的。这种思维方式可以让活动策划人以很高的效率，构思出完整的、逻辑通顺的活动框架。

下面，让我们用由面到点的思维方式再次处理这个任务：

列出 26 个大写英文字母，尽量做到不重不漏。

既然选择了由面到点的思维方式，那我们就必须先搞清楚主体部分。这里的主体部分比较清晰，即 26 个大写英文字母。这个整体是我们思考的出发点，如图 3-20 所示。

图 3-20　由面到点完成字母表书写任务（一）

这个整体即我们的面，接下来我们要找到构成面的线。也就是说，我们需要通过某种方式，把目前的整体细分为几个部分。分类 26 个大写英文字母有很多种方式可选，比如，按照元音辅音划分、按照笔画划分等，如图 3-21 所示。

图 3-21　由面到点完成字母表书写任务（二）

在使用由面到点的思维方式时，第一次的划分是十分关键的。划分方式的合理与否，将会影响：

- 划分过程中是否能做到不重不漏。
- 当前使用的划分方式是否有利于下一步的划分。
- 划分方式对应的逻辑是否能为构思内容提供指导。

假设我们要在图 3-21 中提供的三种分类方式中选出一种，请问哪一种最合理呢？

考虑到任务要求是列出 26 个大写英文字母，显然这跟字母的读音是没有关系的。首先如果我们用读音作为分类依据，也许同样可以完成任务，但是却绕了不必要的弯子；其次，按照笔画划分的可拓展性很强，哪怕后续加入小写字母、数字、标点、希腊字母等也可以按照此方法分类；最后，选择将笔画作为分类依据更为妥当。

按照笔画划分，我们可以将大写英文字母分为 3 类：1 笔写完的、2 笔写完的、3 笔写完的。我们将全部 26 个大写英文字母称为第一级，将这个类型称为第二级。由于这次的任务比较简单，因此划分到第二级就足够了，但在解决复杂问题的时候，可能需要划分到第三级、第四级。

这样我们就得到了线，接下来只需要思考每条线上的点有哪些即可。具体来说，就是可以 1 笔写完的字母有哪些，可以 2 笔写完的字母有哪些，可以 3 笔写完的字母有哪些，然后我们逐个处理第二级的内容即可。首先就是想出 1 笔写完的字母，如图 3-22 所示。

尽量写出所有能想到的可以 1 笔写完的字母，然后依次处理剩下的第二级内容，如图 3-23 所示。

图 3-22　由面到点完成字母表书写任务（三）

图 3-23　由面到点完成字母表书写任务（四）

通过这种方式，我们不仅列出了许多需要的字母，而且还完成了对它们的分类，这些字母现在已经可以投入使用了，我们将这些字母放到字母表中去（见图 3-24）。

在使用过程中，我们发现字母表上还缺少一个字母。在应用由面到点思维方式的时候，这种情况是比较常见的，其原因往往有两种：一是在划分分类的时候遗漏了某个分类；二是在某个分类下遗漏了具体内容。

经过检查，我们发现原来缺少了字母 K，将它补充完毕即可（见图 3-25）。

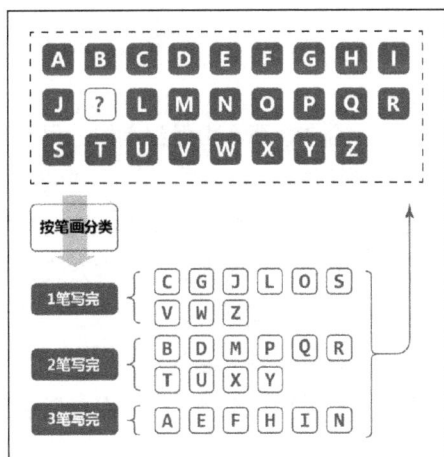

图 3-24　由面到点完成字母表书写任务（五）

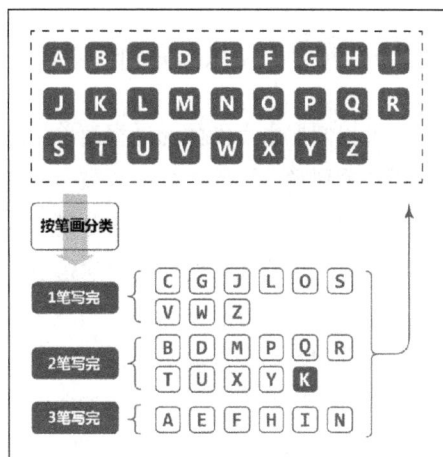

图 3-25　由面到点完成字母表书写任务（六）

在字母补充完毕后，我们就完成了用由面到点的思维方式，"列出 26 个大写英文字母，尽量做到不重不漏"这一任务。

在处理相同的案例时，读者可以感受到由点到面和由面到点这两种思维方式的差异。

- 在使用由面到点的思维方式时，我们是先进行划分，然后再在特定范围内进行思考的，而由点到面的思维方式从最开始就是完全发散的，虽然思考不受限制，但是缺少了划分依据。

- 在由点到面的思维方式下，划分依据是由我们主动定义的，也就是说，是先有划分依据再有具体内容的，而在由面到点的思维方式下，则是先有具体内容，再根据划分依据进行归类的。

- 由面到点的思维方式非常强调上下级元素之间的关系，同级元素之间的地位是相同的，而在点到面的思维方式下，在归类之前元素之间不存在等级关系，因此可以充分利用任何元素之间的关系进行推导。

总的来说，由面到点作为一种需要先考虑全局再考虑局部的思维方式，其更考验使用者的逻辑思维能力，也更容易将使用者的实际能力发挥出来。

在活动策划中，由面到点的思维方式有容易学会，难以用好的特点，它使用起来简单灵活，拥有很高的上限，但与此同时也容易把握不好方向和尺度，让自己白费功夫。

接下来，笔者将和大家谈谈，由面到点的思维方式具体如何应用在活动策划上。

3.2.4　由面到点：思维导图的应用

如果我们把由点到面的过程简单称为先列举，再合并；那么由面到点的过程就是先分类，再列举。因此，划分分类是后者所用的主要手法。

我们在第 2 章中讲过活动的分类，其中提到过不同的分类依据将带来不同的分类结果，其实，在所有需要分类的问题中，这个道理都适用，由面到点的思维方式也不例外。划分分类的方法不是唯一的，它的这个特征既带来了灵活性，也带来了麻烦。

在由点到面的策划案例中，我们按照工作内容将待办事项汇总为 5 类，并得出 5 个工作小组。如果将这 5 类待办事项再汇总一次，我们就可以得到"工作人员"这个大类，如图 3-26 所示，我们写出了两次汇总使用的分类依据。

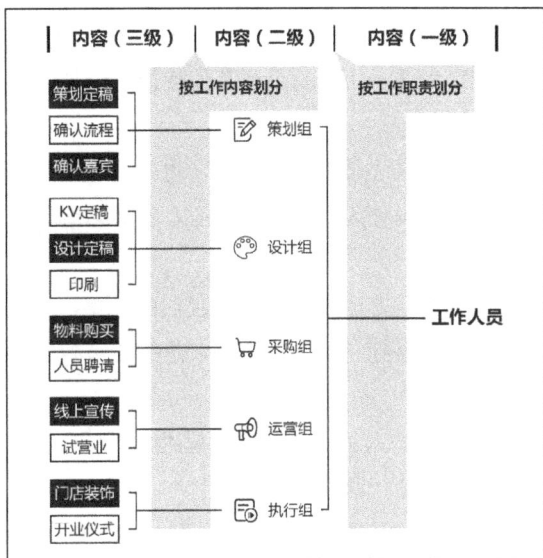

图 3-26　通过内容总结分类

如果我们将上述过程反过来，即我们先想到"工作人员"这一大类，然后"按工作职责划分"也许同样可以得到这 5 个工作组，但是如果不按照工作职责划分呢？那我们就无法得到同样的 5 个工作组，进一步划分也未必会得出同样的待办事项。也就是说，待办事项会根据我们选择的划分分类的方式而变化。

如果我们按照工作人员的年龄来划分，那可能的二级分类如下。

- 年轻工作人员：18 岁-27 岁（含）。
- 中年工作人员：27 岁-40 岁（含）。
- 大龄工作人员：40 岁以上。

如果要把二级分类划分为三级分类，即要为每类工作人员安排具体工作的话，很可能就会按照具体工作需要的体力、经验、面貌等来划分。比如，年轻工作人员身体能力较强，划分的工作事项会比较偏向于体力，因此可能会有三级分类：搬运道具、场地清洁、礼仪接待、门店装饰等。再如，大龄工作人员的经验丰富，划分的工作事项会偏向技术，因此可能有三级分类：指挥调度、商务谈判、宣传材料设计等。

也就是说，我们选择的划分分类的方式，会影响分类结果所具有的属性，而我们要做的，就是找到正确的划分分类的方式，让分类结果符合我们的需要。

那么，有什么适合记录分类的工具呢？对于活动策划人，笔者推荐的记录分类的工具是思维导图（Mind Map）。

思维导图是比较出名的图形化思维工具，由东尼·博赞先生创造。东尼·博赞先生也是思维导图的主要推广者之一，他的系列著作使得思维导图成为了全球知名的思维工具。

在使用思维导图时，它的核心是放射性思考，也就是从一个思考中心出发，引出相关内容。这些相关内容又可以称为新的思考中心，然后它继续被发散，最终形成一个信息丰富的立体结构。

思维导图的这种特性和使用方法，刚好符合我们的需要。不过，当我们将思维导图工具用于活动策划时，要考虑到它是实用性的、是需要被执行的，在选择每一级思考中心时，都必须保持谨慎。

图 3-27 就是一种思维导图，为了清晰地展示思维导图的特性，我们绘制的是双中心的思维导图，它同时存在两个一级分类。

我们可以清晰地看到图 3-27 的思维导图中各级之间的关系，比如：

- "延伸 b3-1"是"内容 b3"的延伸，"内容 b3"是"类型 B"的内容，"类型 B"是"核心出发点"的一个分类，它们分别属于分类的第四级、第三级、第二级和第一级。

- "内容 a1"和"内容 a2"是同级别的内容，都属于"类型 A"。

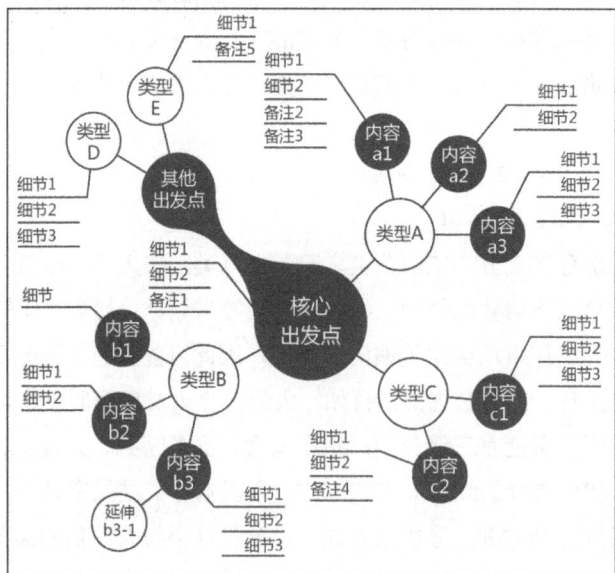

图 3-27　气泡思维导图示例

　　清晰的层级关系，有利于我们按照层级划分，获取从宏观到微观的多维度信息。同时，我们也可以从中心出发，利用分类逻辑快速找到我们想要的内容。

　　图 3-27 这种思维导图，我们称为气泡思维导图，简称气泡图。气泡图适合在纸张上进行绘制。在计算机软件中，我们绘制的更多是树状思维导图，简称树状，如图 3-28 所示。

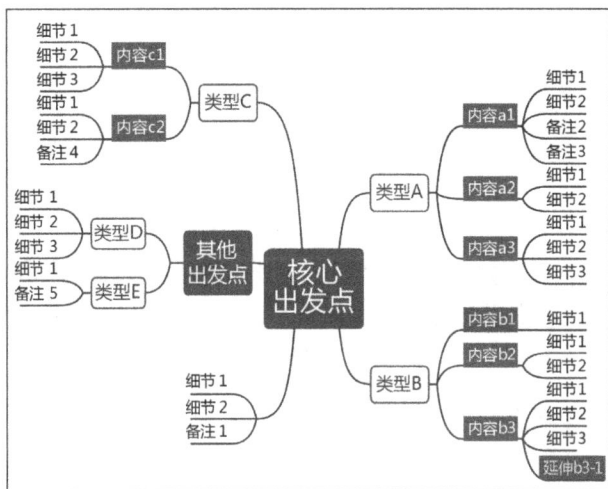

图 3-28　树状思维导图示例

　　图 3-28 的树状图和图 3-27 的气泡图是等价的，它们的结构和内容都是一一对应的关系。在本书中，我们在多数情况下会使用树状图，但读者在使用思维导图的时候，可以选择适合自己的画法。

　　接下来，我们将思维导图作为工具，利用由面到点的思维方式，从头开始完成一次活动策划构思。为了方便大家对比两种思维方式，我们仍然使用 M 美容院新店开业仪式的案例，需求和前文相同，具体内容如下。

　　M 美容院的新分店将于 6 月 30 日开业，在开业当天要举办开业仪式。在开业前 3 到 5 天，从美容院将以试运营的形式营业并开展营销活动。另外，M 美容院希望通过线上宣传的方式，提前为新分店造势。

　　M 美容院是 A 策划公司的老活动发起方，由于之前的开业仪式都是由 A 策划公司负责的，因此本次开业仪式及相关活动也交由 A 策划公司负责。所以本次合作无须太多前期商议，可以直接进入策划环节，现在是 6 月 15 日，仅剩 15 天的时间筹备活动了。

　　要想使用思维导图来完成策划，首先我们需要找到一个中心。在这则案例中，中心就是活动本身，尽管不算准确，但为了方便记忆我们就叫它开业典礼吧。命名之后，我们可以在纸上画个方框，写上"开业典礼"四个字，它是整个思维导图的中心，也是我们划分分类过程中的第一级。

　　按照预定的顺序，接下来我们要选择第二级了。这里我们也将遇到第一个难点：第二级选择什么作为划分分类的依据呢？

　　在活动策划中，可以作为划分分类依据的特性有很多，比如，工作内容、时间阶段、活动场地等。凡是会带来差异性的特性，都可以作为划分分类的依据。一旦选择了某个特性作为划分分类的依据，那么这一特性就将拥有更高的优先级，因为它所在的级别更高。比如，我们按照活动流程进行划分，那么二级分类就有三项内容：线上宣传、试营业和开业典礼。这三项内容都拥有活动流程这个特性，因此这一特性是属于第一级的，但这三个二级分类下的子项目，它们拥有的特性属于第二级。

　　因此，我们把选出的作为划分分类依据的特性，称为优先特性。它的优先不仅体现在级别上，而且也反映了我们思考的侧重点。

　　使用不同的特性划分，可以得到很多种二级分类，如图 3-29 所示。

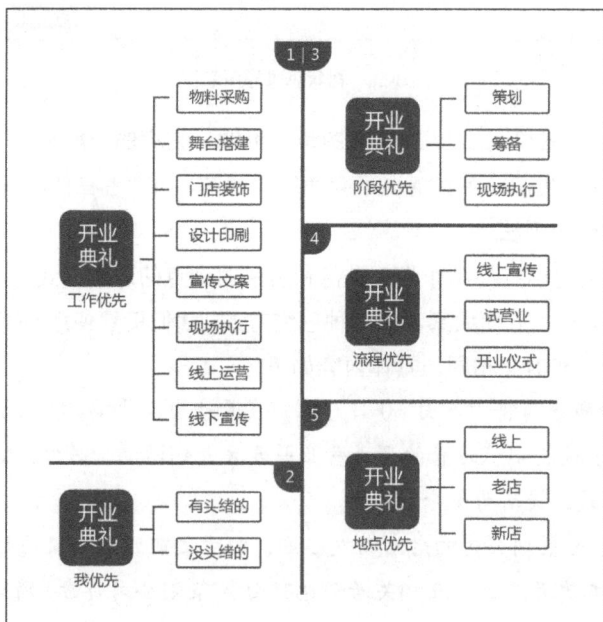

图 3-29　不同的二级分类选择

在实际进行活动策划的时候，笔者通常会采用流程优先的方式。因为在活动策划方面，思维导图和甘特图最大的差别在于，思维导图是没有时间轴的，而选择流程优先的方式，可以将时间的先后关系引入到比较高的级别，所以在完成整个思维导图后，可以比较方便地将各个执行内容按照时间顺序提取出来。

因此，笔者这里使用图 3-29 中的方案 4 作为二级分类。此次活动主要有三大流程，即线上宣传、试营业、开业仪式。我们分别画出三个方框并写上这三大流程，然后再用线条和上一级开业仪式相连。

接下来，这三个二级分类还可以继续分割，比如，开业仪式可以分割为开幕式、剪彩仪式、嘉宾祝词等环节。我们在这里不再继续展开，而是直接把二级分类的内容当作三大事项，然后我们接着画第三级，从执行的角度将这三大事项各自划分为以下3 个点。

1．属性，即这个事项的具体特征，可以包括时间、地点、实施方案等。

2．筹备，即事项正式开始前，需要进行哪些准备工作。

3．实施，即事项正式开始后，需要做哪些工作。

图 3-30 的左侧图即我们的绘制结果。你可能会质疑一个问题：每个事项之下都是属性、筹备、实施这三条，是不是太啰嗦了？其实，在用思维导图的方式构思活动策划的时候，这种现象是很常见的。由于我们划分各个级别主要是按照分类的思路进行的，因此划分后的各部分具有一定相似性，这样的相似性，可以证明我们的分类模式是正确的，也可以让思维导图使用起来更加轻松。

在案例中，一方面我们只需要进行 1 次思维发散就可以将一级划分成二级，但二级却有 3 个，这意味着在划分到三级的时候，就需要 3 次思维发散，而且随着级别的不断增加，我们需要思考的次数是呈指数形式增长的，这样一来大量的思考会让人感到疲惫，也容易造成错误和遗漏。另一方面，由于这种相似性的存在，每个级别的发散结果都遵循相似的模式，并且可以相互参考借鉴，因而让思考量大大减少，也降低了错误和遗漏的概率。

在这种相似性下，思维导图可以根据侧重点的变化而变化，而且这种变化表现为级别之间的交换。比如，在一场晚会的策划中，如果我们先关注各个节目的安排，那么在具体考虑每个节目的时候就要考虑灯光的问题，而如果先关注灯光的变化，最终也还是需要将变化具体到每个节目中。

图 3-30 就是级别之间交换的结果，交换后，新的思维导图仍是有意义的，只不过侧重点将偏向活动执行，而非我们之前确定的活动流程了。在图 3-30 中，我们仅把右

侧 "执行优先" 的思维导图用作展示，接下来的步骤我们仍使用左侧的 "流程优先" 的思维导图。

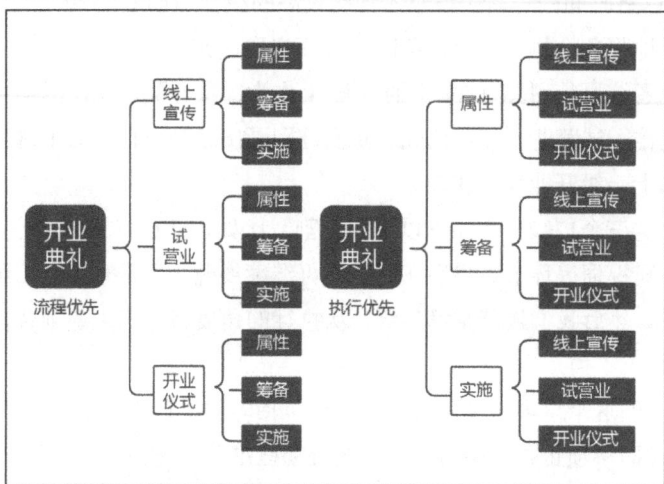

图 3-30　思维导图分类级别的交换

　　这样一来，我们就确定了三级内容，再向下深入，就是具体的细节问题了。在补充细节时，我们就进入了在规定范围内，想到什么写什么的阶段，这个阶段不必再使用严格的分类标准，即便将不同的内容混在同一级别里也没有关系。

- 对于试营业的筹备，主要有两个方面：一是试营业期间使用的宣传材料，它又包括文案撰写、平面设计、印刷等工作；二是试营业期间需要的物资，这就要涉及采购。
- 对于开业仪式的属性，重点在于：时间怎么安排？地点在哪里？具体要做什么来产生营销效益。

　　在适当补充上述细节后，我们得到相应的思维导图，如图 3-31 所示。

　　至此，我们已经利用由面到点的思维方式和思维导图，完成了活动策划的框架。当然，读者还可以在思维导图上补充更多的细节，比如，为每个具体事项标注时间和负责人。这个阶段填充的细节越多，在稍后撰写活动策划方案时就越轻松。

　　我们绘制的这张思维导图，实质上是一个活动执行目录，比如，在执行活动的时候，如果希望知道开业仪式当天会来哪些嘉宾，我们通过 "开业典礼→开业仪式→实施→到场人员→嘉宾" 的顺序很容易就能找到对应的内容。因此，作为活动策划的框架，思维导图是偏向于活动执行的。

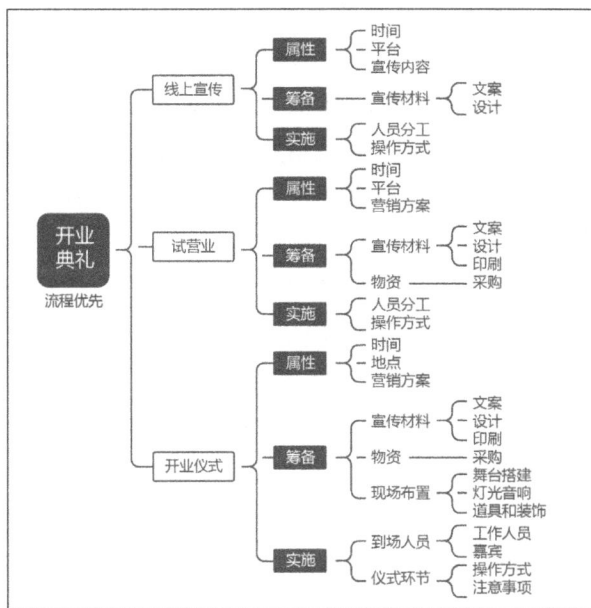

图 3-31　用思维导图进行活动策划

　　有了这个活动执行目录，我们就有了活动的框架，就可以更轻松地完成活动策划方案的执行部分，而且有了执行部分之后，再完善活动策划方案的其他部分就会容易很多。

　　以上就是我们借助思维导图，用由面到点的思维方式进行活动策划的过程。

　　总的来说，思维导图相对于甘特图需要的思考量更大一些，思维难度也要更高一些，但甘特图在实际使用时有较大的遗漏内容的风险，而思维导图在这方面则比较有保障。

　　思维导图作为流行的思维工具，有大量软件可供选择。以下的软件都可以绘制思维导图，其中有些软件是我们在甘特图部分推荐过的。

- 微软 Visio：微软的图表制作软件，内含思维导图模块；付费软件。
- MindMaster/XMind：思维导图绘制软件；付费软件（XMind 免费版基本没有功能限制，但是带水印）。
- 微软 Powerpoint/WPS PPT/绘图软件：既可以使用内置的 SmartArt 工具生成思维导图，又可以利用类似在计算机上绘画的方式直接绘制思维导图。
- FreeMind/Freeplane：用于绘制思维导图的独立软件，功能非常强大，几乎包含思维导图相关的所有功能；免费开源软件，可搜索下载。

3.2.5 倒推法：思维方式介绍

这里要说的倒推法，和我们平时理解的倒推法是一致的，但需要注意的是，我们这里说的不是反证法，对应的思维方式也不完全是逆向思维。很多书籍在解释倒推法时，用的都是反证法的例子，为了避免这种混淆，我们有必要强调倒推法和反证法的区别。

- 反证法是一种证明方法，目的是判断真伪。反证法实际是证反法，即通过证明对立命题的证物，来判断原命题的正误。
- 倒推法是一种逻辑推理方法，其目的是获得内容。倒推法从目标和期望出发，通过反向推论来得知达成目标和期望所需要的条件。

应用倒推法，需要找到用于推论的线索，然后再顺着线索从终点推回到起点。我们举个简单的例子，以下是一道小学数学题，大意如下：

有一个数，它加上8，再乘以8，再减去8，最后除以8，结果还是8。请问这个数是多少？

在这道题目中，我们的线索是整个运算过程，目的是找出满足这个条件的数字。在解决这个问题时，我们只需要把顺序倒过来——让数字8乘以8，再加上8，再除以8，再减去8——就可以得到正确答案了。

先有目标，再安排计划；先有结果，再推断原因；先有结论，再找到条件；先有结果，再推导过程；先有判断，再反推思路。这些都属于倒推法的应用，只不过在倒推过程中使用了不同的线索，也就推导出了不同的内容。

活动作为一个随着时间推进而发生的事件，是很适合应用倒推法的。应用倒推法时，我们使用的两个主要线索是时间、事件之间的因果关系。

使用倒推法，既可以深思熟虑慢慢推敲细节，又可以忽略细节快速推进。笔者甚至认为倒推法可以成为最高效的活动策划方式。在时间紧迫时，使用倒推法可以快速完成简单的活动策划方案，并保证它有较高的可执行性。

笔者曾和销售部的同事前往活动发起方公司，希望签下该公司当年年会的合同。然而在洽谈过程中，笔者发现活动发起方公司参与年会的人非常多，还需要外聘节目表演的人员，活动需求对应的是一场规模很大且相对复杂的年会。而当时距离活动发起方希望的举办时间仅剩1个月，活动发起方甚至没有预订酒店，要知道每年的年底，对活动策划公司来说，最珍贵的资源就是酒店的大型宴会厅的档期了。显然，最好的办法就是尽快完成活动策划，并迅速开始活动筹备。

面对活动发起方的焦虑和犹豫，笔者当场就给出了一份执行计划，具体如下。

按照事件顺序，将工作从后向前推：

（1）年会当天（假设为 12 月 16 日），坚守岗位，保持电话和对讲机畅通。

（2）年会前推 1 天，搭建设备、布置场地；和活动发起方对接人及所有主要负责人一起，召开第二次项目执行会议，再次确认沟通细节。

（3）年会前推至少 3 天，作为机动天数，用来查漏补缺，解决细节问题，目前阶段不做任何安排。

（4）年会前推至少 5 天，清点确认印刷品，确保全部到位，包括背景板、签到板、桌卡（名单）等；和活动发起方对接人一起，召开第一次项目执行会议，明确年会当天的分工。

（5）年会前推至少 7 天，清点物资，确保所有采购物资到位，包括礼品等；所有设计品必须定稿，印刷品在此时必须全部完成下单。

（6）年会前推至少 10 天，由于时间接近"双 12"，因此在这个时间，需要走快递和物流的物资必须全部下单完毕。

（7）年会前推至少 15 天，确定最终参会人员和工作人员的安排，以及具体人数，购买保险；所有年会设计品必须完成初稿；确定年会搭建、摆桌等方案并和供应商签订合同。

（8）年会前推至少 20 天，设计年会 KV；对接舞台搭建、礼品、礼仪、表演、拍摄等供应商，并确认报价。

（9）年会前推至少 25 天，确定年会需求，列出物资清单、供应商清单；看场地，预估搭建需求和摆桌需求，制作平面图及 3D 效果图。

（10）立即开始撰写活动策划方案，争取三天内将活动策划方案定稿。年底活动场地紧张，找场地的工作也要立刻开始。

将实际日期带入这些时间，所有步骤的完成以双方确认的相关文档为准。

应在以下日期完成对应的文档。

（1）11 月 21 日，确认年会活动策划草案（文档）、候选场地清单（表格）。

（2）11 月 22 日，确认年会活动策划方案定稿（文档）、活动执行计划和时间安排（表格）。

（3）11 月 27 日，确认年会场地搭建效果图（文档）、第三方供应商清单（表格）、所需物料清单（表格）。

（4）12 月 1 日，确认年会 KV 设计（文档）、实际预算单（表格）。

（5）12月7日，确认当前工作人员名单（表格）、参会人员名单（表格）、保险单（表格）、宣传制品设计稿（文档）、第三方供应商合同（文档）、酒店或场地预定合同（文档）。

（6）12月12日，确定晚会节目单（表格）、采购版所需物料清单（表格）。

（7）12月15日，确定宣传制品印刷制作清单（表格）、物料确认单（表格）。

（8）12月17日，确定年会工作人员分工细则（表格）、年会工作人员总名单（表格）、宣传制品印刷制作确认单（表格）。

（9）12月21日，确定彩排确认单（表格），联络单（表格）。

（10）12月22日，活动开始。

双方应在规定的档期前，共同确认上述文档内容妥当，以确保进度顺利推进。

上面这个执行计划是笔者直接在现场使用倒推法完成的。提前1到5天的内容，是按照执行团队通常约定的提前天数直接确定的。而提前7天以上的内容，是根据时间紧迫程度、活动内容、各工作的用时等进行推断的。

笔者通过在现场提出的这个执行计划，顺利说服了活动发起方拿下了订单。在随后撰写活动策划方案的时候，其时间安排几乎和上述内容保持一致，执行过程也比较顺利。

笔者经常使用这个案例来说明倒推法的优越性，但是要想使用倒推法快速完成这样的执行计划，既需要积累足够的经验，又需要对执行团队的工作内容和工作方式有深入的了解。那么，作为刚入行的新活动策划人，倒推法是否同样适用呢？答案是肯定的。

倒推法对于活动策划，是必不可少的思维方式。为什么这么说呢？我们再来复习一遍刚才说过的定义：倒推法从目标和期望出发，反向推论达成目标和期望所需的条件。

在活动策划中，所谓的目标和期望是指什么呢？它往往是活动发起方对活动内容、活动目的、活动指标、活动预算的要求，这是我们无法改变的。而所谓的达成目标和期望所需的条件呢？它往往是环节安排、内容包装、执行方式、预算分配等，这些就事在人为了，是我们可以控制和改变的，也是最开始没有被决定的。

所以，在实际的活动策划中，我们同样是先拥有目标和期望，然后再决定达成目标和期望所需的条件的，可以说所有的活动策划过程，不管在构思和撰写时用的是什么思路，实质在整体上都体现出倒推法的特性。

既然倒推法如此重要，又怎么会不适合刚入行的新活动策划人呢。只要借助合适的思维工具，我们就能很好地利用时间、事件之间的因果关系这两个线索进行倒推。

3.2.6　倒推法：鱼骨图的应用

倒推法思维是由后向前得到结果，和执行顺序是相反的，但是我们最终需要的是正向的结果，因此在选择配合倒推法的思维工具时，希望它能做到两点：

- 完美匹配倒推法的逻辑，适合用于记录。任何辅助思维的工具，都应该具备与思维逻辑匹配的记录能力。另外，我们记录的方式和记录的结果，都应该反映出我们使用的思维逻辑。如果在产生想法后还要费力气去思考怎么记录，那会造成额外的心理负担，反而不利于思考。
- 倒推完成之后，可以正着浏览。在完成倒推过程的记录后，我们希望记录的结果也可以直接正着看，就像使用倒推法构思完成一篇小说，如果读者也只能按照倒推的步骤先看大结局再看事情的起因，那就非常难受了。

实际上，满足这两个条件的思维工具有很多，我们之前介绍的甘特图和思维导图都可以应用倒推法。

甘特图的主要逻辑线索是时间，在应用倒推法的时候，也要逆着时间倒推，如图 3-32所示。

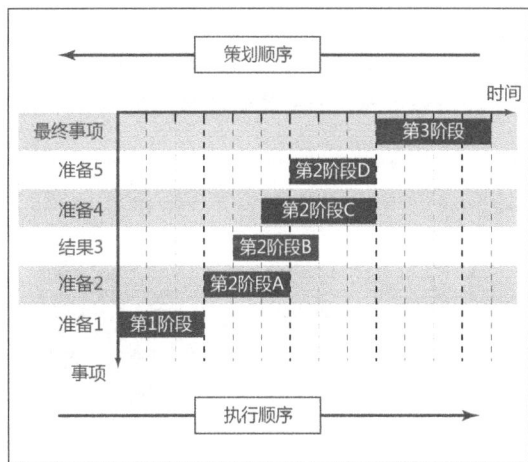

图 3-32　用甘特图实现倒推法

在策划过程中，我们可以按照从右往左的策划顺序绘制甘特图：先思考活动的最后一个环节是什么，以及其需要在什么时段进行，并在甘特图最右侧将它绘制出来；然后，思考为了实现最后一个环节，需要哪些环节进行衔接，以及需要做哪些准备；然后将它们绘制在最终环节的左侧；就这样依次向前推论并绘制，直到活动筹备的起点时间为止。这样我们就用倒推法绘制出了甘特图。

比如，我们可以按照这样的顺序来绘制海报印刷的部分：

（1）为了用于活动，3月20日要确保海报到位，快递需要3天，那么海报快递的时间就是3月17日—20日。

（2）为了寄出快递，3月17日海报要印刷完毕，印刷需要2天，那么海报印刷的时间就是3月15日—17日。

（3）为了开始印刷，3月15日海报的设计稿必须定稿递交，设计需要5天，那么海报设计的时间就是3月10日—15日。

（4）为了开始设计海报，3月10日必须有定稿的KV和文案，KV设计需要2天，文案撰写需要1天，那么设计KV的时间就是3月8日—10日，撰写文案的时间就是3月9日—10日。

这样，我们就使用5个事项条目，将海报印刷相关的一系列时间推理完毕了。在执行过程中，从左到右阅读甘特图，就能清晰地看到各事项的执行顺序和起止日期。

然而不足之处在于，甘特图很难表现出"为了……必须……"这样的因果关系。在倒推法可以利用的时间、事件之间的因果关系这两个线索中，甘特图只表现出了前者。

思维导图主要的线索是各级别之间的逻辑关系，在用倒推法绘制思维导图时，我们不能再将划分分类作为指导思想，而要将它改为因果关系，如图3-33所示。

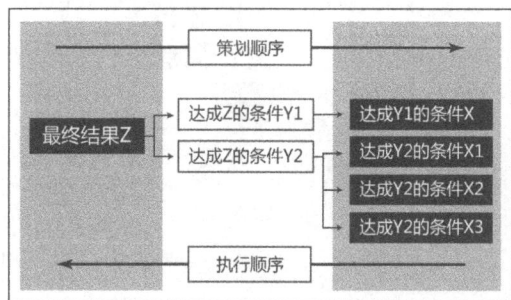

图3-33　用思维导图实现倒推法

在构思过程中，我们要先找到最终结果，然后思考为了达成这个结果，需要做的一系列二级事项。对于每个二级事项，我们要思考为了达成它需要做的三级事项……就这样层层后推，直到活动筹备的基本事件（具体做什么）为止。

比如，我们可以按照这样的顺序来绘制装饰会场的部分。

（1）装饰会场是最后要达成的事件，为了实现这个目的，我们需要三个二级内容：装饰方案、装饰用物资、参与装饰的人员。

（2）对于装饰方案，只需要提前进行策划即可，它对应的三级事项：确定装饰方案。

（3）对于装饰用物资，需要提前采购，对应的三级事项：采购装饰物资。采购装饰物资又对应四级事项：确定采购列表、确定采购预算。

（4）对于参与装饰的人员，对应的三级事项：抽调装饰人员。抽调装饰人员对应的四级事项：确定人员分工。

这样，我们就利用思维导图记录了一系列逻辑关系。在每条从最终结果出发前往基本事件的线上，每一级都是更低一级的结果。在每条线上，唯有完成一个级别的所有事项，才能开始更高级别的事项。

思维导图的不足之处在于，它很难表示出清晰的时间关系。在我们的例子中，尽管确定装饰方案、确定采购列表、确定人员分工这三个事项分别属于三级事项和四级事项，但事实上，它们是同时进行同时完成的。在倒推法可以利用的时间、事件之间的因果关系这两个线索中，思维导图只表现出了前者。

也就是说，甘特图和思维导图在应用倒推法的时候，都有各自的不足之处。那么有没有一款图表可以做到同时利用倒推法中的时间及事件之间的因果关系这两个线索呢？答案是肯定的，接下来我们要介绍的一种叫作鱼骨图（Fishbone Diagram）的图表就可以做到。

鱼骨图，顾名思义就是一种形态非常近似于鱼骨头的图表。这种图表由日本管理学专家石川馨（Ishikawa Kaoru）先生发明，所以也叫石川图。由于鱼骨图主要用于分析事件的原因，因此也有人叫它因果图。

原版的鱼骨图仅能表示出事件之间的因果关系，并不能用于表示时间要素，而笔者在实践过程中，对原版的鱼骨图进行了改造。下文介绍的鱼骨图，即是笔者改进后的版本，它拥有全新的特性和不同的使用逻辑，非常适合用于活动策划。

改造后的鱼骨图模型如图 3-34 所示。

虽然这张图看上去十分复杂，但是不要担心，鱼骨图是一种非常简单的图表，它非常切合实际情况，无论是理解还是使用都非常简单。下面我们来一点一点分析鱼骨图的结构。

鱼骨图主要由骨干和鱼刺两个部分构成。

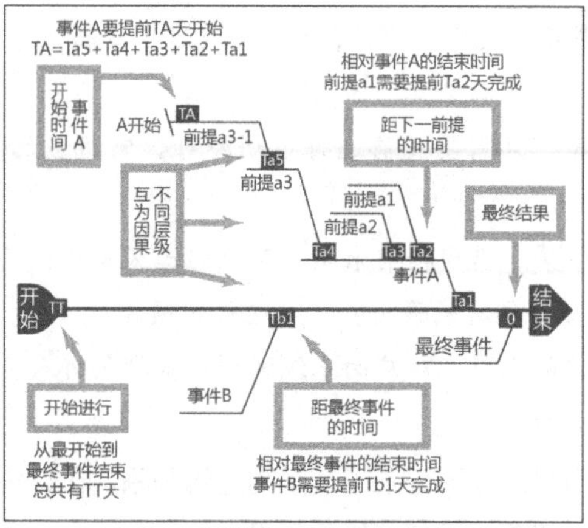

图 3-34　改造后的鱼骨图模型

首先我们看到，图片中心有一条粗线，它的左侧连接鱼尾，右侧连接鱼头，形成了鱼的骨干。在我们的模型中，鱼的骨干表示时间，鱼尾代表开始，鱼头代表结束，这个时间应对应策划活动、筹备活动、执行活动的总时间，假设共有 20 天，我们就把 20 写在图中标明 TT（Total Time）的位置。

然后，在最接近鱼头的地方，即活动的最终时刻，我们给鱼画一根鱼刺。这根鱼刺代表本次活动的最后一个事件，我们称它为最终事件。这个事件结束后，整个活动执行过程也就结束了，比如，我们策划的是一场年会晚宴，那么这根鱼刺代表的就是晚宴本身。由于最终事件往往是在活动的最后一天进行的，因此我们也可以认为它是提前 0 天进行的，所以，在鱼刺的根部，我们写上 0。

接下来按照倒推法，我们找到上一个事件，即事件 A，并在稍微靠前的位置画一根鱼刺。事件 A 距离最终事件的天数是 Ta1，我们同样把它标在鱼刺根部。但事情并非这么简单，如果我们想要完成事件 A，则必须先达成 3 个前提：完成 a1、a2 和 a3。我们分别在事件 A 上，再画 3 根更小的鱼刺代表它们，其中：

- 事件 a1 要提前事件 A 的时间是 Ta2。
- 事件 a2 要提前事件 a1 的时间是 Ta3。虽然 a1 和 a2 不完全是因果关系，但是我们需要先完成 a2 才能保证 a1 顺利完成。举例来说，我们要印刷一批宣传品，设计可以和印刷同时进行，设计好一个就印刷一个，但是印刷本身就需要 2 天。也就是说，印刷这个工作要比设计晚 2 天完成，这是无法避免的。
- 事件 a3 要提前事件 a2 的时间是 Ta4，如法炮制，在对应位置进行绘制即可。但要想完成 a3，必须先完成 a3-1，而 a3-1 需要用掉 Ta5 天，所以我们要提前

　　Ta5 天开始 a3-1。因此，在绘制好 a3 的鱼刺之后，我们要再加一层鱼刺来表示 a3-1。我们假设 a3-1 这件事本身不需要时间，或者可忽略不计。

- 至此，事件 A 所有的相关事项都推导完毕了。由于我们所有的时间标识 T 代表的都是时间的提前量，因此要想知道整个事件 A 需要提前的时间，只需要把所有的时间加起来，即事件 A 要提前 TA（Ta5+Ta4+Ta3+Ta2+Ta1）天开始。我们把 TA 标在最小的鱼刺尾部。

　　这样，我们就画完了代表事件 A 的鱼刺及它的分叉。从图中，我们可以得到 4 个方面的关键信息：

　　（1）相对于最终事件，事件 A 要提前 TA 天开始，提前 Ta1 天结束。

　　（2）事件 A 的总用时是 TA-Ta1 天。

　　（3）想完成事件 A，必须先完成事件 a1、a2、a3；想完成事件 a3，必须先完成事件 a3-1。

　　（4）事件 A 包含 a1、a2、a3、a3-1 共计 4 个前置事件需要处理。每个事件的起止时间都是可以计算的。

　　最后按照相同的原理，我们继续补充其他鱼刺，比如，要提前 Tb1 天完成的事件 B。通过不断反推，直到将所有能想到的事件全部画在鱼骨图上为止。

　　改造后的鱼骨图就是按上述方法使用的。鱼骨图只是看起来复杂，一旦学会，绘制起来即轻松又快速。由于我们之前是在介绍鱼骨图模型，时间和事件都是用字母表示的，因此可能仍然不太好理解。下面，我们来结合具体案例，用倒推法和鱼骨图完成一次活动策划构思，相信能加深你对鱼骨图的理解。

　　M 美容院的新分店将在 7 月 1 日开业，在开业当天要举办开业仪式。M 美容院希望通过线上宣传的方式，提前为新门店造势。

　　M 美容院是 A 策划公司的老活动发起方，由于之前的开业仪式都是由 A 策划公司负责的，因此本次开业仪式及相关活动也交由 A 策划公司负责。所以本次合作无须太多前期商议，可以直接进入策划环节。现在是 6 月 1 日，有 30 天的时间可以筹备活动。

　　我们仍然使用这个熟悉的案例，以方便读者对几种思维方式进行对比。这次我们把时间改成了 30 天（6 月 1 日—7 月 1 日），并删减了试营业的部分，这是为了让鱼刺图简洁一些，以方便读者阅读。

　　首先，我们先画出鱼骨图的骨干，并将鱼头画在靠近画面右侧的位置，因为暂时不知道这张鱼骨图会占据多大空间，所以暂时不画鱼尾。

我们把开业当天的活动叫作开业典礼，它在活动最后一天进行，也就是提前 0 天完成。我们将这个信息画在鱼的骨干上，如图 3-35 所示。

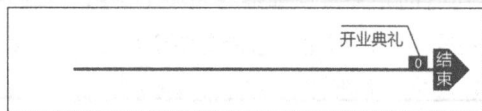

图 3-35　用鱼骨图进行活动策划（一）

接下来请思考：为了开业典礼，我们需要准备什么？假设我们首先想到的是海报传单这些宣传材料，于是决定先把它画出来，即从宣传材料出发，以时间和因果关系为线索开始倒推。

（1）我们希望宣传材料提前 3 天到位，以充分预留准备时间。因此我们绘制 "宣传品到位" 的鱼刺，并在鱼刺根部写上 "3"。

（2）继续倒推。宣传材料需要运输，我们假设要运输 3 天，那么印刷结束的时间就是宣传品到位前 3 天。我们在刚画的鱼刺的基础上，再画一个 "交付印刷" 小鱼刺，并再鱼刺根部写上 "3"。

（3）继续倒推。印刷本身要用掉 3 天的时间，而没有设计稿是无法印刷的。因此，"设计定稿" 需要再提前 3 天，我们用一根更小的鱼刺来表示它。

（4）继续倒推。由于部分宣传品需要统一视觉风格，而确定视觉风格的是 KV，因此部分宣传品只有 KV 定稿后才能开始，但另一部分宣传品则并不需要等待 KV 定稿（比如员工名片、企业宣传册等）。我们假设 KV 定稿后，设计师们还需要花 5 天时间来设计需要等待 KV 定稿的那部分宣传品，因此，"KV 定稿" 和 "设计定稿" 这两个鱼刺应该是平级的，只不过前者要提前后者 5 天完成，所以我们将 "KV 定稿" 绘制在靠后的位置。

（5）继续倒推。KV 设计本身是需要时间的，我们假设需要 3 天，那么只需要画一根更小的鱼刺。注意，这里可以不写名称，因为这根鱼刺的内容可以包括讨论 KV 内容、KV 设计分工、施行 KV 设计三个步骤。由于前两步的时间可以忽略不计，因此写在鱼刺根部上的时间仍然是 3 天。

（6）继续倒推。我们发现似乎找不到其他前提了，那么可以认定这一整根鱼刺已经被画完了。我们把这根鱼刺命名为 "宣传品制作"，并写在鱼刺最左侧。然后，将所有提前时间相加，即 3+5+3+3+3，得到答案 17，也就是说，整个 "宣传品制作" 的工作，至少需要提前 17 天开始。

图 3-36 展示的就是我们至今为止的策划成果，读者可以回顾上述步骤，看看"宣传品制作"这个事项是如何用鱼骨图表示的。

为了加深读者们的理解，在撰写下一个事件之前，我们先来分析一下现在的鱼骨图，如图 3-37 所示。我们对当前鱼骨图的每一个部分的内容都做了注释，在绘制和阅读的时候，需要对图上的元素有正确的理解：

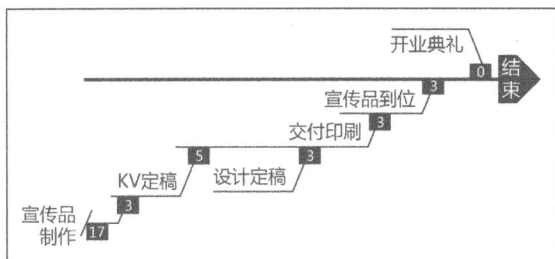

图 3-36　用鱼骨图进行活动策划（二）

- 所有大、小鱼刺的连接处（鱼刺根部），都代表事件的时间节点。比如，"设计定稿"与"交付印刷"连接的位置，代表设计工作结束，开始进行印刷。
- 所有鱼刺根部的数字，都代表时间的提前量，而且它是相对上一个时间节点的提前量。比如，在"KV 定稿"这根鱼刺根部的数字"5"，代表 KV 设计定稿了的时间节点，比设计工作结束，开始进行印刷的时间节点要早 5 天。也可以理解为完成 KV 设计之后，还要进行 5 天的设计工作。
- 最终的总时间是 17 天，是"宣传品制作"和最终事件的时间差。最终的总时间包括了两个部分，"宣传品制作"所需的时间共 14 天（3+5+3+3）和整个宣传品制作事件需要提前完成的时间共 3 天。
- 鱼刺上更小的鱼刺，代表了事件之间的因果关系，而同一根鱼刺上的两根更小的鱼刺，则代表了事件的先后关系。
- 在鱼骨图中，所有的时间都是相对的，当我们定义了某个绝对时间点之后，所有的时间都可以转化为日期。比如，既然开业典礼是 7 月 1 日，那么宣传品提前 3 天到位的时间点就是 6 月 29 日。

接下来，我们继续绘制鱼骨图的其他部分，比如，刚刚提到的设计、印刷等工作对应的是线下宣传的需要，而相应的还有线上宣传的需求；那它们的相关事项有哪些？确认参与活动的工作人员和嘉宾的相关事项又有哪些？

通过不断倒推并增加项目，我们绘制的鱼骨图的鱼刺会越来越多，最终得到的鱼骨图会很像真的鱼骨，如图 3-38 所示。在完成了鱼骨图的所有鱼刺之后，我们加上鱼尾，并在鱼尾的位置加上开始执行的提前天数。

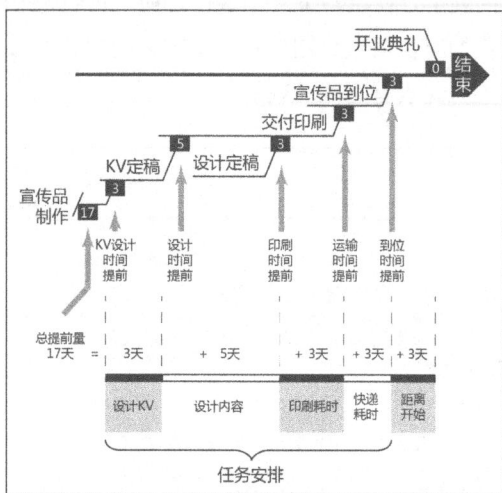

图 3-37　阅读鱼骨图

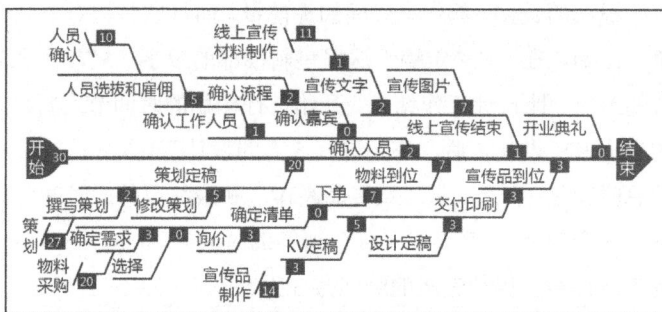

图 3-38　用鱼骨图进行活动策划（三）

以上就是我们借助鱼骨图，用倒推法思维方式进行活动策划的过程。

在绘制鱼骨图的过程中，我们基本遵循这样的步骤：沿时间线倒推→想到某事件→确定事件的截止日期→倒推前置事件→确定前置事件的截止日期→倒推前置事件的前置事件……在这个过程中，我们会同时使用时间、事件之间的因果关系这两个线索，并在同一张图表中兼顾有效性和逻辑性。

由于鱼骨图提供的只是活动框架，因此一般不会放在文字版活动策划方案里，所以笔者在绘制鱼骨图的时候，通常是直接拿纸笔绘制的，不会使用软件绘制电子版鱼骨图。

不过，在需要展示活动策划方案的时候，将鱼骨图制作成电子版放在 PPT 里展示也不错。由于我们的鱼骨图是经过改造的（常规的鱼骨图在鱼刺根部并没有标注时间），因此在选择软件时，局限性就比较大，下面推荐几款可绘制鱼骨图的软件。

- 微软 Visio：微软的图表制作软件，内含鱼骨图模块，还可以额外附加文本框用来标注时间；付费软件。
- 微软 Powerpoint/WPS PPT/绘图软件：利用类似在计算机上绘画的方式直接绘制鱼骨图，虽然是笨办法，但是笔者推荐这种方式。
- XMind：思维导图绘制软件，也含有鱼骨图模块，可以附加贴纸和笔记来标注时间；付费软件，免费版基本没有功能限制，但是成品带水印。

3.2.7　正推法：思维方式和思维工具

最后我们来简单说说正推法。

所谓正推法，指的就是普通的逻辑思维方式：先有因，再有果；根据条件，确定目标。在日常生活中，我们在多数情况下都会用正推法处理问题。

在活动策划中，如果能使用正推法，那么撰写活动策划方案的速度应该会是最快的，因为所谓正推，就是按照时间顺序从头推到尾，或者按照逻辑顺序从开始推到结束，而我们在撰写活动策划方案的时候，也正是采用这种方式阐述活动的。

还是拿宣传品制作举个例子，假设有以下步骤：

（1）6 月 1 日开始设计 KV，用时 3 天定稿。

（2）6 月 4 日开始设计宣传品，用时 5 天定稿。

（3）6 月 9 日开始印刷宣传品，用时 3 天完成。

（4）6 月 12 日开始配送宣传品，用时 2 天送达。

（5）6 月 14 日，宣传品送达。

如果能直接按照上述步骤进行思考，并且确保最后送达的日期在可接受的范围之内，那你就可以做到直接撰写活动策划方案中的这个部分，而不需要预先构思框架。但是，这是很困难的。

我们在倒推法部分说过，活动策划都是先有目标，然后再根据目标确定条件的。如果选择正推法，这就要求我们要先设定条件，然后再根据这些条件设法逼近目标。这种逼近是有限的，如果条件设定不科学，目标将是难以达成的。

比如，在策划另一场活动时，你仍然决定 6 月 1 日开始设计，并且得出了上述 5 个步骤，推算得到宣传品送达时间是 6 月 14 日，但很遗憾，正推结束后，你发现活动要在 6 月 10 日举行，怎么办呢？要么修改开始时间，要么就压缩各个步骤的时间。如果修改开始时间，那后续所有步骤的时间都会受到影响，需要全部调整一遍；如果压缩各个步骤的时间，比如，将印刷时间压缩到 1 天，那可能会导致这个任务在客观上根本无法完成。

　　用正推法思维方式进行活动策划时，需要有充足的经验，做到熟悉活动策划、筹备、执行中的各个流程，而这是十分困难的，并不适合新手的入门阶段，但可以作为努力的目标。即便对资深的活动策划人来说，正推法的思维方式也仅适合处理一些比较典型的简单活动。

　　笔者接触过很多刚入行的活动策划人，他们常犯的一个错误就是拿到需求后，二话不说直接就开始写活动策划方案。这样得到的活动策划方案往往有比较严重的问题，比如，无法达到要求、前后矛盾、无法执行等。导致这些问题的主要原因，就在于他们还没有足够的能力驾驭正推法的思维方式，而直接撰写活动策划方案主要用到的恰恰就是正推法的思维方式。

　　当然，在活动策划中，正推法并不是没有用处，只是很少单独作为主要的思维方式来使用。我们在之前介绍由点到面和由面到点的思维方式时，实际上其中既包含正推法也包含倒推法，二者缺一不可。

　　另外，如果只是用于梳理流程的话，正推法是非常有效的。这里说的流程，指的是忽略时间的执行步骤，也就是我们只讨论先做什么，后做什么，但不考虑时间。比如，关于宣传品制作的例子，如果我们忽略时间，那就会变成这样：

　　先开始设计 KV；完成后，设计宣传品；完成后，开始印刷宣传；完成后，开始配送宣传品；最后送达。

　　这个流程是完全没有问题的，只是要想将它用于活动策划，我们仍然需要结合倒推法，补充上各流程的时间。

　　如果就是想要用正推法推导流程，那该怎么记录呢？既然是记录流程，我们当然要用到流程图了。流程图（Flow Chart）是非常经典的图表，它可以表示出简单或复杂的过程，如图 3-39 所示。

　　在活动策划中，我们绘制流程图时，常用的三种符号如下。

- 输入/输出：用椭圆形表示。图 3-39 中的"开始"和"成果"用于表示活动的开始执行和活动的成果。活动成果可以分多次产生，比如，我们需要在活动全程拍摄照片，但只需要在活动的某个阶段拍摄视频，这样视频就可以先于照片产出。

- 过程：用矩形表示，也可以加圆角。图 3-39 中的步骤用于记录执行过程，可以利用箭头来标明各过程之间的逻辑关系。
- 判断：用菱形表示。图 3-39 中的判断主要用于说明备选方案的执行条件。比如，上午在室内开会并吃午餐，下午的活动则需要判断：如果不下雨，则进行户外拓展；如果下雨，则进行室内游戏。

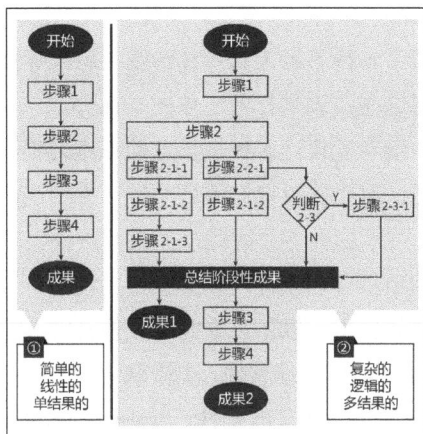

图 3-39　用流程图记录流程

最后说一点，在活动策划和执行的过程中，用到流程图的地方主要有两个：一是在向活动发起方或执行团队介绍活动策划方案的时候，用于 PPT 或板书，在这种情况下，活动策划方案已经成型，此时是否使用正推法已经不重要了，只是需要流程图这种形式而已；二是在带领团队一起构思活动策划方案的时候，用于板书。当活动策划人已经带领团队的时候，他们往往已经有了足够的经验，可以直接用流程图绘制出大体活动框架。

上述两种场景在活动策划团队里是很常见的，因此不论你是否有意使用正推法进行活动策划，掌握流程图的绘制方法都是有益的。

上述的这种流程图样式叫作数据流程图。实际上，流程图有各种样式，而且能用来绘制的软件也非常多。这里推荐几款可以用来绘制流程图的软件：

- 微软 Visio：微软的图表制作软件，内含流程图模块；付费软件。
- 微软 Project/Edraw Project：专业的项目管理软件，可绘制流程图；付费软件。
- XMind：思维导图绘制软件，也可绘制流程图；付费软件（免费版基本没有功能限制，但是成品带水印。）

- 微软 Powerpoint/WPS PPT：可以使用内置的 SmartArt 工具绘制流程图（但是并没有数据流程图）。
- Dia/Dynamic Draw：流程图绘图软件，界面十分简洁；免费开源软件，可搜索下载。

3.2.8 活动策划人常用的绘图软件

在本节中，我们介绍了 4 种思维工具：甘特图、思维导图、鱼骨图、流程图。对于活动策划人来说，使用这些图表是日常工作的一部分。

虽然在本节开始时，笔者建议读者根据自己的思维习惯选择其中一种思维工具，但是在积累了一定经验后，你会发现它们都是非常优秀的工具，能各自在特定场景下很好地满足思考、记录、展示的需要。因此，如果有条件，笔者建议你学习一款多功能绘图软件，甚至专业的项目管理软件，以方便日后使用。

在我们上面介绍过的软件中，以下三款是比较值得推荐的。

1. 微软 Project：专业的项目管理软件，由微软公司开发，因此界面和快捷键与微软 Office 系列比较相似。作为项目管理软件，Project 的核心功能就是对时间、资源、成本等，进行预测、计划、控制、追踪。也就是说，Project 不仅可以用来绘制上述几种图表，而且它还可以用于活动的整个策划和执行过程。不仅如此，Project 还可以用于数据透视和报表生成。如果能做到熟练使用，活动策划人完全可以一个 Project 走天下。

2. 微软 Visio：专为绘图设计的软件，主要服务于信息可视化和数据可视化。Visio 属于微软 Office 系列，它拥有和 Office 近似的界面和快捷键，但它并不包含在 Office 365 的安装包中。Visio 拥有庞大的模板库，几乎能够让你快速绘制活动策划相关的所有图表，甚至包括地图、室内平面图和日历。

3. XMind：一款因思维导图而流行开来的软件，也可以用于绘制各种图表。虽然 XMind 能绘制的图表类型远没有 Visio 丰富，但是这也让它的界面更加简洁，非常容易上手。XMind 有内置的图标库，而且可以自由改变所有元素的样式，可以做出非常好看的图表。

因为这三款软件的设计目的不同，所以在功能上有很大的差异。表 3-2 对比了这三款软件对于几种图表的处理能力，表 3-3 对比了另外几个和活动策划相关的能力。

表 3-2　软件图表处理能力对比

图表＼软件	Project	Visio	XMind
甘特图	有模板	有模板	有模板
思维导图	有模板	有模板	有模板
鱼骨图	无模板	有模板	有模板
流程图	无模板	有模板	无模板

表 3-3　软件活动策划相关能力对比

功能＼软件	Project	Visio	XMind
综合绘图能力	一般	强	一般
图表美化能力	一般	一般	强
日程管理能力	强	一般	无
表格制作能力	强	强	一般
价格	贵	一般	便宜
系统	Windows	Windows	Windows

　　注意，表中的"无模板"，并不是说该软件没有绘制这种图的能力，而是指软件内没有现成的模块，无法快速绘制。另外，这几款软件都只有 Windows 版，Project 曾经有 Mac 版，但在 1994 年就停止更新了。因此，请 Mac 用户根据自己的需要寻找对标软件。

　　在追求更佳的美观性或需要绘制非常规的特制图表时，你可能会发现绘图软件并不能满足需求，因此，如果希望精进自己的绘图能力，掌握简单的平面设计软件也是不错的办法。

　　注：受限于印制方式，本节中所有的图表都是黑白的。在使用相应的图表时，可以利用各种颜色对图表的内容加以区分，让图表更加实用。

3.3　进阶策划思维：模块化

　　模块化在制造业是一个相当热门的词汇。

　　所谓模块化，包括制造模块和使用模块两个步骤，一是制造模块，即通过分析复杂系统，制造有特定子功能的单元；二是使用模块，即将特定的模块按照某种方式组装起来，或者对某个模块进行替换，形成一个能够满足特定需求的新系统。图3-40很好地说明了模块化的特性。

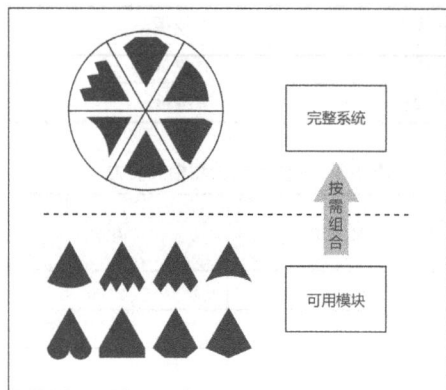

图 3-40　模块化

比如，汽车厂家为某款汽车生产了多种轮胎——有用于城市公路的，有用于山地越野的，有用于雪地防滑的——可以根据活动发起方的需求决定安装哪种。

模块化思维有两大好处：

（1）标准化，可替换和重复使用。通过规定单元来制造模块，可以让同样的模块被用于多个不同的地方。比如，某汽车厂家的所有车型都配备统一的接口，同时所有类型的轮胎也配备统一的接口，这样不仅可以让同类型的轮胎得以大量生产以降低成本，而且也可以实现车型和轮胎类型的自由组合。

（2）安全性和时效性。通过分析总结，得到的模块往往是成熟的、稳定的、可靠的。在非必要的情况下，相比研发新内容，使用现有的模块不仅能加快生产速度，而且也能保障基本质量。比如，某汽车厂家希望研发一款新车，虽然车型需要更新，但是使用旧型号的轮胎却没有问题。

在活动策划中，我们也可以利用模块化思维，充分发挥它的优势。在活动策划中应用模块化思维，主要分为两个步骤：制造模块和使用模块。

在活动策划人的职业生涯中，我们需要撰写很多份活动策划方案，因为每场活动都是不同的，所以不会出现两份完全相同的活动策划方案，但是它们的某些部分却可能存在共性。

比如，在活动涉及住宿的时候，我们往往会在活动策划方案里写明：酒店的对接人是谁，有多大的场地，场地和房间的价格通常是多少，住宿条件和服务品质如何……在地点相近的活动中，同一个酒店的这些信息可能需要被反复使用。当然，你可以在下次需要的时候，再找出相应的活动策划方案，把这部分复制出来，但是要知道，下次使用这些信息可能是几天后，也可能是几个月甚至一年后，在堆积如山的活动策划方案里将这些信息找出来可不是那么容易的。

所以，像这样相对固定的信息非常适合被整理成模块单独保存。对于酒店，你可以将每个酒店的资料单独整理成文档，并用地点、容量、星级、价格等关键信息作为文件名。比如，某酒店的文档名称可以写成"（上海静安，500～2000 人，五星）××皇冠大酒店"。这样，当你需要在上海市静安区找一个可容纳 1000 人左右的室内场地时，就可以快速找到这个文件，并直接把资料复制粘贴到活动策划方案里使用。

除了酒店，在活动策划中，还有非常多的具体内容可以被整理成模块。比如：

- 活动项目。单个活动项目模块可以包含：对活动项目的介绍，活动项目的意义，活动项目流程和用时，适宜的场地，适用的人数范围，人均预算和人均报价等。
- 餐饮住宿。单个餐饮住宿模块可以包含：对餐厅或酒店的介绍，所在位置，销售经理的联系方式，宴会厅和会议厅等可容纳的人数，标准配餐菜单，环境和服务情况，人均预算和人均报价等。
- 常规配套服务包括购买保险、摄影摄像服务、医疗和安全保障、后勤保障等，这些几乎在每份活动策划方案里都有用到，可以分别单独整理为模块。单个常规配套服务模块可以包含：对服务标准的承诺，服务内容和价格，对服务团队的介绍等。
- 介绍类内容包括对公司和团队的介绍，获得过的荣誉，典型的活动发起方案例等。在需要将活动策划方案呈现给活动发起方的时候，介绍类的内容是要加上的。

当我们拥有特定模块时，在撰写活动策划方案的时候就可以直接将它们填充在相应的位置，以节约大量的时间，甚至我们还可以主动让活动策划方案的内容向已有的模块逼近，以充分利用已经整理好的信息。

如果现有的模块足够丰富，并且我们对模块内容已经非常熟悉，那在进行活动策划的时候，就可以将活动需求向已有的信息转化，如图 3-41 所示，然后，根据这些信息调用相应的模块构成活动策划方案，最终让活动策划方案能够满足需求。

比如，活动发起方的要求是在北京市三环内举行室内活动，但我们手上只有北京市西部的场地资料，那么在策划活动时，可以暂时不考虑北京市东部是不是有符合要求的场地，只需要直接在现有的资料中，筛选北京市西三环内的室内场地资料即可。

这样既满足了活动发起方的需要，又节约了寻找新场地的时间。这带来的不只是双赢，因为模板库里的场地很可能是有过合作的，所以你甚至可以知道：哪个场地有折扣，哪个场地装修精美，哪个场地非常配合活动，哪个场地设备齐全，哪个场地好停车，哪个场地周边交通便利等。这些信息不仅可以帮助你说服活动发起方（能体现专业性），而且也有利于活动执行。

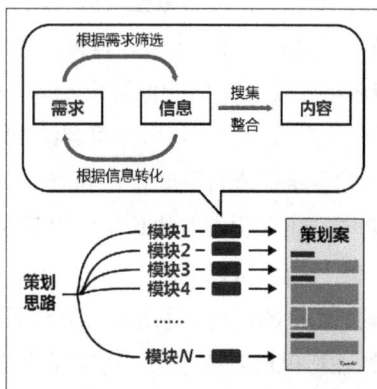

图 3-41   使用模块组成活动策划方案

活动策划尤其适合旅游类活动。比如：

Z 策划公司所在的地点周边有著名的×景区。×景区风景优美面积开阔，但距市区较远，在多数情况下，活动发起方会选择在景区附近住一晚。每年 Z 策划公司都会接到十几单在×景区的业务，包括学生春游、公司旅游、户外拓展等。

经过考虑，Z 策划公司的领导决定将×景区的活动标准化，但同时，领导又希望标准化后的活动具有灵活性，能适应各种活动发起方的需要。

上述案例中的情况在活动策划公司和旅游公司里是很常见的。相似的场地、相似的活动形式、相似的行程，这样的类似活动不断重复，将它们进行标准化是很好的解决方案，但如何兼顾活动的灵活性呢？模块化就是最好的答案。

按照场地的特色和已有的资源，我们将×景区的两日游活动制作成了多个模块，如图 3-42 所示。在进行活动策划的时候，我们需要根据活动发起方的要求和实际情况改变活动策略，但只要变动不超过预期范围，就可以直接使用对应的模块。

比如，在正常情况下，我们会在×景区安排一上午的徒步，但是徒步路线的距离比较长，而且还要进行爬坡，因此在队伍里有老年人或婴幼儿的时候强度偏高。为了解决这个问题，我们将这段行程的资源标准化，准备徒步线路和观光车线路两个模块，这样在进行策划的时候，就可以视情况进行方案二选一了。

图 3-42 中包含了第一天上午的活动策划内容。我们设计了 4 组可变模块，使得仅一上午的活动，就可以组合出 24 种方案。这样一来，当有了新的活动需求时，我们就可以使用活动框架和模块迅速地完成活动策划方案，大大提高了工作效率。

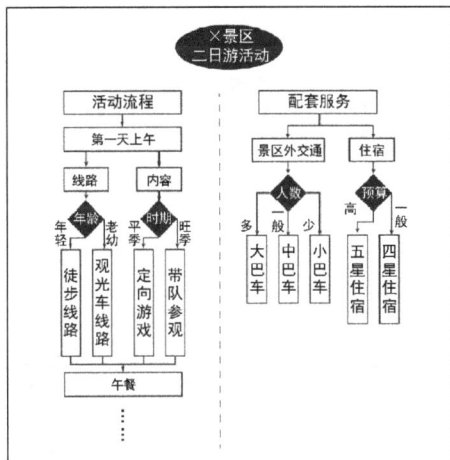

图 3-42　根据需求配置旅游线路

以上就是模块化思维在活动策划中的应用方式。虽然各位读者都是活动策划人，但是却属于不同的企业或组织，所以也就会遇到不同的情况。有的团队已经将模块化思维纳入日常工作；有的团队有丰富的案例库，但并没有将它们模块化；还有的团队连案例都没记录多少，那想做模块会很困难。

不论现状如何，作为活动策划人，建议从入门阶段就开始培养模块化思维。如果你所在的企业或组织还没有模块化的意识，那就自己努力实现，将每一次策划中接触的活动流程、场地信息、供应商资料等进行归类整理，建立自己的模块库。

模块化的过程是既辛苦又枯燥的，但一旦形成规模，它将是一笔宝贵的财富，为你节约大量的时间。

第 4 章

需求分析：策划的出发点与落脚点

在上一章中，我们讲了策划思维，并提供了几种典型的思维方式和思维工具。当掌握了思维方式，手里又有了思维工具时，是不是就可以开始做活动策划了呢？

对于这个问题，回答可以是肯定的也可以是否定的。利用我们上一章学到的思维方式和思维工具，的确可以得到活动的框架，而有了活动的框架，就做到了对活动心中有数。掌握了这些，就拥有了完成活动策划方案的基本能力。

但反过来说，仅有能力是不够的。我们可以将活动本身比作建一栋高楼，那么活动策划方案就是高楼的设计图。现在，我们有了建筑学知识，有了绘制设计图的能力，但仍然缺少一样东西——目标。

目标是什么呢？目标是你要认识到的，要做到的东西：这栋楼是盖来做什么的？需要多大空间、容纳多少人口？盖在哪？那里是什么地质，需要怎样的地基？有多少预算用于建设？需不需要额外的抗灾能力……如果目标是建设办公楼，那么你设计的楼就必须适合办公，哪怕你有能力设计世界上最棒的游泳馆也不行。

目标从哪里来呢？目标是从需求中抽象出来的。接下来我们来谈谈目标和需求分别是什么。

- 需求，是对方的需求，是对方需要的。比如，在某个地点需要一栋
  能容纳 300 人的办公楼，这是一个需求。需求强调的是对结果的
  期望。
- 目标，是我们的目标，是我们要达成的。比如，在某个地点建设一
  栋能容纳数百人的用作办公的楼房，这是一个目标。目标强调的
  是我们要化为现实的结果。

活动策划的目标，也是从活动发起方对活动的需求中抽象出来的。需
求是活动发起方提出的，目标是活动策划人需要实现的。目标和需求可能
相似，但一般不相等，目标可以低于需求，也可以高于需求。豆腐渣工程，
是承建方目标低于投资方需求的结果；超额完成任务，是活动执行方目标
高于活动发起方需求的结果。

我们将目标和需求这两个词反复对比解释，是为了让读者明白，活动
发起方怎么要求和活动应该怎么做，这是两个概念。

在本章，我们将严格区分目标和需求。本章的主要任务，就是让读者
了解如何准确地找到活动需求，以及如何根据活动需求确定活动目标。

4.1　需求从哪里来，到哪里去

活动策划人也是活动执行方的人，目标是我们自己制定的，需求是对方的，但具
体是谁提出的，又是如何被活动策划人知晓的呢？

在第 1 章到第 3 章中，我们一直用活动发起方来指代活动发起方、提议者、出资
人等对活动提出要求的人。对接人和决策者都属于活动发起方。在提出和传达活动需
求时，以下两类角色起到了很大的作用。

- 决策者：决定发起活动的人，也是最终拍板确定方案的人。决策者可能不止一
  个，也可能不止一个级别。比如，决策者 A 拍板后，可能还要请示决策者 B。
  最后请示的决策者，也就是拥有最高级别的决策者，我们称为最终决策者。
- 对接人：活动发起方的代表人，也是和活动策划人直接沟通交流的人。对接人
  可能有多个，除负责沟通交流之外，往往还负责活动效果，监督活动策划执行

方的工作。注意，对接人也有可能同时是决策者。

一般来说，活动需求是由决策者提出并由对接人传达给活动策划人的。

图 4-1 展示了活动信息的传递过程。

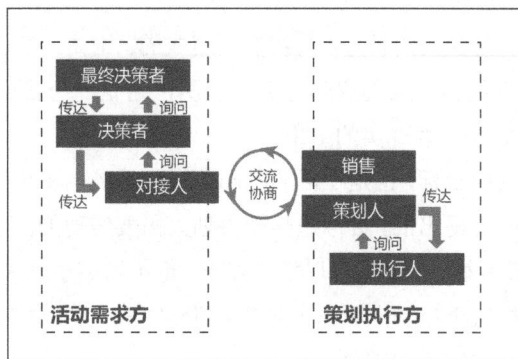

图 4-1　活动信息的传递过程

比如，A 公司的老板决定办一场活动，于是派他的秘书和活动策划公司沟通。此时，老板就是决策者，而秘书则是对接人。活动的需求具体是什么，由老板决定，但活动策划人却是在秘书口中得知活动需求的，而且在活动策划公司有问题需要确认的时候，也需要通过秘书作为中间人，来得知老板的意见。

又如，A 公司的老板决定办一场活动，他亲自上阵和活动策划公司沟通。此时老板既是决策者又是对接人，他既决定活动需求，又传达活动需求。

在大多数情况下，决策者不会同时又是对接人。也就是说，活动策划人和决策者之间，往往有对接人作为中间人。因为对接人不是精确的传话机器，他们既是传递信息、筛选信息、整理信息的角色，又是有需求、有感情、有主见的人，所以信息在传递的过程中往往会被加工，这种加工可能是有益的，也可能是有害的。因此，对接人的存在将使得确认需求的过程变得更加复杂。

4.2　需求解析：活动为何而做

接下来，我们将从活动需求的角度出发，一起看看如何认准活动需求。

你可能会问，活动需求不就是进行活动本身吗？那可未必，甚至大部分情况下，这个结论都是不正确的。活动不仅要服务于它被赋予的需求，而且还要服务于与之相关的人的需求。有时候活动需求很单纯，对方会直接告诉你；而有时候活动需求又很复杂，需要你使用智商和情商进行猜测。

如果你不明白我们在说什么，那就来看一个网上的段子吧。

女方："我吃药的时候看了一个新闻。"

男方："什么新闻？"

这里女方想表达的意思是什么呢？男方的回答能令她满意吗？显然女方不会满意。女方想强调的是自己在吃药，并希望借此得到男方的关心，而看新闻只是无关紧要的辅助信息，但男方却没能注意到作为状语的"在吃药的时候"，而是仅将主体部分"看了一个新闻"看在了眼里。因此，男方没能抓住女方的需求，也就几乎不可能给出令人满意的答案。

作为一名活动策划人，你有必要具备分析真实意图的能力。同一句话，由不同的人来说，或者用不同的语调来说，表达出的活动需求有可能是不同的，而活动策划人的情商和职业素养，将会在这方面充分体现。

这里，我们将活动需求划分为表面需求和隐藏需求两个部分，几乎任何活动，都会同时涉及这两个需求。作为活动策划人，把这两个需求弄明白是写出好的活动策划方案的第一步。

4.1.1　活动的表面需求是什么

我们往往是从对接人口中得知活动的表面需求的，它反映的是决策者的意愿。一般情况下，我们假设对接人对决策者的想法有准确的理解，否则讨论就无从展开。

所谓活动的表面需求，顾名思义就是在接手活动项目的时候，活动策划人从对接人那里看到的、听到的活动需求。对接人口中的我们需要、我们想、我们希望等这样的句子，往往会引出活动需求。

作为活动策划人，要将表面需求落实到纸上。如果你看过其他人写的活动策划方案，那前几段往往会出现这样的句子"为了……我们将举行……"，这里出现的"为了"之后的内容，一般就是活动的表面需求。

为了让大家对表面需求有更清晰的认识，我们一起来看一个例子：

Wang 是活动策划公司的一名策划，一天，活动发起方 A 公司的对接人 Lilly 发来了这样一条消息，阐述了一个活动需求："我们公司今年年底要办一场为期三天的年度总结会议，其中第一天希望搞个团队建设活动，主要是想调动大家的积极性，顺便做个开幕式，希望你们帮忙策划第一天的这个活动。"

从这条消息里，我们能得到什么信息呢？首先，我们可以知道，Wang 需要负责策划的是为期一天的活动，而且当天是会议的第一天；其次，虽然活动性质是团队建设，但是需要有开幕式的感觉或达到开幕式的效果。那么，这些就是表面需求了吗？

如果你点头，我可以说你是对的，但你想的还不够多。你应该进一步分析和思考：为何对方公司要这样安排？这些信息之间有什么联系？这些信息反映了他们对活动的期望是怎样的？举例来说，"调动大家的积极性"这句话，几乎每个团队活动的要求里都会提到，看上去像是废话，但它和"年度总结会议""为期三天"这样的信息有何关联呢？

由于对接人往往不是做活动策划的专业人士，因此他们表达的只是"我认为"的活动需求，但活动策划人应凭借专业知识，告诉对接人"你实际需要"的活动需求。

比如，读完上述的案例，笔者可以做出以下类似的分析。

- 为期三天的会议，一般涉及外宿，即参会者会统一住到某个酒店里。
- 开年度总结会议选择外宿的企业，外宿往往是因为有部分参会者需要从外地赶来，因此一般是跨省经营的。
- 跨省经营的企业，一般有规模较大、工作地点分散等特征，参会者之间可能并不熟悉。
- 这里所谓的调动积极性，往高了说是让参会者相互认识树立友谊，往低了说就是让参会者相互熟悉以营造氛围。
- 企业员工聚会的场合，又涉及开幕式这种感觉，必然需要给领导留有发挥的空间，如果这种发挥能结合在活动中，那就更好了。

上述分析，只是诸多可能性中的一种。作为活动策划人，将各种信息的因果关系关联起来，结合知识和经验推论出实际的需求，这是一种必要的能力。拥有这种能力，你才能够准确理解活动需求，并准确表达出来，让对接人确认。当然，推论很可能根本不正确，因为我们缺少必要的线索。

缺少线索怎么办？当然是提问、沟通。

就好比你作为顾客到理发店剪头发，想要某个发型却不知道怎么形容，因此只能告诉理发师"卷一点，可爱一点"。如果理发师足够专业，他会用专业知识和沟通技巧和你逐步确认，将模糊的描述确定成准确的发型描述，然后再进行操作。不论理发师的理发技术有多么高超，最后得到的发型和你本来想要的是否一致，不仅要看你的描述能力，而且还要看理发师的理解能力。在进行活动策划的时候，活动策划人就是理发师，而对接人就是理发店的顾客。

看完了理发师的比喻，我们还是回到活动策划的案例中。拿刚才 A 公司年度总结会议的案例来说，你至少应该弄清楚以下 5 个方面的问题：

（1）A 公司是做什么的？比如，是高科技企业，工业生产企业，还是服务业？

（2）A 公司的哪些成员会参加这次会议？这些成员的构成和特征是怎样的？比如，是公司的老板和所有员工都要参加，还是只有部分部门参加？这些人是销售人员还是技术人员，男女比例和年龄分布是怎样的？

（3）有没有外宾？有的话，外宾是否参加第一天的活动？比如，是不是有邀请特别嘉宾，需不需要突出他？或者是不是要适当隐藏公司的元素，以表示对嘉宾的尊敬？

（4）有没有必须要加入的形式或环节？比如，是否必须有领导讲话、颁奖典礼、欢迎仪式或公司传统的活动？

（5）这次活动的最终决策者是谁？此人风格如何？比如，是公司董事长，还是部门的主管？是不是军旅出身，是否喜欢有一定强度和运动量的活动？

我们拿到的与活动需求相关的信息越全面，对活动需求的理解就越准确。

为了弄清楚活动的表面需求，你至少需要了解活动的几个基本信息：谁是参会者，谁是决策者，必须做什么。之所以说它们是基本信息，是因为它们是活动策划人必须搞清楚的。活动的基本信息并不敏感，是可以直接正面询问的，且对接人会十分愿意告诉你。

如果对于上述 5 个方面的问题，我们得到如下信息。

A 公司为零部件加工企业，本次选择 H 酒店进行会议。参会者包括全国各个分厂的普通工人、公司中高层管理人员、两名公司董事会成员，所有人都将以平等的身份参加第一天的团队建设活动。两名董事会成员均是工人出身，不是很喜欢公开发言，平时只与高管有工作上的交流。公司成员男性占到 7 成。公司成员的年龄分布在 25 到 40 岁。本次活动公司只安排了会议流程，对第一天的团队建议活动的安排暂时是空白的。当天活动结束后大家直接回房休息，第二天上午正式开始议程。

那么结合这些补充信息，我们可以得到以下关于活动需求的结论：

（1）公司成员之间相互不熟悉，需要通过活动促进员工之间、上下级之间的交流。另外，上级应该会希望通过这样的机会了解员工的工作状态和工作方式。

（2）活动需要照顾到开幕式，在领导不太喜欢发言的情况下，需要想办法营造出一种仪式感。另外，应想办法突出上级，尤其是董事会的两位领导。

（3）活动需要带给大家归属感，以便为之后两天的年度总结会议做铺垫。另外，不要占用大家太多的精力和体力，以保证第二天能有好的精神状态和好的心情。

活动策划本身并没有标准答案，因此你可能有不同的结论，这是正常的，但无论如何，活动策划人总结归纳得出活动的表面需求后，应当用自己的语言复述给对接人听。

在上述案例中，Wang 在分析后，可以问对接人 Lilly："也就是说这次活动，主要是让各个分公司的员工相互熟悉一下，方便后面开会对吧？"如果 Lilly 给出肯定回答，那么 Wang 的分析就是成功的；如果对方否定，Wang 也能知道问题出在哪里。

你可能注意到，在我们得到的关于活动需求的结论里，每一条都用"另外"做了分割，写了前后两句。其中，前面一句陈述的是浅层表面需求，而后面一句则是在进一步分析后，得到的是深层表面需求。

前一句是可以用文字与对接人确认的，而后一句则需要根据对接人的身份、个性，以及与你的亲密程度，在特定的时机与场合选择是否需要和对方确认。比如，如果 Lilly 只是 A 公司的人事且和你聊得不错，那你大可以与她谈谈"开幕式需不需要重点突出领导，如何突出领导"；如果 Lilly 自己就是公司领导，那这个问题通常来说还是不谈比较好，除非对方主动提出。

最终，得到对方确认的表面需求，再转化为活动目标，作为我们的重要参考依据之一。

总的来说，活动的表面需求是需要和对接人当面确认沟通后才能得到的。确认表面需求要遵循的过程如下。

（1）听对接人描述他们的活动需求。

（2）利用经验和专业知识，分析对接人的描述，挖掘活动发起方的需求，整理并补充后，用自己的语言向对接人复述活动需求。

（3）如果对接人不同意你的复述，重复前两步；如果对接人同意你的复述，那就可以试着将活动需求转化为活动目标了。

分析表面需求是策划的技术，正如我们最开始提到的表面需求反映的是决策者的意愿一样。如果我们连决策者想要什么都不知道，活动策划方案如何能通过呢？

活动中可能还存在隐藏需求。至于隐藏需求，反映的一般是对接人的意愿，笔者认为分析隐藏需求，可谓策划的艺术。

4.1.2　活动的隐藏需求有哪些

中国人深谙中庸之道，说话经常点到为止或话里有话，讲究含蓄。如果你只理解对方说的话，而不思考他说这句话的动机和需求，那就很难给出合情合理的回答。甚至，如果你只看话的表面意思，对方还可能感到被冒犯或被轻视。这既是中国语言的魅力，同时又是一种考验。我们来看一个简单的例子：

做买卖的 Emma 向她的朋友，C 公司的老板 Zhan 借了 20 万元用作周转资金，约定好 1 年后连本带利归还。不曾想三个月后，市场出现波动导致 C 公司遭受了重大损失，Zhan 也到了需要用钱的时候。

一日，Zhan 和 Emma 一起喝酒，Zhan 表示："最近生意不好做啊，市场情况越来越差了，公司赔了不少钱，估计再过段时间我就要回老家种地了。哎，都是天灾人祸，不提了，Emma，你最近生意怎么样啊？"

表面来看，这个场景只是饭局间，朋友相互倒倒苦水，但结合之前 Emma 的借款和现在 C 公司的亏损，我们应该很容易猜到 Zhan 想表达的是什么：他希望 Emma 可以尽快将钱还回来，但考虑到对方借钱的理由，以及还远远没到的约定还款日期，他无法直接开口要 Emma 还钱。于是，他选择先通过诉苦的方式交代了自己现在需要钱的情况，然后再试探性询问对方现在生意如何，实质上是想问对方有没有可能拿些钱出来。

在上述场景中，如果 Emma 只回答"生意好"，而不做其他表示，那就是典型的没有读出对方的真实意图，或者单纯的不愿意回应；如果回答"生意不好"，虽然不能解决问题，但是可以回应对方表面的和真实的意图，若再加上"很抱歉现在没法还您钱"，就能更好地表明她理解了 Zhan 的意思。

活动策划人和对接人的沟通过程，实际上就是由无数这样的对话构成的，随着对话的进行，信息会不断丰富，结合这些信息，活动策划人可以做出越来越全面的分析，找出活动的隐藏需求。认清了活动的隐藏需求后，活动策划方案才更有针对性，更有人情味。

不过，正如中国话很微妙一样，活动的隐藏需求也是很微妙的问题。要弄清这个问题，在实践上一般从活动相关的"人"切入考虑，这包括但不限于对接人（往往同时是活动负责人）、参与者、决策者、出资者，甚至可能包括活动执行人。因为举办活动就是这群人相互交流和相互影响的过程，所以活动的隐藏需求隐含在举办活动的动机、方式与结果之中。

在我们引入案例探讨之前，你需要搞清楚一个问题：隐藏需求是指谁的需求？对活动策划人来说，这个"谁"指的是和活动的执行情况利益相关的，会影响事后对你的工作评价与未来收益的，对活动内容和效果负责的人——大部分情况下，这个人是对接人。

举例来说，如果活动策划人来自乙方策划公司，而对接人是甲方公司的员工，策划执行这场活动是他的上司指派给他的任务，那在这种情况下，如果对接人有希望通过这场活动来实现的需求，那么这个需求就是我们的隐藏需求了。能否同时服务好隐藏需求，将影响很多问题，比如：

（1）对接人会不会为我们说好话。对接人才是直接和决策者（对接人的上司）沟通的人，如果对接人对活动策划人没有好感，那很可能会在传达信息的时候加入偏见，从而导致乙方策划公司竞标失败。

（2）活动执行后，对接人会如何向决策者评价乙方，这将影响乙方策划公司是否还能拿到甲方的订单。即便活动执行是成功的，但对接人一句"很难沟通，不讲道理"的评价也会对乙方策划公司造成很大影响。

因此，对接人很重要，尽可能服务好对接人的隐藏需求，是笼络对接人的最佳方式。

然而，寻找活动隐藏需求的过程和活动策划的过程有着不同的出发点，需要换位思考。为了进一步说明，我们仍然沿用上一节的案例，此前得到的已知信息，整理之后如下所示。

A 公司要召集全国各地员工到一起，举办一场为期三天的年度总结会议，而第一天的团队建设活动和会议开幕式交给活动策划公司的 Wang 进行策划。参与活动的包括所有公司员工，从普通工人到高管，再到两名董事会成员，当然 A 公司的对接人 Lilly 也包含在内。董事会的两个领导是公司的高层，平日工作沟通对象只是公司高管，和中下层员工接触比较少。另外，两个领导都不太喜欢当众发言这种方式。

在这种情况下，为了找到活动的隐藏需求，最关键的问题是什么？是对接人 Lilly 的身份。在乙方策划公司执行活动的时候，活动策划人最需要弄清楚的就是对接人的身份，即对接人的职位是什么，对接人在这次活动的决策过程中有多少话语权和决策权，对接人需要对活动的效果负多大的责任，对接人是否和活动有直接或间接的利益关系。

假设在沟通中，你了解到 Lilly 的身份如下。

原人事主管刚刚离职，Lilly 是近期新晋升的人事主管，上任不到一个月，因此没有和两位领导沟通过。这次两位领导交代她带领整个人事部负责这场活动，除控制预算之外几乎不多过问，而 Lilly 选择了亲自和活动策划公司对接，并没有将这件麻烦事交给部门的下属。

那么通过这些信息，你能推测出对于对接人 Lilly 来说，她举办活动的隐藏需求有哪些呢？请读者试着思考一下。

本次活动的背后，Lilly 带来的隐藏需求可能包括：

（1）希望通过这次活动证明自己的能力，表明自己可以胜任复杂的工作。

（2）希望借助此次机会和领导进行交流，给领导留下好印象。

因此，她希望这场活动办的漂亮，尤其是给两位领导的感觉要好。虽然听起来这个需求只是简单的事实，但活动策划人应依据这些信息，进一步锚定自己的思考方向：活动办的漂亮，意味着在有限的预算下，应该将更多重点放在表面工作上。比如，场地的装饰、服务的质量及仪式感。要想给领导的感觉好，那就应该在环节上下功夫，准备好既不会让领导尴尬，又可以凸显领导的环节。

我们说得再直白一点，在案例中，对对接人来说，这场活动主要是做给领导看的，属于"政绩"，至于领导认为的"调节气氛，相互认识"等需求，虽然表面上仍要作为活动策划的核心，但是实际上，无论如何都是可以实现的，而且对领导来说比较难看出差别。而那些让领导容易感受到差别的部分，则应作为活动策划的重点。

活动的隐藏需求，有时候就像我们的案例一样，需要活动策划人的推测，但有些时候则是对接人会直接传达的，比如，笔者就遇到过开口就问"能给我多少回扣"的对接人。

作为隐藏需求，它不应该出现在明面上，不能写在活动策划方案里，而应该体现在细节的调配和执行的倾向上，如图 4-2 所示。

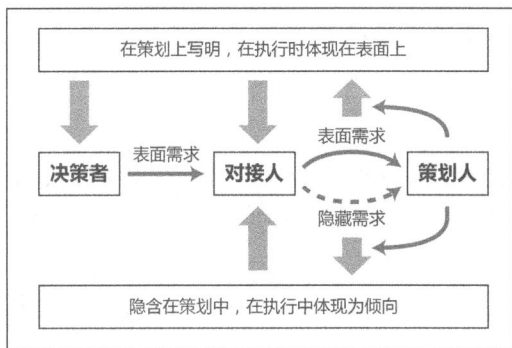

图 4-2　表面需求和隐藏需求

我们可以把包含隐藏需求的策划叫作人情策划。也就是说，从结果来看，整场活动不仅要服务于活动的表面需求，而且还要为对接人做了人情，这样不仅可以让活动更容易通过并达到预期的效果，而且还有利于促进双方的关系，有利于现在和以后的合作。

在我们的案例中，虽然对接人兼活动负责人 Lilly 的隐藏需求是比较合理的，但是在实际策划的过程中，可能会出现不可理喻的，甚至难以启齿的需求，比如：

（1）应付公事。应付公事的情况在活动中很常见，很多公司会要求进行季度的、年度的活动，或者在招聘季后进行固定的活动，而对接人可能因各种原因逐渐失去了对执行这类事情的热情，只希望快点搞定结束，越少麻烦他们越好。

（2）花掉预算。有些人举办活动，只是为了花掉未能花完的预算。比如，广告预算、部门预算、年度经费等。对他们来说，活动需求只是花掉钱，因此实际要求的活动会和预想的活动不同，甚至可能是公款私用举办活动，所以他们真正需要的也许只是你开出的一张发票而已。

（3）吃回扣。有些人举办活动是为了吃回扣，他们要求虚报价格，甚至隐瞒活动策划人私自上报高价以赚取差额。这样的做法是不道德的，也是违法的，但不论在组织内还是在组织外，活动策划人都有可能遇到这种情况。

也许我们无权决定是否要接下这个活动，但对于不同的隐藏需求，活动策划人应有能力做出不同的策划。比如，对方可能真的只是要应付公事，那你可以选择直接用一个成熟的活动项目，让大家都少操心。又如，对接人想要策划一场非常好的活动以展示自己的能力，而预算有限，上级也不参加，那么你应该考虑在摄影和视频后期上多分配一些预算，以帮助对接人做好表面功夫。

有一句流行语叫"理想是丰满的，现实是骨感的"。

在有限的预算下，活动策划人不可能让活动的方方面面都尽善尽美，如果既想要实现表面需求，让对接人满意，又想要服务于实际需求，给活动对接人人情，那就必须将活动需求看个透彻。

总的来说，分析隐藏需求需要我们换位思考，分析对接人的需要。隐藏需求未必一定有，也并非必须满足，但活动策划人应留有这个意识，因为它也许会发挥出意想不到的作用。

隐藏需求非常个人化，不具有普遍性，而且部分隐藏需求比较敏感。因此在本书的后续章节，我们将不会再讨论隐藏需求的问题。后续章节中所有的需求都指代表面需求。

4.3　将需求转化为目标

在明确了对方的需求之后，接下来要将对方的需求转化为我们的目标。

虽然目标是根据需求制定的，但是未必完全忠于需求。目标可以高于需求也可以低于需求，因为在我们制定目标的时候，还需要考虑现实条件。因此制定目标的过程，就是在条件允许的范围内，找到最贴近需求的解决方案。

因此，需求和目标存在以下几个差异：

- 需求是理想，目标是现实。需求是活动发起方脑中的想法，它是被寄予希望的，但不是活动策划执行团队承诺的；目标是活动策划执行团队打算做到的，它是需要被努力实现的。
- 需求是模糊的，目标是具体的。提出需求的可能是外行人，因此他们对活动缺少准确的概念，所以描述需求的用词只是类别和趋势，比如：运动类、提升人气。制定目标的往往是内行人，因此目标会被具体化，所以他们用词会是项目、程度甚至指标，比如：进行室内趣味运动会；提升 30%曝光量。
- 需求关注结果，目标关注过程。提出需求的人最关心的是产出多少及投入多少；制定目标的人还需要研究活动做什么、怎么做，比如：在什么条件下，利用什么资源，通过什么方式，做到什么结果，最后能结余多少。

在进行活动策划时，活动策划人应注意上述差异是否存在于自己制定的活动目标中。很多活动策划人制定的活动目标是不合格的，一旦活动目标不合格，那所有的策划内容都将建立在不稳固的地基上，就好比向着错误的方向出发，就很难找到终点一样。

要想制定出合格的活动目标，一般需要两个步骤：分析现实条件；制定目标并给出承诺。下面我们将分别讲解这两个方面。

4.3.1　分析现实条件

中国有句歇后语，叫"八十岁老翁挑担子——心有余而力不足"。

作为活动策划人，我们当然希望能够满足活动发起方的需求，这是"心有余"，然而现实情况也许并不允许我们完成"挑担子"这个需求。我们可能只有"八十岁老翁"这个人选，在这种条件下要满足需求就十分困难，强制进行可能会闪了腰，这是"力不足"。

那么我们该怎么办呢？除要求对方改变需求之外，主要有三种典型的解决方法。

　　第一种方法：没有条件，创造条件。花钱雇佣一个青年人，来完成"挑担子"的需求。这样一来，我们的条件被改变了，但却增加了成本。假设对方不愿意为这个需求支付额外的金钱报酬，那雇佣年轻人的费用就会抵消部分利润，甚至可能造成亏损。

　　第二种方法：设定较低的目标。我们仍然让这位八十岁老翁上阵，但是将担子换成比较轻的篮子。这样一来，条件是不变的，但我们的目标变低了，原本的条件也就可以实现这个新的目标了。但这可能让对方不满意，导致报酬减少。

　　第三种方法：保持条件不变，但改变方法，同时让目标和需求对等。我们将担子拆开，将内容物分成多份，让老翁分多次运走。这样我们就在既有的条件下，达成了和需求匹配的目标。但这样做的效率非常低，成倍地延长了实现需求的时间。

　　在进行活动策划的时候，这三种都是常用的方法。对活动策划人来说，活动的时间成本、金钱成本、人力成本都构成了条件，而成本是需要控制的，因此活动策划人会在较低的条件下，尝试满足较高的需求。

　　在活动策划中，我们遇到的条件有两类：主动的和被动的。

　　所谓被动条件，指的是对活动来说客观存在的、必不可少的条件，一般包括：

- 活动时间。预期的活动时间往往是不可更改的，或者可选择的时间范围极其有限的。如果把活动时间作为条件，几乎会限制所有准备工作的可用时间，这关系到筹备阶段是轻松还是紧张。若活动时间太过接近，甚至会导致活动执行变得不可能。

- 预算上限。活动发起方给出的活动预算未必真实，但总是有上限的。预算的上限将决定活动报价的上限，而活动的报价又将决定获得利润的多少。过低的预算上限可能让活动没有利润，甚至导致活动策划执行方的亏损。

- 参与人数。参与人数即实际有多少人参与活动。在初期沟通阶段，参与人数可能是不准确的，但其与最终参与人数不会有太大差异。参与人数会影响到场地大小、后勤物资数量、工作人员人数等安排。

- 硬指标。活动发起方对活动效果的要求，有可能以硬指标的方式出现。比如，在营销型活动中，活动发起方可能会要求：销售额达到 10 万元。这就是典型的硬指标。不论实际执行时能做到多少，这个数字都要作为努力的方向。

　　显然上述的有些内容应该属于需求，但是在制定目标时它们都作为条件存在。在考虑被动条件的时候，我们应该把所有必须达到、必须遵守的内容都算进来。比如，如果活动发起方点名要求活动在某个酒店举行，那么这个地点也要作为被动条件处理。

　　除被动条件之外，还有主动条件。所谓主动条件，指的是没有被活动发起方明确限定，但是活动策划人必须主动考虑的条件，其一般包括：

- 成本下限。成本下限是指活动策划执行方的实际花费能控制在多低。尤其对于专门的活动策划执行公司来说，成本下限决定了利润上限。在确保利润的情况下，成本下限将对报价起决定性作用。
- 政策限制。政策限制指所在地区或场地的一些特殊规定，即什么能做，什么不能做。比如：城市对于噪音和环境的规定；场地对于消防的规定等。
- 服务能力上限。活动策划执行团队是有服务能力上限的，小团队即便借助临时聘用的手段，也无力执行规模过大的活动。

不论是主动条件还是被动条件，都可以用两个必须来总结：必须做到什么，必须避免什么。必须做到的往往是活动发起方提出的，而必须避免的往往是活动策划人需要考虑的。

接下来，我们通过一个简单的活动需求示例，来看看活动策划人具体如何分析条件、分析什么条件。

B 公司要在 9 月 30 日上午开展一场新员工拓展培训活动，活动要求以运动类为主，目的是提高新员工士气，使新员工之间相互熟悉。由于 B 公司和 S 酒店长期合作，因此本次活动也安排在 S 酒店，所有参与成员是提前 1 天到达酒店参加培训并入住的。

本次招新季新员工达到了 200 人，酒店最大的宴会厅只有 400 平方米，但是酒店一侧有超过 1000 平方米的大草坪可供使用。活动的场地租赁费、住宿费、餐饮费都由 B 公司直接和 S 公司结清，因此留给活动的预算相对固定，但还是比较合理的（具体预算是已知的，但这里不写明）。

我们已经尽量简化了这个案例，预算、住宿、餐饮等都不需要考虑，而且这段文字大致说明了 B 公司的需求。那么在本次活动的条件中，我们必须做到什么，又必须避免什么呢？

必须做到的包括几个被明确要求的内容：

- 选择适合 200 人共同参与的运动类活动。
- 在 S 酒店选择适合上述活动的场地。
- 在 9 月 30 日上午执行上述活动。

必须避免的内容包括：

- 避免选择会影响 S 酒店正常运营的活动内容和活动时间段。比如，最终我们选择在大草坪进行活动，而户外活动需要用到音响，因此难免产生较大的噪音。这样的话就要考虑到如果活动在上午比较早的时候举行，会不会影响到 S 酒店里其他客人休息的问题。

- 避免过高的预算。既然活动预算是相对固定的，那在选择活动项目的时候，就要避免需要大量人力物力的高预算活动，以确保足够的利润空间。

根据案例所给的内容，本次活动主要的条件限制就是这些，剩下的信息，可以对制定目标做出指导，但并不属于条件限制。其中，请读者特别注意我们在条件中没有提及的一点：B公司希望提高新员工士气，使新员工之间相互熟悉。这一句为何不作为条件呢？

我们刚才提到，硬指标属于条件之一，但这里的提高士气、相互熟悉都属于软指标。软指标的特点是无法量化、难以衡量，它只能作为指引，而不能作为限制。比如，军训、趣味运动会、集体游戏，这是三种完全不同的活动，请问哪一种符合提高士气、相互熟悉的要求呢？答案是它们都可以符合，只是效果不一样。在做活动策划的时候，你可以在任意一个活动的介绍中加一句"这项活动可以提高士气，使大家相互熟悉"。所以，这不属于条件限制。

在活动发起方可能提出的需求中，还有很多类似的要求，比较典型的有"高端大气上档次""增强……提高……促进……""较高的××标准"等。在进行活动策划的时候，我们可以不把它们算作条件，只在制定目标的时候作为参考即可。

那么有了条件，如何制定目标呢？

4.3.2 制定目标并给出承诺

活动策划的目标除要符合条件之外，还要结合需求，但条件和需求都有很多条，对于新入门的活动策划人来说可能很难入手去思考。其实，在这方面也有方法可循：条件是可以按照一定步骤思考的；需求则需要贯穿始终，随时都要被考虑到。需求主要影响活动的形式，而在活动相关的其他方面，只需把需求作为参考即可。

一般来说，我们可以按照以下顺序来思考条件和需求。

（1）首先考虑被动条件。利用被动条件，限制我们的思考范围。对活动策划人来说，把活动发起方的要求放在第一位是合情合理的，但是这里我们暂不考虑被动条件中的效果硬指标这一项，因为仅有被动条件，可能无法决定具体的活动形式。没有活动形式，就没有确定的达成指标的方法，指标也就无从谈起了。

（2）考虑活动需求。将活动需求和被动条件结合，我们会得到一个基本的方向，以帮助我们确定能够满足需求的活动形式。

（3）再次考虑被动条件。在确定了活动形式之后，我们要考虑在当前条件下进行这种形式的活动会遇到怎样的限制，这包括对成本、报价和预算的权衡，比如：选定的活动形式会带来多少成本？在报价接近预算时，是否还有足够的利润空间？

（4）考虑硬指标。在考虑到被动条件并确定活动形式后，我们再来思考活动发起方给出的硬指标以定位活动目标。这一步需要考虑 3 个问题：活动发起方对指标的要求是多少？客观上我们能完成多少？我们要向对方承诺多少？这三个问题的答案可以是互不相同的，根据实际情况，活动目标可在 3 个答案中选择。

（5）重复上述步骤进行检查。在我们进行完上述步骤之后，具体的目标就很清晰了，但仍然需要谨慎检查，避免遗漏。

经过这样的步骤，我们就能基本确定目标了。结合第 3 章讲到的思考方式，我们有了目标和过程（即活动框架），也就能对结果进行预测了。在预测结果之后，我们才能合理地做出承诺，并给自己留有余地。

需求、目标、条件和承诺之间的关系如图 4-3 所示。根据需求，我们能确定一个可选范围（用虚线表示）；根据条件，我们可以确定另一个可选范围（用实线表示）。结合这两个可选范围，我们就能得到目标，也就是将在活动中力争做到的部分（用灰色区域表示）。

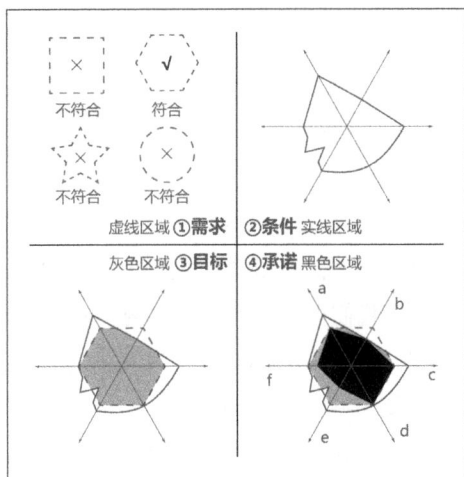

图 4-3　需求、目标、条件和承诺之间的关系

我们具体要给活动发起方多少承诺，则要看实际情况。比如，在图 4-3 中，我们将目标划分为 6 个维度，其中有 4 种情况：

- 对于维度 a 和维度 c，我们给出的承诺等于需求，即我们的产出超出活动发起方的需要，那么以活动发起方的需要为准。

- 对于维度 b，我们给出的承诺被条件限制，即我们的产出无法受到条件限制，无法满足活动发起方的需要，那么以限制条件为准。

- 对于维度 d，我们给出的承诺刚好等于需求，同时这也是我们能实现的目标，即活动发起方刚好需要，我们刚好能做到，两全其美。但要注意，这里的目标是我们预估能做到的，最终结果可能和预期有偏差，因此做出这样的承诺是有一定风险的。

- 对于维度 e 和维度 f，虽然我们能实现更多，但是在做出承诺的时候选择留有余地，即活动发起方需要，我们也能做到，但我们声称自己不能做到，以压低活动发起方的期待，给自己留下余地。这样做是非常有好处的，如果活动发起方的要求是 50，我们的能力是 100，而我们承诺活动发起方可以完成 100，活动发起方当然会很开心，但真正执行后就算完成 100 也只是足额完成。如果同样的情况下，我们承诺活动发起方可以完成 80，活动发起方同样会很开心，而执行后我们完成了 100，那就变成了超额完成，虽然前后结果是一样的，但后者会给活动发起方留下更好的印象。

另外还可能存在三种情况，之所以没有把它们画出来，是因为我们不希望它们发生。

- 承诺高于需求，但低于条件，即我们能做到 100，活动发起方只需要 50，但我们承诺做到 80。既然有做到 100 的条件，那么做到 80 自然是没问题的。这对活动发起方来说会是惊喜，但对我们来说往往意味着利润的损失。通常来讲，我们没必要这么做，如果想要超额完成，做到 55 或 60 就可以了。

- 承诺高于条件，但低于需求，即我们能做到 50，活动发起方要求 100，但我们承诺做到 80。一方面我们很难实现这个承诺，另一方面活动发起方也不会对这个承诺满意，这样对双方都没有好处。也许我们加倍努力，创造条件可以做到 60 或 80，但这一定意味着超额的成本。

- 承诺同时高于条件和需求，即我们能做到 50，活动发起方要求 80，但我们承诺做到 100。活动发起方听了会非常满意，但活动执行人看了会非常尴尬。不负责任的承诺会给活动策划执行方带来损失，更何况这个承诺很有可能是做不到的，最终双方都要追究活动策划人的责任。切忌这种打肿脸充胖子的行为。

理想情况下，我们希望条件总是大于需求的，这样我们就可以制定一个略高于需求，但又未达到上限的目标，既能使活动发起方满意，又能轻松完成。

专业的活动策划公司有着强大的资源网络和经验丰富的业内人士，经常可以在理想情况下策划活动，他们有更大的空间，可以给出更高的承诺，这也是为什么专业的活动策划公司有更大的竞争优势。

小型的活动策划公司或非活动类企业内负责活动策划的团队，往往需要权衡条件和需求的关系。这可能需要牺牲部分预期结果，甚至在必要情况下需要冒险给出较高的承诺。

下面我们举几个简单的例子，每个例子最多只需要考虑 2 个需求点。请大家思考一下如何制定目标，以及要做出怎样的承诺。

案例 1：M 公司希望举行一场团队建设活动，以增强公司内部凝聚力，提高员工工作效率。X 公司作为活动策划执行方，有丰富的团队活动经验。

案例 2：N 公司为庆祝公司成立十周年，要举办一场大型营销活动，他们希望线上销售额同比去年增长 100%，线下销售额同比去年增长 50%。X 公司作为活动策划执行方，非常擅长网络营销，有信心将线上销售额做到同比去年增长 200%，但对于线下销售额，他们只有大约 30%的把握。

案例 3：O 公司每年都会组织公司员工旅游活动，今年也不例外，但今年行业不景气，O 公司的人均预算只有过去的 80%左右。O 公司的公司员工旅游活动一直由 X 公司负责策划执行，往年 X 公司安排的餐饮食宿都是五星级标准。根据这次 O 公司的预算，虽然使用五星级标准不会亏损，但是如果要保持利润率不变，那就只够四星级标准。

案例 4：P 公司希望做一场公司员工旅游活动。P 公司从一开始就拼命压低价格，预算在减去普通大巴的路费和普通餐饮水平的餐费后，就只剩下微薄的利润，但他们的要求包括豪华大巴、五星级住宿、五星级餐饮、1:5 领队配比等。虽然 X 公司有着丰富的合作资源，但是也无法将价格压低太多。

作为 X 公司的活动策划人，你将如何制定这 4 场活动的目标呢？在目标的基础上，你要向这 4 家公司承诺怎样的活动效果呢？

在案例 1 中，M 公司并没有为我们设定条件，因此目标设定的范围很宽泛，但承诺时要将需求表现出来。目标：为 M 公司完成一场以某项目为主的拓展活动。承诺：进行一场以某项目为主的拓展活动，增强公司内部凝聚力，提高员工工作效率。

在案例 2 中，N 公司虽然给出了明确的指标，但其中一个指标是 X 公司可以超额完成的，而另一个指标有无法足额完成的风险。此时可以通过和 N 公司进行沟通，适当调整目标，但要注意在承诺时给自己留有空间。目标：线上销售额同比去年增长200%，线下销售额同比去年增长30%。承诺：线上销售额同比增长150%，线下销售额同比增长30%。

在案例 3 中，由于 O 公司是老活动发起方，而且五星级是给 X 公司的惯用标准，因此作为 X 公司的领导，很有可能放弃本次的部分利润，仍然给予 O 公司五星级标准的服务，以强化这个客户的黏性。目标：按照五星级标准为 O 公司举办旅游活动，同时尽量想办法压低供应商报价。承诺：按照原定标准举办旅游活动。

在案例 4 中，我们就没有必要像案例 3 中那么客气了，要以活动的基本利润为重。目标：在保证利润的前提下，尽量匹配优质的服务为 P 公司举办旅游活动。承诺：举办旅游活动，并在预算允许的范围内，尽量提升服务质量。

通过这些案例，读者应该能够更好地体会到需求、目标和承诺之间的不同。作为活动策划人，我们必须在保护活动策划执行方利益的前提下，尽量为活动发起方的利益服务。总结成三个词，就是听一套（需求）、说一套（承诺）、做一套（目标）。

4.4　选定具体活动项目

在分析了需求和目标之后，我们需要完成选定活动项目的工作，也就是活动要做什么。

很多新入行的活动策划人认为，做什么是活动策划中最困难的部分，其实恰恰相反，做什么是最简单的。要决定具体的活动项目，主要有以下 4 种方式：

- 活动发起方要求的项目。有些时候活动发起方会直接指定具体项目，或者制定一个比较小的选择范围。只要活动发起方的要求是可行的，应优先考虑。
- 从现有的产品或项目中选择。对于活动策划公司、旅游公司、广告公司来说，它们往往有成型的产品可供选择，可以根据活动发起方的需求，在原有产品的基础上进行定制。即便活动策划人是为自己的公司进行策划，那也可以参考公司过去的案例并从中选择项目。
- 从同行业或同类型案例中选择。在没有可选项目的情况下，可以利用互联网了解类似情况下的成功案例。比如，在需要策划开业典礼的时候，借助搜索引擎就可以找到许多和当前需求相近的成功案例，只需借鉴或改编其中的具体项目即可。

- 原创一个符合要求的项目。

许多人觉得活动策划困难，因为他们认为活动项目都需要原创。实际上，在大多数情况下，活动策划人不会选择原创活动项目。如果成熟的、经过检验的、可执行的活动项目可以解决需求，那永远都是优先使用现有项目的。

即便对专业的活动策划公司来说，开发新产品也是很困难的事情。就拿旅游公司来说，如果投入人力物力开发一条完全没有商业化的旅游路线，第一，要承担很高的前期成本；第二，初期的服务质量和安全性很难保障；第三，新景点缺少知名度难以获客。而等这条新旅游路线打磨成熟后，同行就很容易进入，而且上述的三个阻碍几乎都已消失，因此其他同行可能后来居上。所有的策划类行业都是这样，创新必然伴随着试错成本和失败风险。尽管创新精神值得鼓励，产品开发工作也不可或缺，但绝大多数日常业务还是需要老项目来支撑的。

通过排列组合，老项目也可以产生种类丰富的活动策划。比如，一场团队建设活动往往包含破冰、热身、分组、核心项目、分享五个环节，假设其中每个环节都有 3 种小项目可供选择，那么即便我们不进行改编和创作也可以写出 3 的 5 次方即 243 种活动策划方案。对团队建设活动的策划人来说，同一批活动，参与者一年能遇到 2 次就已经算是很频繁的了，因此 243 种活动策划方案是完全足够的。

除排列组合的方法之外，我们还可以对具体项目进行改编。比如泥塑、木工等团队 DIY 类活动，我们可以根据参与者的特性更改 DIY 的目标产物，从而衍生出新的产品。如果参与者是土木工程行业的，可以让他们制作建筑模型，并将项目命名为"摩登都市"；如果参与者是艺术娱乐行业的，可以让他们制作乐器，并将项目命名为"天籁之音"。这样一来，即便是同样的活动项目，只要稍加改变就能产生定制的感觉。

另外，我们还可以通过包装的方式来使活动项目变得与众不同。常见的手法之一是视觉包装，比如，公司曾策划过皮卡丘主题嘉年华活动，各种摊位和小游戏都用皮卡丘的形象做包装，工作人员也进行相应的打扮。那么只需要将主题变更一下，就可以有机器猫主题嘉年华活动，甚至将这个主题换成活动发起方公司的吉祥物也可以。

因此，作为活动策划人，你应优先选择这样的项目：

- 属于团队现有产品的项目。
- 执行团队熟悉的项目。
- 活动策划人熟悉的项目。
- 由现有的或熟悉的项目改编而来的项目。
- 团队内部不熟悉，但外部有成功案例的项目。

- 本行业没有先例，但其他行业有成功案例的项目。

我们再次强调，活动策划方案首先要能执行好，然后才解决创意的问题。在选择项目的时候，不要总想着创新，应该尽可能稳扎稳打。当积累的经验足够时，创新能力才能真正发挥出来。

在预算允许的范围内，在保证项目的可靠性后，可能仍然有多种项目可供选择。此时就应针对活动的具体情况，从以下 5 个方面入手，思考活动项目的可行性。

- 承载能力，即活动项目的参与人数。活动项目参与人数应该在项目的允许范围内，不能太多也不能太少。比如，将足球作为活动项目时，那么参与人数应该在 22 人到 40 人之间，一方面，要考虑参与者至少要有 22 人，以满足交战双方在场上的总人数，这样才能最低限度地保证比赛能够开始；另一方面，如果参与者超过了 40 人，即便裁判也由参与者担任，仍然很可能造成有人无法参加活动的局面。

- 时间要求，即活动项目的预计完成时间是否符合要求。像运动会这样的活动，开幕式和入场的时间往往就需要 1 小时以上，最后还要预留至少 30 分钟的颁奖时间，因此如果活动总时间小于 3 小时，就会显得"两头粗中间细"，显得活动的主要内容不够丰富。如果可用时间太多，也会出现问题，比如，某个景区 2 小时就可以逛完，但却用于填补一下午的时间空白，这就容易引起参与者的不满。

- 执行压力，包括后勤压力、管理压力、安全压力等。不同活动项目会带来不同的执行压力。比如，在举行百人级别的体育赛事时，活动执行方需要评估项目风险，并根据人数准备医疗和食品保障，这意味着还需要协调工作人员、志愿者和服务机构等，而在举行百人级别的企业年会时，餐饮问题可以交给酒店，舞台可以交给演出公司，活动执行方的压力就会小很多。

- 灵活性。许多活动项目对执行条件有苛刻的限制，执行条件可以是时间、地点、环境、人数、天气等。在选择活动项目时，应尽量选择限制条件少的。比如，拓展培训中很流行的"扎筏泅渡"活动，在没有水源的场地完全无法进行，也不适合安排在天气寒冷的季节。又如，放风筝活动必须在户外天晴时进行，下雨时即便有雨具也无法正常进行。

- 合作对抗性。合作对抗性是针对团队活动来说的。由于团队活动有整体合作的，有小组合作的，有组内合作小组间对抗的，也有个人对抗的，因此合作对抗性将影响活动意义的诠释方式。如果活动发起方提出增强凝聚力等要求，则应该优先考虑合作类的团队活动。

第 5 章

活动策划方案：呈现方式和内容

我们在第 3 章讲到，既要注重活动策划方案的可传播性、可执行性，又要使活动策划方案符合标准，这些不仅需要正确的思维方式，而且还需要适当的呈现方式。即便使用策划思维得到相同的活动框架，但不同的呈现方式也会带来很大的差异。

呈现方式对最终结果的影响是巨大的，甚至可能是质的变化。如果做个类比，那我们在第 3 章用策划思维得到的活动框架就是"故事"，而同一个故事，其呈现方式多种多样，可以是小说、绘本、戏剧、电影或单口相声。同样的一段西游记大闹天宫，经过这几种方式的演绎将带来完全不同的效果。

活动策划也是一样的。在使用策划思维得到活动框架之后，在正式开始落笔撰写活动策划方案之前，我们需要根据实际情况决定活动策划方案的呈现方式。不同的呈现方式不仅会影响活动策划方案带来的效果，而且也将对活动策划方案的具体内容产生影响。

5.1 活动策划方案的用途和呈现方式

有些活动策划团队对活动策划方案的呈现方式有统一的要求，即所有活动策划方案的模板、结构、样式都是统一的，尤其在专注某一类活动的策划团队中，这种现象非常常见。比如，对于旅游公司来说，虽然不同线路有不同的内容，但是每次需要呈现的都是时间、景点、费用等固定模块，因此非常适合使用统一的形式。

在业务种类比较丰富的活动策划团队中，活动策划人往往需要选择呈现方式，即便是有模板，也需要在几种模板里做出选择。比如，婚庆活动和营销型活动并没有什么共性，因此使用相同的模板显然是不合适的。又如，竞标用的活动策划方案和商务谈判用的活动策划方案，即便内容相同，在形式上也会有所差别。

作为活动策划人，也许目前你的日常工作仅需接触某一种呈现方式，但也应该对其他的呈现方式有所了解，这不仅可以带给你更多的选择，而且也可以让你对目前使用的呈现方式有更清晰的认识。

通常来说，我们会根据用途来选择呈现活动策划方案的方式。不同的呈现方式，在两组主要特征上存在差异，它们分别是对内的和对外的，说明用的和展示用的。下面让我们一起来看看，这两组主要特征会为呈现方式带来怎样的差别。

5.1.1 对内活动策划方案和对外活动策划方案

按照活动策划的展示对象，可以将活动策划分为对内的和对外的两种。既然采用这种划分方式，那我们就必须先搞清楚什么是内和什么是外。在活动的策划和执行过程中，活动策划人会和各种人接触，而所谓划分内外，依据的就是这些人的立场。

通常来说，属于内的人，是和活动策划人有共同利益的人，也就是说，活动策划人策划的这场活动，不是为了从这些人身上赚取利益而存在的。而属于外的人则相反，通过策划这场活动，活动策划人所在的内的一方将从外的一方那里获取利润。

注意我们所说的利益，它指的不是活动效果带来的利益，而是策划执行活动这件事本身带来的利益，或者说这里的利益指的是提供活动服务的一方所获得的报酬。下面我们来看几个例子。

案例 1：某实业公司的老总 A 打算办一场线上促销活动，于是找到了市场部的负责人 B 让他全权负责。市场部的负责人 B 把这次的活动策划工作交给了新媒体专员 C。通常来说，公司的线上活动由市场部的负责人 B 牵头，与运营专员 D 一起完成执行。

　　案例 2：某销售公司的老板 H 计划组织公司员工旅游活动，他让人事部的负责人 I 进行安排后向他汇报。人事部有非常擅长安排活动的人事专员 J，于是 I 让他负责活动策划。

　　案例 3：某金融公司的人事负责人 O 打算举办一场团队拓展活动，因此找到了某活动公司的销售 P。销售 P 将订单提交给了活动策划部门的负责人 Q，Q 找到活动策划专员 R 撰写活动策划方案，而这种活动一般由户外活动部的 S 负责执行。

　　以上就是比较典型的三种需要活动策划的情况。在这 3 个案例中，负责策划的分别是新媒体专员 C、人事专员 J 和活动策划专员 R。那么请问，对于 C、J 和 R 来说，其他这些人中有哪些人是属于内的呢？

　　带着这个问题，我们来介绍一下对内策划和对外策划的区别。请各位读者结合这些区别试着分析上述 3 个案例。

- 对内策划写明预期成本，对外策划则写明报价。用报价减去预期成本，就是本次活动的预期利润，即按照这个报价签署合同，活动策划执行方能获得的收益。这个收益仅在对外策划的情况下才存在，在对内策划的时候我们不期望活动本身带来利润。反过来说，你可以利用"将成本作为预算，还是将报价作为预算写在活动策划方案上"这一点，来判断这份活动策划方案是对内的还是对外的。

- 对内策划强调过程，对外策划强调形式。在对外策划时，活动策划应强调的是做什么，比如，进行什么项目，有哪些环节；在对内策划时，活动策划强调的是具体怎么做，还要将每个环节细分成具体的工作内容。如果活动顺利完成，内部即活动执行方的相关人士就可以受益，因此他们更关心实现方式和可行性，而对外部即活动发起方的人来说，要做什么是需要经过他们认可的，但要怎么做则不是他们最关心的事情。

- 对内策划强调目标，对外策划强调承诺。我们在第 4 章讲过目标和承诺的联系和区别。在对内策划的时候，对于活动效果，我们常用的说法是"我们要做到……"，并且会说明为了达成这个目标，需要具备哪些条件；而在对外策划的时候，我们会用"我们能做到……"来形容活动效果，因为外部的人更关注活动产生的效果，他们希望得到想要的效果，并希望我们做出承诺，同时他们不会太关注它是怎样实现。

- 对内策划细分内容，对外策划整合内容。在对外策划的时候，我们会将相关内容整合在一起，让对方建立整体印象，有时也是为了让对方无法知道太多细节；在对内策划的时候，这些内容往往必须分开，否则就无法执行。比如，在活动需要搭建舞台的时候，负责搭建、灯光、音响的是活动策划公司找来的第三方供应商，在对外报价的时候，这3部分的价格往往会被整合在一起，并且不会标明它们来自第三方供应商；在对内表示成本的时候，则会将它们严格分开并分别罗列。

- 对内策划强化责任，对外策划弱化责任。在对内策划的时候，每个工作细节都需要确定由谁负责，这样一方面能督促负责人监督或完成工作，另一方面也方便现场调度和后续追责；但在对外策划的时候，这种责任划分不宜详细公布，因为我们希望活动发起方的对接人和我方特定人士沟通，而不是让他直接联系我方团队的其他人。

内和外是相对的，很难明确划分，但通过上述区别，我们可以感受到所谓的内和外具体有怎样的性质。回过头来，我们再来看一下上面的3个案例。

在案例3中，由于活动发起方和活动策划执行方属于两个不同的公司，因此很显然只有金融公司的人事负责人O是外部人士，而销售P、活动策划部负责人Q、活动策划专员R和执行人员S都属于内部人士。如果活动策划交给O用于业务磋商，那么就应该是对外策划；如果活动策划用于内部审核，以确定其可执行性和利润空间，那就应该是对内策划。P、Q、R和S都属于内部一方，要借助执行活动从外部的O那里获取利润。

在案例2中，老板H虽然将活动交给人事部负责人I安排，但是他仍然要求向他汇报，因此活动是受他直接监督的，所以他们二人和人事专员J（负责活动策划）都同属内部。这场活动的相关人员里，不存在外部人士，客观上也没有人需要通过做这场活动来获取利润。因此，不论活动策划方案要给谁看，这场活动都属于对内策划。

在案例1中，虽然老总A、市场部负责人B、新媒体专员C（负责活动策划）和运营专员D都属于同一个公司，但是他们未必都属于内部。因为市场部负责人B对活动全权负责，这会导致问题变得复杂。出钱的是A，而负责的是B，因此B有可能希望通过虚报活动的预算，用多余的钱补充部门预算，当然B也有可能秉公办事，如实汇报活动预算。因此在这个案例中，B、C、D同属内部，但A可能是外部的。

有人可能会提出出钱的人往往是外部的这样的结论，但通过上述3个案例我们可以看到，出钱的人可以是内部的，也可以是外部的，其具有不确定性，而确定内外的关键，还是要看执行活动带来的利益属于哪一方，如图5-1所示。

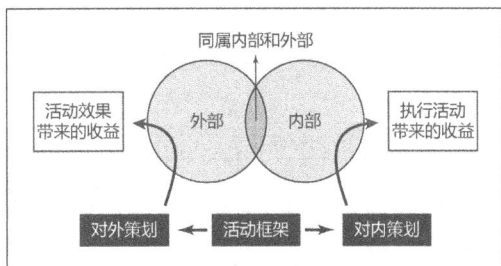

图 5-1　对内策划和对外策划

我们在上述 3 个案例中提到了对外策划可以用于业务磋商，对内策划可以用于内部审核，但业务磋商和内部审核都要进行，也就是说在实际进行活动策划的时候，我们可能同时需要这两个版本。

对外的策划版本需要包含的主要元素如下。

- 活动的报价。告知活动发起方需要付出多少钱，以获得完整的活动服务。包括活动执行方的服务费用，以及活动需要的场地、餐饮、道具等所产生的费用。
- 活动的效果。承诺活动发起方本次活动能带来什么，这个承诺可以是模糊的，也可以是具体的，但是要和活动发起方的需求方向一致。
- 活动的内容。活动具体要做什么，有哪些项目。

对内的策划版本，需要包含的主要元素如下。

- 活动的成本和利润。活动要花费多少，预计报价是多少，能得到多少的差价。
- 活动的目标。活动要做到怎样的水准，有哪些具体的指标需要实现。
- 活动的执行方式。活动具体应怎么做，需要哪些人力物力跟进，各项工作的负责人是谁。

由于对内策划是需要考虑执行细节的，因此通常来说，对内的策划更加详细。另外，对内策划需要一定的活动经验作为支撑，因此对活动策划方案的撰写要求也更高一些。

在实际进行策划时，即便需要对外的策划版本,也未必真的会制作完整的对内版本。在对流程的要求没有那么严格的情况下，一般会通过添加附件的方式对对外策划进行补充，以使它达到对内策划的标准，如图 5-2 所示。在有些情况下，对外策划和对内策划可以由不同的活动策划人负责，就像电影的故事和剧本可以由不同的人撰写一样。

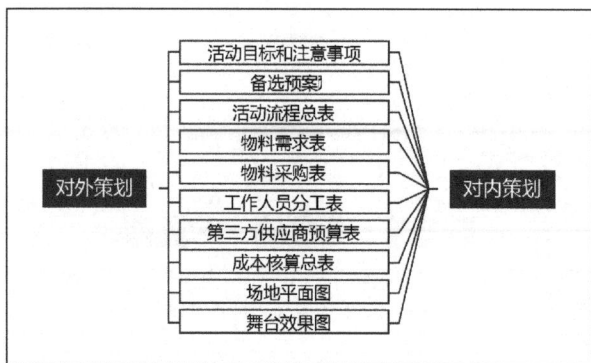

图 5-2　将对外策划补充为对内策划

在图 5-2 中，虽然我们列举了一些补充材料，用以将对外策划补充为对内策划，但是这并不意味着对外策划一定不包含这些内容。对外策划和对内策划的"内"和"外"是相对的，在制作对外策划的时候，活动策划人需要根据实际情况，决定要将哪些细节展示出来。

5.1.2　说明用活动策划方案和展示用活动策划方案

根据用途不同，活动策划方案还可以分为说明用活动策划方案和展示用活动策划方案两种。

说明用活动策划方案，指的是以说清楚活动执行方式为目的的活动策划方案。大多数情况下，我们写的活动策划方案都是说明用的。说明用活动策划方案中的说明和说明文中的说明含义相同，即通过科学的解说方式描述活动，客观地阐述活动的内容和执行方式，使阅读活动策划方案的人能够掌握具体信息。

常见的说明用活动策划方案的具体形式是以文字为主，以插图和表格为辅的文档。活动策划人一般使用微软 Word 等文字编辑软件来完成说明用活动策划方案。

说明用活动策划方案可以将活动相关的内容说清楚，不需要额外的解释。优秀的说明用活动策划方案只需要被打印或转发，就可以让收到的人对活动有必要的了解，可以省去大量的沟通成本和说明时间。

展示用活动策划方案，指的是以对外展示为目的的，经过包装和加工的活动策划方案，其常用来说服活动发起方接受活动策划方案。展示用活动策划方案具有一定的设计感，注重表现力与视觉冲击力。

展示用活动策划方案通常使用视觉语言，文字较少，数据、流程等也会尽量转化为图表的形式。活动策划人一般使用微软 PowerPoint 等排版编辑能力较强的软件来完成展示用活动策划方案，有时还需要平面设计软件、绘图软件等的辅助。

虽然有些展示用活动策划方案是可以独立使用的，但是更多时候，展示用活动策划方案是为了辅助路演而存在的。所谓路演，是指通过现场演示的方法引起目标人群的关注，让他们产生兴趣，以实现演讲者的目的。活动策划人有可能需要在团队内部人员面前，以及活动发起方面前、竞标现场进行路演，并现场解答他们的问题，让他们了解接受活动策划方案，以使活动策划方案尽快获得通过，最后被落实为活动项目。

如果一场活动被落实为活动项目，那么必然有对应的说明用活动策划方案，但未必需要展示用活动策划方案。

一般来说，在需要展示用活动策划方案的时候，活动策划人也是先完成说明用活动策划方案，再完成展示用活动策划方案的。不过对于资深的活动策划人来说，也可以是先完成比较简单的、框架化的展示用活动策划方案，在确定获得通过后再补充细节，如图 5-3 所示。

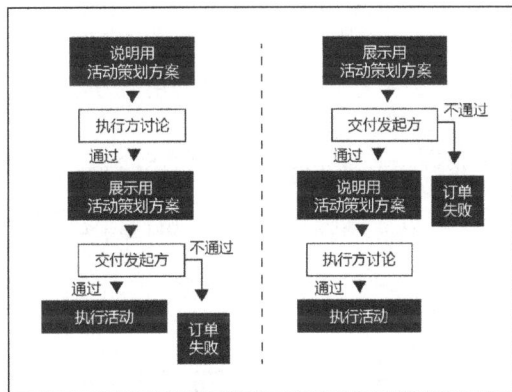

图 5-3　说明用活动策划方案和展示用活动策划方案的先后顺序

在图 5-3 中可以看到，如果我们先制作说明用活动策划方案，再制作展示用活动策划方案，则可以先完成内部讨论的过程，这样有利于保证活动策划方案既具有可执行性，又能带来利润，但缺点是如果展示用活动策划方案被否决了，那就意味着说明用活动策划方案一并作废。这可能会导致背后的现场踩点、内部讨论、效果图绘制等工作作废，从而放大了损失。

如果先利用活动框架完成展示用活动策划方案，那在策划初期就可以和活动发起方沟通，在确认活动策划方案可行后再考虑细节，而且即便策划失败了，损失的也只是简单的策划内容和效果图而已，相对前面一种情况而言更容易接受，还节约了大量的时间。如果活动策划人的经验不足，这样做就容易导致展示用活动策划方案出现"眼高手低"的问题。在活动策划方案中不论是做出了不切实际的承诺，还是安排了难以执行的活动内容，都会带来不小的麻烦。

由于展示用活动策划方案主要是用来辅助路演的，因此它会更注重可以视觉化的细节。在第9章我们将会介绍数据可视化、图片绘制等美化技巧，而在这里，我们主要谈谈思路问题。

假设我们的展示用活动策划方案是使用微软 PowerPoint 制作的 PPT 演示文稿，那么它就应该具备 PPT 演示文稿的特点。在包括路演在内的演讲中，我们经常使用 PPT 演示文稿，并用它来呈现演讲中的亮点及难以用语言表述的内容，但是演讲者必须记住，在演讲中最重要的永远是演讲的人，包括他的语言、动作和表情，而 PPT 演示文稿只是辅助。许多演讲者误解了这一点，将 PPT 演示文稿做得非常华丽，最后反而淡化了演讲者的演讲效果。在 PPT 演示文稿中放置大量文字是更严重的错误，要么会导致观众一直在阅读文字而无心听讲，要么会让观众感到枯燥。

在需要配合路演的时候，我们的展示用活动策划方案也应注意上述问题。一方面，展示用活动策划方案应发挥突出重点、视觉化的作用，另一方面，它应为演讲者留有余地，不能喧宾夺主。

如图 5-4 所示，在将说明用活动策划方案改编为展示用活动策划方案时，我们常用子弹标强调重点文字，代替大段文字内容；用视觉化的图表表现数据，代替内容复杂的表格。

图 5-4　说明用内容转化为展示用内容

　　类似舞台搭建、场地布局、KV 设计的内容，它们本身就很适合用图片进行展示，因此可以用在展示用活动策划方案里，如图 5-5 所示。这类图片可以很好地增进观众对活动的了解，同时也能体现出活动策划团队的专业性。只是活动策划人也许无法亲自制作这些内容，而需要其他部门的协助。

　　当然，并非所有的展示用活动策划方案都是用来辅助路演的，而且也并非都是通过 PPT 演示文稿的形式。

　　比较典型的例子是在旅游业。几乎任何一条旅游线路，都包括对主要景点、每日行程、食宿安排的介绍，旅游公司会将这些内容配合丰富的图片和精美的排版进行整理，并将其展示在各种销售渠道上。这些内容的展示形式可能是产品详情页、微信公众号文章、朋友圈长图或视频，但本质上它们既是代表产品的广告，也是展示用活动策划方案。

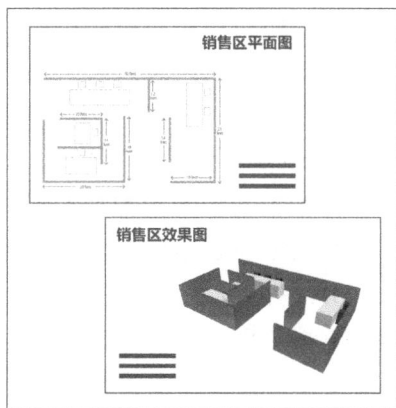

图 5-5　将平面图和效果图用在活动策划方案中

　　展示用活动策划方案都带有一定的广告性质。PPT 演示文稿形式的展示用活动策划方案和路演结合在一起，其实就相当于一场产品发布会，其无论是用来说服领导同意活动，还是用来说服活动发起方买单，都需要同时具有专业性和视觉冲击力。因此，在展示用活动策划方案中，内容和形式同样重要。

　　很多活动策划公司会选择将活动项目标准化或模块化，即用类似展示旅游线路的方式来展示活动内容。这种做法最大的优势在于可以让没有设计能力的活动策划人直接使用经过包装设计的内容，让制作展示用活动策划方案的过程占用较少的时间和资源。

5.1.3　根据用途选择活动呈现方式

在实际进行活动策划的时候，我们需要根据活动策划方案的用途来决定使用哪种呈现方式。根据前文所述的分类逻辑，我们可以组合出 4 种呈现方式：对内的说明用的、对外的说明用的、对内的展示用的、对外的展示用的。

对内和对外，主要影响我们对具体内容的选择；说明用和展示用，主要影响我们包装内容的方式。

在通过策划执行活动赚取利润时，花钱购买活动服务的一方（一般是活动发起方）属于外。在不通过策划执行活动赚钱，只需要考虑成本的时候，只存在对内不存在对外。在绝大多数情况下，负责活动执行的人都属于内，除非负责活动策划和活动执行的双方利益不一致（比如，一个公司负责策划，另一个公司负责执行）。

在需要用路演的方式说服对方同意活动策划方案时，需要展示用活动策划方案。在对方比较外行，不关注活动细节的时候，选择展示用活动策划方案容易体现出专业性，也更容易赢得对方的信任。说明用活动策划方案可以真正地将活动说清楚，可以完整地呈现出是什么、为什么、怎么做。交付给执行团队的必定是说明用活动策划方案，有了说明用活动策划方案才能正式开启活动项目。

在实践过程中，如果你难以确定应该呈现哪种活动策划方案，可以选择先撰写对内的说明用活动策划方案，这种呈现方式在大多数情况下都是需要的。

本节给出的呈现方式的划分，是笔者总结出来的，并非通用的标准。这样划分的主要目的，是为了引导读者根据实际需要，选择如何呈现活动策划的内容、包装、设计等。在实践过程中，读者应结合具体的行业标准和团队要求的制作标准来选择策划方案的呈现方式。

5.2　活动策划方案的内在逻辑

虽然我们可以根据上一节提出的划分方式来确定活动策划的内容和形式，但是同样的内容和形式，也可以按照不同的内在逻辑来呈现。

在第 3 章的第 2 节中，我们在介绍由点到面、由面到点、倒推法三种思维方式时使用了相同的案例，却得到了三种不同的图表。三种图表的内容是相似乃至相同的，它们的主要区别就在于内在逻辑不同。

说明用活动策划方案是比较典型的，但它归根结底是一篇文章，而作为一篇文章，在使用不同的内在逻辑撰写时，会呈现出不同的结构。因为这些结构，文章会变得更容易阅读和理解。文章常见的结构如下。

- 总分式结构。总分式结构又分为总分、分总、总分总三种类型。大部分文章实际是总分总结构，即先介绍文章的整体内容，再逐一介绍各个部分，最后做总结。这样的文章比较有向心逻辑，读完会给人很好的整体感，如图 5-6 所示。
- 并列式结构。并列式结构的文章会逐一介绍每个部分，而且各个部分没有主次之分，甚至顺序也可以颠倒。并列式结构的文章的每个部分都是完整的，非常适合借助目录直接查找自己需要的部分，如图 5-6 所示。

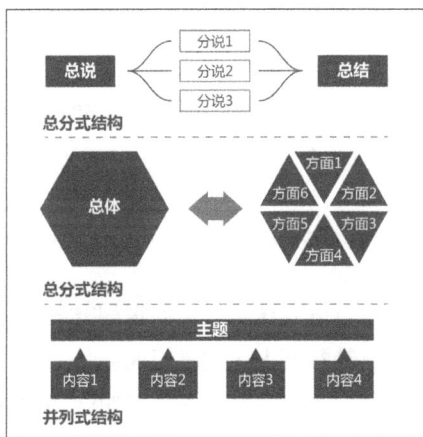

图 5-6　总分式结构和并列式结构

- 分论点列述式结构。分论点列述式结构的文章从多个论点出发，以不同的角度分别论证中心论点。分论点列述式结构的文章的特点在于各部分有一致的论证目标，即便删减其中的几个部分，也能完成论证，只不过说服力会降低，如图 5-7 所示。
- 对照式结构。对照式结构的文章整体分为两个部分，两个部分或相似、或对立，而整篇文章的核心就是对这两个部分进行对比，如图 5-7 所示。
- 递进式结构。递进式结构的文章的每个部分都呈递进关系，层层深入，没有前一个部分就没有后一个部分。这种结构的文章呈现出完整的逻辑过程，最后会导向某个结果，如图 5-7 所示。

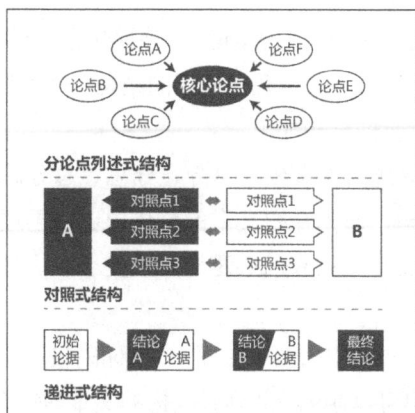

图 5-7　分论点列述式结构、对照式结构和递进式结构

　　活动策划方案拥有文章的特征。在撰写活动策划方案的时候，选择不同的内在逻辑也会影响对活动策划方案结构的选择。上述五种结构在活动策划方案中均可能出现。活动策划人的思维习惯不同，面对的场景不同，可能会选择的结构也不同。下面我们依次来介绍几种典型的活动策划方案结构，以及它们对应的内在逻辑。

5.2.1　总分式：目标导向型策划

　　目标导向型策划一般使用总分式结构的活动策划方案。这种类型的活动策划方案比较符合通常的思路，也是活动策划人比较常用的。

　　目标导向型策划会在活动策划方案开头部分写明活动的基本属性和目标，一般包括活动的执行时间、执行地点、执行内容、服务对象、目标效果等。阅读完活动策划方案开头部分后，读者会大致了解到这是一场怎样的活动，以及该活动以怎样的形式进行。活动发起方阅读完活动策划方案的开头部分后，应该能判断出其提供的解决方案是否符合自己的需求。以上内容构成了"总"。

　　接下来是活动策划方案的主体部分，即提供解决方案，详述如何实现目标。通常来说，应用总分式结构的活动策划方案中，只会提供一种主要解决方案，即便有应对突发事件的备用方案，也只是替换主要解决方案的部分内容，而不是完全代替主要解决方案。

　　介绍解决方案时，可以以时间为线索，按照时间发展和活动推进进度，逐一介绍各个环节的工作内容和需要完成的目标。也就是说，你可以在总分式结构的活动策划方案的主体部分使用递进式的结构。当然还有另一种选择：将目标进行拆分，分别叙述每个子目标应如何实现，此时工作内容和时间安排会交叉混杂在一起，但可以凸显实现目标的过程。

目标叙述解决方案的部分，构成了"分"。

在最后，我们要将分布在解决方案中的同类元素汇总起来，比如，在各个环节中产生的消费需要被汇总成预算表；在各项工作中涉及的工作人员数量需要被汇总成分工表。这构成了第二个"总"。

目标导向型策划很适合展示给活动发起方，因为他们关心的就是活动内容和效果，而这些信息在活动策划方案的开始部分就会被呈现出来。在第二个"总"的部分，他们可以找到另一个关注点：自己的钱花在哪里了，买到了哪些服务。

对于活动执行人来说，总分式结构的活动策划方案并不是那么容易查看和使用的。不论解决方案部分采用怎样的逻辑，人员分工、物资采购等信息都会被拆分成零碎的部分。仅靠最后的分工表是无法体会到活动的整体性的。

尽管如此，在撰写活动策划方案时，笔者仍建议你优先选择总分式结构的活动策划方案。在多数情况下，活动发起方对活动执行并不熟悉或并不感兴趣，而总分式结构的活动策划方案可以在最大限度上照顾到他们的需要。对整个活动策划执行团队来说，活动发起方永远是第一位的，没有他们的认可，活动策划方案就不可能通过，活动项目就不可能开始执行。

5.2.2　并列式：分工导向型策划

分工导向型策划对应的是并列式结构的活动策划方案，我们按照工作分工，分别撰写每个工种或工作组需要做的工作。这种形式非常适合用于执行，属于特定工作组的人可以快速找到自己要做的事情。

分工导向型策划一般也会有总结性的开头和总结性的结尾，这样可以保证活动策划方案的整体性。

在正文部分，分工导向型策划一般采用分组的方式，将所有工作人员划分为若干个工作组，然后再给每个工作组分配相应的任务。各个工作组都有相应的负责人，他们将领导组内成员完成相应的任务，并对任务结果负责。

分工导向型策划很适合配合甘特图使用。将我们在第 3 章中讲到的甘特图进行扩充，就形成了以分工为导向的活动执行大纲，如图 5-8 所示。

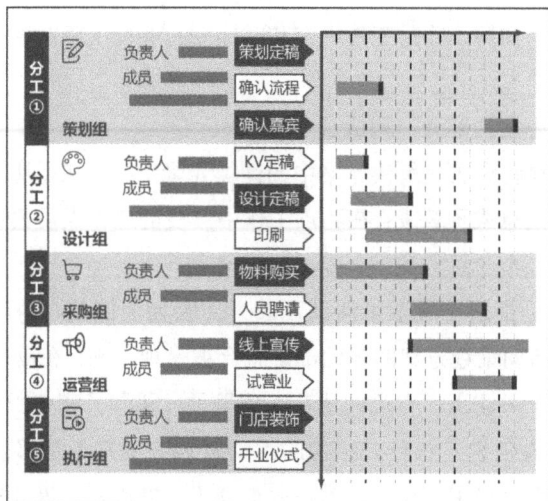

图 5-8　分工导向型策划和甘特图的衔接

　　各个分工是没有主次之分的，它们之间是相互补充、相互配合的关系。因此在撰写活动策划方案的时候，可以先从自己熟悉的工作内容开始，逐条开始撰写。在不断补充内容的过程中，通过各个工种、各项工作之间的关系，活动策划人能够更容易地发现遗漏和错误的地方。

　　并列式撰写方式虽然有方便查询的好处，但是同样也有缺点。比较明显的问题之一，就是有些工作是难以分工的，比如，雇佣人员是应该由采购来做，还是由策划来做。另一个问题是，既然要让各项工作相互分离，那就难以表现出各个工作组之间需要相互配合的地方。因此，用这种方式撰写活动策划方案，需要项目经理和各工作组的负责人之间有较好的默契。

　　分工导向型策划的活动策划方案同样只提供一套主要的解决方案，这种活动策划方案除适合执行之外，也适合提交给比较有经验的对接人。如果对接人有一定的策划经验，就能更快地从执行角度理解活动框架，理解在执行角度应该如何实现活动目标。另外，有经验的对接人会更有针对性地监督他认为比较重要的工作，比如，对接人可能会认为设计工作最重要，进而关注设计相关的执行团队和工作内容，而这些内容刚好处于活动策划方案的同一个部分中，查看起来很方便。

5.2.3　分论点列述式结构：多解决方案型策划

　　不论活动策划方案是分工导向型还是目标导向型，这两种内在逻辑都要求始终讨论同一个解决方案，但在实际进行活动策划时，我们可能会需要针对同一个目标给出多个方案，然后让活动发起方进行选择。这时候我们的活动策划方案就要用到分论点列述式结构，一次性给出两个或更多解决方案。

在分论点列述式结构的活动策划方案中，我们会先写出活动的目标和属性，这和目标导向型策划的活动策划方案是一致的。然后，我们将给出多种解决方案，每个解决方案拥有同样的权重，并且原则上不分主次先后，都可以单独实现活动目标。

由于活动策划方案中会给出多个解决方案，因此对于每个解决方案的描述都不会过于细致，否则不仅浪费时间，而且还会大大增加活动策划方案的篇幅。在活动发起方做出选择后，活动策划人需要对被选择的解决方案进行补充。

虽然给出多种解决方案可以增加签单成功率，但是也会带来一些问题。首先，由于解决方案会省略一些细节，因此活动执行人不能得到足够的信息，在补充完整之前这份活动策划方案是无法用于执行的。其次，由于解决方案缺少一些细节，因此对活动目标的承诺和预算的可靠性会变低，在补充解决方案或执行活动的时候更容易出现预料之外的问题。

5.2.4　对照式结构：竞品对比型策划

对照式结构的活动策划方案，在对比竞品的时候比较常用。在撰写活动策划方案的时候，这种结构主要表现的是在策划方案 A 的基础上，我们提出了更好的策划方案 B。在结果上，我们是希望活动发起方选择策划方案 B 的。

也就是说，使用对照式结构的活动策划方案中必须先存在一个对比对象，然后分析在策划方案 A 中，在某个方面存在什么缺陷或问题，最后介绍策划方案 B 是如何解决这个问题的。策划方案 B 中可以对比的要点包括：

- 给出更合理的方案。如果活动发起方对策划方案 A 的活动内容不满意，那在策划方案 B 中我们就需要给出不同的方案。
- 承诺更高的目标。同样的条件下，使用策划方案 B 我们承诺可以达到更高的目标。
- 给出更低的报价。使用策划方案 B 既可以节约更多预算，又可以达成原有的目标。
- 更优质的服务。在活动执行过程中，使用策划方案 B 能满足一定的客观条件，使得我们可以为参与者提供更好的服务。

所有对比的要点都应该围绕活动发起方的利益，尤其是在活动中可以明显看到的差别。至于执行细节上的差异，如果对活动发起方来说并不那么重要，一般可以不做对比。比如，策划方案 A 和策划方案 B 各需要多少工作人员就可以不做对比，除非人数差异导致了较大的报价差异。

5.2.5 递进式结构：环节导向型策划

递进式结构的活动策划方案是按照活动的推进，一个步骤一个步骤地分环节完成活动的介绍的。

环节导向型策划是流程图的延伸，其在将流程作为主线的同时，又对每个步骤进行了扩充，使得每个步骤成为一个独立的小环节，如图 5-9 所示。

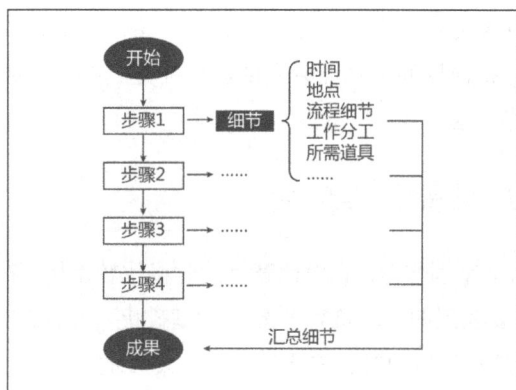

图 5-9　环节导向型策划

环节导向型策划非常适合大型长时间的活动，根据它可以划分节点的特点，可以将大型活动分为多个环节，使每个环节的策划内容都可以独立查看。大型长时间的活动经常面临人员轮替的问题，执行团队的成员甚至负责人可能都需要轮替。环节和环节之间的时间节点，非常适合用于人员轮替，比如午饭前后。

在环节导向型策划中，每个环节都有自己对应的执行策略、人员分工、所需道具等，相当于数个更小的活动。在这样的活动中，每个执行团队的成员只需要重点关注自己需要参与的环节，完成自己的职责即可。

在活动策划方案的最后，活动策划人需要对各个环节的元素进行汇总，制作出预算、时间、道具的总表，将活动重新视为一个整体看待。

第 6 章

撰写活动策划方案：前期准备

在构思完活动框架，选定呈现方式后，我们就要正式开始撰写活动策划方案了。在本章，我们将介绍在撰写活动策划方案的正文之前还应进行的准备工作。撰写活动策划方案的正文内容将在第 7 章开始。

虽然在前文中，我们提到了呈现方式有很多种，但是为了增加适用性，在第 6、7 章中假定将要撰写的活动策划方案是对内的、说明用的。也就是说，我们撰写的活动策划方案以文字为主，并尽可能地让活动策划方案服务于执行。在活动策划方案中，我们谈到的目标应是执行团队可以实现的，而不是夸大的或过于保守的承诺；我们谈到的成本和预算也应是对执行过程中实际花费的预估，而不是活动策划方为了赚取利润而提出的报价。

在结构方面，我们选择使用总分式结构，撰写以目的为导向的活动策划方案。这种活动策划方案是较常见的也是较常用的。在活动策划人对文章结构没有明确认识的情况下，一般会不自觉地撰写出总分式结构的活动策划方案。

在上述前提下，我们应如何开始撰写呢？

6.1　好的策划，从草稿开始

在撰写一般文章的时候，作者一般会在落笔之前先写一份提纲，俗称打草稿。草稿是作文的基础。也许你见过优秀的作家提笔就写，下笔如有神，但这往往是因为他们具备了打腹稿的能力。学好打草稿，是今后能够打腹稿的前提之一。

许多人在写文章之前不喜欢打草稿，认为这是在浪费时间，但打草稿有诸多好处，文章越长、结构越复杂，就越需要打草稿。活动策划方案就是典型的复杂文章，而且必须让人容易看懂容易理解，因此打草稿就显得尤为重要。

下面我们来列出打草稿的优势，并逐一分析在撰写活动策划方案时为什么要打草稿。

6.1.1 构思名称，明确立意

我们在前 5 章里都没有提到思考活动的名称和立意的问题，但到了打草稿的阶段，就必须要优先考虑它。对于一场活动来说，立意就是活动的性格，名称就是活动的名字。

宝宝出生后，是先拥有身体，再拥有名字和性格，最后才成为一个完整的人。我们在构思活动的时候也是这样，可以先构思活动的身体部分，也就是活动内容和执行方式，然后再思考活动的名称和立意。不论是什么活动，我们必须先确保它是可行的，否则不管立意多么深刻、名称多么响亮，活动都没有意义。

我们在向别人介绍一个人的时候，名字和性格往往是优先的，甚至很少提及他的身体特征。因为我们首先需要人的名字来指代他，然后通过了解性格来认识他，这两点的重要性要高于体态和长相。在撰写活动策划方案的时候，我们也是在对外介绍活动，此时活动的名称和立意就格外重要了。读者可能看到过许多很简单的活动策划方案，其中甚至不涉及执行细节，但只要它们能将活动的名称和立意讲好，再展示少许具体内容，也是有可能被通过的。

活动的名称和立意是在活动需求中提炼出来的，其受到活动发起方的影响，可以大体分为以下三种情况。

- 抽象的：活动发起方在传达活动需求时，往往会谈及一些主观的、抽象的、概念性的活动效果，比如，提升士气、增强凝聚力等，这些将作为我们确定活动的名称和立意的基础，一般是有喊口号的性质。
- 具体的：有些活动具有特定的目的，需要围绕某个中心立意或具体的话题进行。这类活动很多，比如，纪念 A 公司成立 10 周年××活动或哆啦 A 梦主题××活动，这里的××活动可以代表任何活动形式，可以是由活动发起方制定的，也可以是需要由活动策划人提议的。由于中心话题的存在，因此活动的名称和立意都必须与之贴合，并在此基础上发挥创意，这样活动的名称和立意就都是具体的了。

- 指定的：有时候活动的名称和立意是被指定了的，活动策划人几乎没有发挥空间。这种情况常见于中途接手的系列活动、母公司或政府部门要求下属部门进行的活动、活动发起方进行过内部讨论的活动。这些都属于先起名字再有宝宝的情况，甚至可能连宝宝的性别都不知道，一方面这会让活动内容安排很困难，或者导致活动内容显得比较牵强，另一方面，如果活动的名称和立意都被指定了，那我们就不需要考虑这些问题了。

　　活动的名称和立意将体现在活动策划方案的正文中，并可能被用于制作活动横幅、活动海报、活动视频、活动宣传稿等材料。因此在撰写活动名称和立意的时候，内容一定要积极向上注重形式，不能玩笑化。

　　活动的名称和立意需要在打草稿的时候就确定下来，这样才能保证在开始撰写活动策划方案正文时，能充分结合活动的名称和立意。由于活动策划方案的正文是围绕活动内容的，因此活动的名称和立意也需要结合活动内容来确定。在活动内容中，活动项目或活动形式对活动名称和立意的影响最大。我们来看以下几个案例。

　　案例 1：A 公司在春节假期结束后，为了让员工更快地进入工作状态，决定进行一场以军训为主要形式的团队建设活动。

　　案例 2：B 公司完成了一次招新，想给全体员工举办一场旅游拓展活动。对接人表示，活动是福利性质的，主要目的是让新员工体验公司的氛围。

　　案例 3：C 公司要举办年会晚宴，在晚宴上需总结公司一年来的成就，并表彰年度先进员工。由于 C 公司明年将有一项重大项目投入测试，因此还希望在年会上激励大家展望未来，努力奋斗，争取成功。

　　上述 3 个案例均未直接指定活动的名称和立意，但活动项目或活动性质已经告知。根据有限的文字信息，我们可以分别给予它们怎样的活动名称和立意呢？

　　对于案例 1，我们应关注军训这一活动形式。即便不是严格意义上的军训，但我们在策划时也会安排带有军事训练性质的活动项目，以符合活动发起方的需求。而春节后让员工更快地进入工作状态的活动目的，则可以很好地指引我们如何塑造口号。因此，结合时间和活动内容，案例 1 的活动名称和立意如下。

　　活动名称："新春挥洒汗水，释放动感军魂" A 公司春季军事拓展营。

　　活动立意：通过军事训练活动，让全体员工相互合作共同奋斗，发扬"不抛弃、不放弃"的军事精神，立足当下，展望未来，在新春焕发新活力。

对于案例 2，活动发起方希望的活动形式是旅游。虽然活动是福利性质的，活动的目的是让大家玩，但是我们要考虑到后期发布，因此不能将它写在活动的名称和立意里。活动是新员工和老员工一起参加的，我们可以在这一点上进行发挥。因此，结合活动内容和参与人群，案例 2 的活动名称和立意如下。

活动名称："共赏世间奇景，携手砥砺前行"B 公司××自然风景区踏青活动。

活动立意：通过在××自然风景区共同行走，欣赏美丽风光，释放工作压力，促进新同事和老同事间相互熟悉，增进全公司同事的感情，使得在今后的工作中，各部门之间、新老员工之间有更多的交流合作，彼此更加默契。

对于案例 3，虽然年会晚宴是活动的主要形式，但是其他两个方面更重要：一是将总结和表彰本年度的成就，二是为明年的重大项目做誓师。因此，活动的名称和立意要更多地围绕这两个方面的内容和目的。案例 3 的活动名称和立意如下。

活动名称："硕果满满辞旧岁，共同圆梦迎新春"C 公司 20××年年会及年度优秀员工颁奖典礼

活动立意：总结 20××年的成绩，表彰本年做出卓越贡献的个人，通过晚宴与全体员工分享公司取得的卓越成就。制定 20××+1 年的目标，共同展望未来，使公司全体员工充满信心和激情，为明年的关键项目而努力。

活动的名称和立意是开放性的，上述的内容仅作为参考，不代表标准答案。我们将 3 个案例的活动名称和立意写得都比较官方化，这样做的好处是，在活动发起方确认无误后，这些内容就可以交付给负责文案、宣传、设计的部门，用以构思活动相关的新闻稿和设计材料等。

活动的名称正如案例中所展示的，一般分为主题部分和内容部分，其中主题部分通常是一句口号，要求朗朗上口，并突出活动的抽象意义。主题部分可能被别人称为主旨、宗旨、目标、口号等，但对应的都是这部分内容。而内容部分，则用于说明活动的主要内容或主要项目。好的活动名称应该能让人一看就懂：既能明白活动要做什么，也能明白活动的中心思想。

在许多活动中需要用到横幅，尤其是会议类活动，一般会在会议厅的舞台上方悬挂横幅。活动名称在大多数情况下会被原原本本地写在横幅上，但它代表的是整个活动，因此活动名称有时和当前主题的内容是有区别的，如图 6-1 所示。另外，活动相关的海报、邀请函、新闻稿等，在标题和内容中首次提及活动时，也往往会将活动名称完整地写出来。更重要的是，我们在正式撰写活动策划方案时，活动名称将作为活动策划方案最顶端的大标题，起到引出正文的作用。

图 6-1　不一致的活动名称和讲座主题

活动立意一般用在活动策划方案的开头部分，可能被写成活动目的或活动意义。在活动策划方案的正文中，活动立意往往被改写为"为了……将进行……活动"的形式。

6.1.2　筛选素材，梳理内容

在进行头脑风暴之后，活动策划人会得到大量的想法，这些想法都会成为创作活动策划方案的素材。很多活动策划人在头脑风暴之后，会立刻开始动笔撰写活动策划方案，但写的时候却发现磕磕绊绊，需要反复修改。这是因为缺少素材筛选的步骤。

在大脑中有大量想法的时候撰写活动策划方案，很容易想到哪个就写哪个。比如，活动的某一环节，在头脑风暴的时候产生了方案 A 和方案 B，在撰写的时候就很容易不加思考地直接使用先想起来的那个方案。然而活动策划是一个整体，如果方案 A 和方案 B 都是可行的，但或许其中只有一个更加适合整个活动，如果不经过筛选直接开始撰写，就很容易忽略这一点。

如果说头脑风暴的过程是在做加法，那么筛选素材的过程就是在做减法。相比做加法，做好减法更加困难，因为它需要实战经验的积累。作为活动策划人，必须懂得做减法，为了活动执行和活动效果必须放弃一部分思维成果。

当然做减法也并非没有方法可循。在活动策划中，筛选素材并不是要将所有的选项都减少到 1 个，而是将不合理的选项筛选出来并删去，如果选项是唯一的且不合理的，那可能还需要修改。在完成筛选后，如果仍有多个选项，那将它们作为备选方案也是很好的。在筛选素材的时候，有几种素材是必须要删去或修改的，其包括：

- 明显不可执行的，即无法执行或即便执行也无法完成的内容。比如，某项活动需要很大的场地，然而事实上无法找到这么大的场地。又如，某一项目时间太赶或预算太低，几乎无法保证效果。

- 不符合活动需求的，即在形式上或效果上偏离了活动需求的内容，或者在活动中明显多余的部分。比如，活动在户外进行，原本安排在活动最后进行航拍合影，然而在安排时间后发现活动结束时已经接近日落时间，对于航拍来说光照条件并不理想，那么合影的计划就可能需要修改，而航拍可能被取消。

- 不符合实际情况的，即活动内容和活动现场的实际要素冲突。比如，原定计划进行彩虹跑项目，但所有候选场地都表示不允许使用彩虹跑所用的彩粉，此时只能考虑更改活动形式。又如，原定使用无人机进行航拍摄影，但备选场地都在无人机禁飞区，此时只能改用摇臂等拍摄手段。

- 和整体活动冲突的，即和整体活动并不搭配的内容，这一点比较容易被忽略。比如，在某项活动中，午餐、晚餐、篝火晚会全部安排在户外进行，但下午却有室内活动和室外活动两个选项，此时选择室内活动是明显不合适的，即便活动场地是度假村之类的地方，切换室内和室外场地比较方便，但在全程户外活动中突然插入一段室内活动会打乱活动的整体节奏。

在使用第 3 章的思维方式和思维工具完成构思后，我们得到的图表就是这场活动的框架。你可以将所有的素材都写在活动框架相应的位置上，然后划掉不需要的素材完成筛选，如图 6-2 所示。我们一方面要保证活动框架上所有的部分都写有素材，不能出现空缺，另一方面要努力做到让所有留下的素材都是可用的，不能滥竽充数。

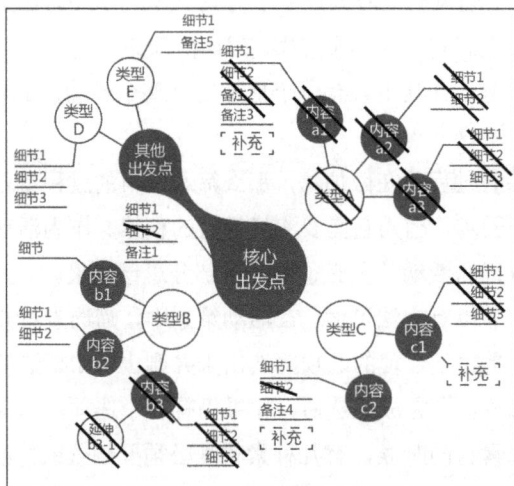

图 6-2　在思维导图上筛选素材

素材的筛选必须在活动框架建立完成之后进行，因为在对活动没有整体概念时，活动策划人会缺少对活动的理性认识，所以筛选将是缺少依据的。在明确了活动的名称和立意之后，我们还将建立对活动感性上的认识，以便在筛选时考虑得更加全面。

在完成了素材的筛选之后，我们还需要对所有留下的素材进行重新梳理。筛选前的活动框架是我们主动建立的，而筛选后的活动框架则是需要我们被动接受的。在进行下一个步骤之前，活动策划人需要利用新的活动框架重新梳理内容。

6.1.3　结合结构，呈现逻辑

在确定了新的活动框架后，接下来要根据预定的呈现方式重新梳理逻辑。

我们在第 3 章介绍了多种思维方式，通过不同的思维方式得到的活动框架是不同的。虽然活动框架里的素材经过了筛选，但是框架本身依然保持着思维方式蕴含的逻辑，而这里的逻辑和活动策划方案的内在逻辑可能是不同的。在这种情况下，我们就需要进行逻辑转换。

下面我们通过实例来说明逻辑转换的过程和必要性。假设我们接到了一场活动，并完成了初步构思：

已知活动于某日正式开始，我们按工作类型将工作人员划分为若干小组，其中设计组和采购组的工作分别如下。

设计组：

（1）活动开始前 12 天到 10 天，完成活动 KV 设计。

（2）活动开始前 10 天到 7 天，完成线上宣传用的线上海报设计，此工作必须在完成 KV 设计后进行。

（3）活动开始前 11 天到 7 天，完成线下宣传用的线下海报设计，此工作必须在完成 KV 设计后进行。

（4）活动开始前 7 天到 5 天，完成活动当天所需的舞台道具设计，虽然此工作在完成 KV 设计后就可以进行，但是最好等其他设计项目完成后再开始，否则可能没有人手。

（5）活动开始前 7 天到 1 天，进行印刷制作。线下海报设计完成后即可进行制作。舞台道具设计并制作完成后，印刷制作步骤才算结束。

采购组：

（1）活动开始前 12 天到 11 天，制作完成执行活动所需的道具清单。

（2）活动开始前 11 天到 8 天，采购活动所需道具，此工作必须在完成道具清单后进行。

（3）活动开始前8天到5天，针对需要供应商支持的道具（如灯光、音响、直播设备等需要专业服务支持的道具），与供应商洽谈并签约。完成对采购清单的补充，此工作应在购买完成所需道具，并确定缺少哪些内容后再进行。

（4）活动开始前7天到4天，和活动发起方沟通，确定活动中所需的礼品清单。礼品类往往不属于执行方实际使用的活动道具，因此一般单独确认单独采购。

（5）活动开始前4天到1天，完成对礼品的采购，此工作必须在完成礼品清单后进行。

上述的思路我们均以时间为逻辑线索，且按照工作组划分内容。这种结果一般是通过由点到面的思维方式得到的，因此我们的活动框架会表现为一张甘特图，如图6-3所示。

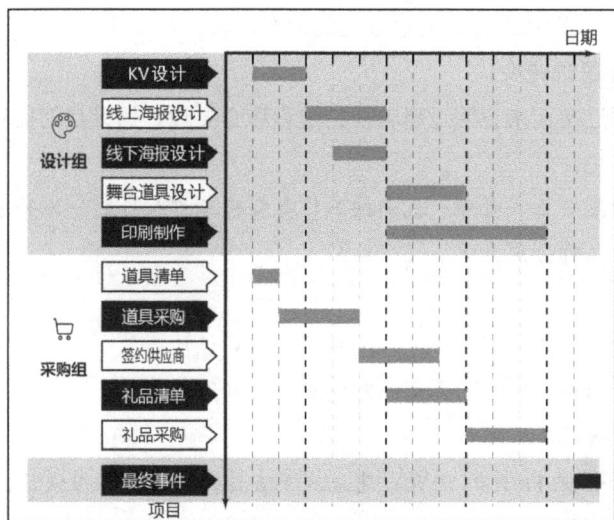

图6-3　设计组和采购组：应用分组与时间逻辑

如果顺着这种思路，我们在撰写活动策划方案的时候应该先按照工作组划分，再以时间为线索详述每个工作组需要完成的任务。因此，选择并列式结构的、分工导向型的活动策划方案，如图6-4所示。

图6-4里省略了暂时不需考虑的细节，可以看出如果应用分工导向型逻辑，将每个组的工作单独列出，就可以形成并列式结构的活动策划方案。并列式结构的活动策划方案，主体部分的各个条目可以直接和甘特图的内容相对应，二者逻辑一致，因此

此前的思路是可以直接应用的。

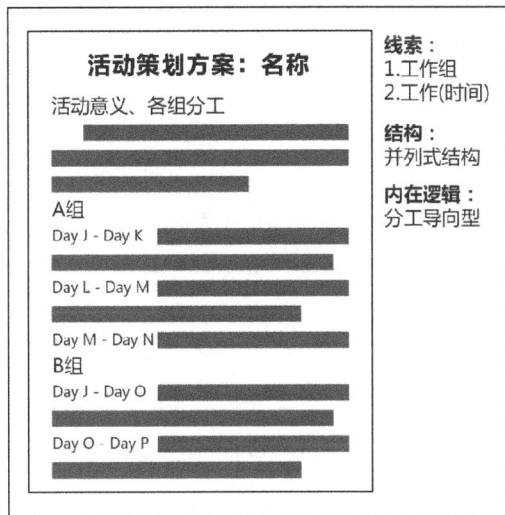

图 6-4　由甘特图推导的活动策划方案的结构

如果我们使用甘特图完成了活动框架，并进行了素材筛选，却希望用总分式的结构完成活动策划方案，那就需要逻辑转化了。按照总分式结构的思路，我们的活动框架构思如下。

已知活动于某日正式开始。为了成功执行活动，我们需要完成若干个目标，其中关于设计和采购的目标有 4 个，它们分别对应一些子目标。

线下印刷品制作（目标 1）：

（1）需要提前 1 天，完成线下宣传品的印刷工作。

（2）为了印刷舞台道具，必须完成舞台道具设计，需要再提前 3 天开始。

（3）为了印刷线下海报，必须完成线下海报设计，完成后腾出人手进行舞台道具设计，因此要再提前 3 天开始。

（4）为了开始设计舞台道具和线下海报，必须先完成活动 KV 设计。KV 设计需要 2 天。

（5）综上所述，线下印刷品制作至少需要提前 12 天开始。

线上宣传品制作（目标 2）：

（1）需要提前 7 天完成线上海报，以便开始宣传（图表内未列出宣传工作部分）。

（2）为了将线上海报投入使用，需要提前 3 天开始设计。

（3）要开始设计线上海报，就必须完成 KV 设计。KV 设计需要 2 天。此处和线下印刷品制作中提及的 KV 设计是同一项工作。

（4）综上所述，线上宣传品制作至少需要提前 12 天开始。

采购礼品（目标 3）：

（1）需要提前 1 天完成礼品采购以便使用。

（2）礼品送达估计需要 3 天，因此需要提前 3 天完成礼品清单以便下单。

（3）礼品清单需要双方沟通，预计需要 3 天。

（4）综上所述，采购礼品至少需要提前 7 天开始。

采购道具（目标 4）：

（1）需要提前 5 天完成道具采购以便应对突发情况。

（2）需要供应商同时提供服务的道具要提前签约，因此需要再提前 3 天开始。

（3）为了知道哪些道具需要签约供应商，需要先把剩下的采购完成，因此需要再提前 3 天完成采购。

（4）为了进行采购，需要先制作所需道具的总清单，这项工作需要 1 天。

（5）综上所述，采购道具至少需要提前 12 天开始。

虽然上述内容和之前按照工作组分工的构思内容是完全相同的，但是它的内在逻辑已经发生了变化，叙述的主要线索变成了事件之间的因果关系，而这样的结果一般由倒推法得到，因此对应的活动框架应是用鱼骨图记录的，如图 6-5 所示。

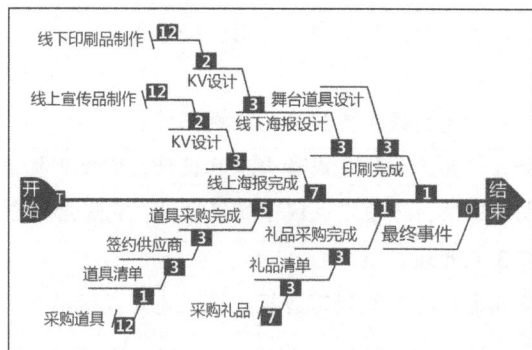

图 6-5　宣传和采购：应用因果与时间逻辑

上述按照因果关系推导的思路即是以目标为导向的，沿着每根鱼刺进行的都是完成目标的过程。完成各种目标后，我们就能完成总目标：成功执行活动。大鱼刺和小鱼刺互为因果，也就是目标和子目标的关系，而时间则可以用来指导工作的安排。

这种以目标为导向的形式刚好可以匹配目标导向型策划的内在逻辑，撰写总分式结构的活动策划方案，如图 6-6 所示。我们在第 5 章中提到过，总分式结构的活动策划方案的主体部分有多种撰写方法，这里就是其中一种。

图 6-6　由鱼骨图推导的活动策划方案结构

在图 6-6 中，这种总分式结构的活动策划方案的撰写思路是先提出总目标，然后再提出总目标下的若干子目标，最后分别解决这些子目标，每个子目标下，又有更低一级的子目标，直到不再有需要其他前提的、可以直接动手开始的步骤为止。也就是说，撰写活动策划方案的过程即倒着阅读鱼骨图的过程。

如果你最开始采用的是由点到面的思维方式得到的甘特图，那想要直接通过甘特图来撰写总分式结构的活动策划方案是比较困难的，因为你需要反复查询图表，来确定哪些事项和某一目标相关，这样很难做到不重不漏。更何况有些事项是关联多个目标的，在撰写过程中很容易造成混淆，比如，案例中的"KV 设计"这一项，其实际关联"线上宣传品"和"线下印刷品"两个目标。

在实际策划的过程中，你仍应该优先选择自己熟悉的思维方式，然后再考虑呈现方式，如果熟悉的思维方式和理想的呈现方式并不匹配，那你可能需要对已完成的活动框架进行逻辑转化。虽然图 6-3 中的甘特图和图 6-5 中的鱼骨图形态不同，对应的思维方式也不同，但是它们的内容是等价的。当你在构思阶段完成的活动框架是图 6-3 这样的甘特图时，为了撰写总分式结构的活动策划方案，在撰写前你可以按照鱼骨图的内在逻辑重新梳理，转换后即可得到图 6-5。

理论上，利用所有的思维方式都可以得到相同的活动策划内容，因此各种图表之间也可以等价转换，但在实际梳理内在逻辑时，你未必真的需要再绘制一张鱼骨图。在上述案例中，我们可以给图 6-3 中的甘特图附加一些标记来呈现更多的逻辑，比如，A 代表制作线上宣传品相关事项；B 代表制作线下印刷品相关事项；C 代表采购道具相关事项；D 代表采购礼品相关事项。按目标附加标记后的甘特图如图 6-7 所示。

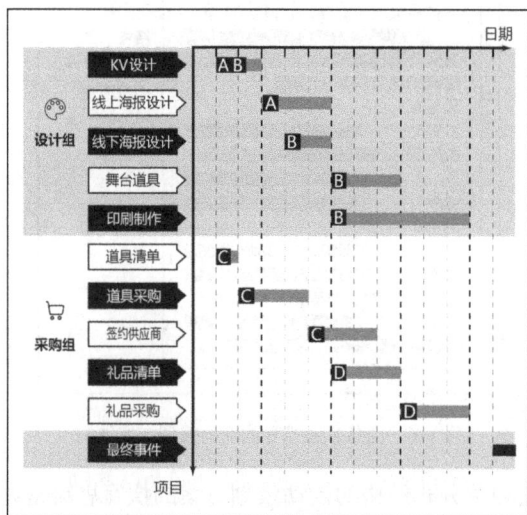

图 6-7　按目标附加标记后的甘特图

在将 4 个目标的相关事件分别标记后，得到的甘特图就可以按目标来划分事件了，而且事件之间的因果关系也可以通过时间的先后顺序来推断。

不论是重新绘制图表，还是为原有的图表增加标记，抑或是直接在大脑中完成转化，其关键都在于将前期思考完成的活动框架重新梳理，使它的内在逻辑和活动策划方案的呈现方式相匹配。尤其是当你的活动策划方案必须采用固定模板的时候，先让活动框架适合模板，然后再进行撰写是很有必要的。

6.1.4　写两头，准备表格

在得到了符合要求的活动框架后，理论上接下来要做的就是扩充细节，完成整个活动策划方案了，但是笔者建议在草稿阶段，再额外做一步：考虑一下活动策划方案的头尾。

不论最终的活动策划方案以怎样的结构呈现，它的头尾都是相似的，而头尾又是比较关键的。活动策划方案的开头部分将阐明本次活动的定位，而其结尾部分则是对信息和数据的总结。在正式撰写活动策划方案之前，如果能在草稿中先准备这两部分，则能起到查漏补缺的作用。

通常来说，活动策划方案的开头部分应包含以下内容。

- 活动的基本属性。活动的基本属性包括活动的名称（包括主题）、时间、地点、核心内容（1 至 2 个项目）、参与者群体（活动对象，可以是具体的也可以是开放的）、参与者人数。
- 活动目标。活动策划执行方承诺要达成的目标，可以是包括数据的客观目标，也可以是主观目标。活动要完成什么项目也可以算在目标之内。
- 活动立意。活动发起方为活动赋予的意义，一般使用比较官方化的语句。
- 活动概述。概括活动的总体流程，包括活动实际包含的主要项目及其实施方式。
- 活动背景和需求分析。分析活动发起方的需求，解释为什么要选择活动策划方案中提供的执行方式。如果是营销型活动，往往还需要附加市场调查报告。

上述内容没有绝对的顺序要求，也未必会同时出现。不同的活动策划公司有不同的模板，而且对每部分内容可能有不同的称呼，比如，活动立意、活动目标、活动背景经常被混用，而且还可能会出现活动目的、活动意义、活动宗旨等词汇。在阅读活动策划案例或自己撰写活动策划方案时，可以根据各方的习惯灵活理解、适当选择。

活动策划方案的开头部分应是整个方案的精华，一方面要包含活动的核心信息，另一方面要对活动的框架起到总结作用。一份优秀的活动策划方案，应该能让读者在看完开头部分后，就能对活动有基本的了解。因此，在打草稿的时候思考活动策划方案的开头部分，既可以很好地检验当前的活动框架是否完整，又可以检验作为活动策划人的你是否对活动框架足够熟悉。

活动策划方案的结尾部分应该是对策划内容的理性总结。通常来说，在活动策划方案的结尾会放置各种表格，用以将正文中零散出现的各种数据、条目整合起来。常见的相关表格如下。

- 筹备阶段进度安排表，用以明确在活动正式开始之前的工作进度，该表会同时约束甲乙双方。活动策划方有义务按阶段完成必要的准备工作以保证活动顺利进行，而活动发起方也有义务及时提供信息和反馈以确保工作的有效性。
- 活动时间安排表，用以规划活动进行阶段的时间安排，以确保能够按时完成预定的项目。活动的每个环节都需要规定开始时间和结束时间，二者同样重要。甲乙双方和所有参与者都要尽量遵守本表，按照时间节点安排行动。

- 预算总表，根据呈现对象，它可能是成本表也可能是报价表。预算总表需要列出包括筹备阶段产生的和活动进行阶段产生的所有消费项目，最后计算出总价格。不论对内还是对外，预算总表都是活动策划里最重要的表格。

- 物料和供应商总表，一般只对内展示，对外展示时在预算总表中包含这部分内容即可。这张表格会列出活动中所需的所有物料，可以包括由供应商一并提供服务的物料、舞台和展板等大型道具、租赁的物品和场地，以及印刷品等，也可以包括雇佣的礼仪、安保、摄影等人员。换句话说，在策划阶段，你认为所有需要花钱解决的问题，都可以罗列在这张表格上。

- 工作人员总表，一般只对内展示，对外使用预算总表即可。这张表格应包括筹备阶段和活动进行阶段的所有工作人员，并将他们按照工作性质或负责的活动环节分组，每个组需指定负责人。

- 其他。在策划文艺晚会、大型庆典、运动会等流程复杂的活动时，可能还会需要详细的时间表、演职人员表等，在策划活动时根据具体需求添加即可。

在实际情况下，上述表格有可能会放在活动策划方案的前部或中间。如果没有特殊要求或必须遵循的模板，笔者建议将总结性的表格放在活动策划方案的尾部或作为附件。

这里要求读者准备表格，并不是说在草稿阶段就要将这些表格填写完整，而是要准备好对应的空表格，以便在撰写活动策划方案内容的时候可以及时填充到表格中。

6.2　做好事前调查

在谈及活动策划方案的好坏时，我们一直有提到可行性的问题。

要使一份活动策划方案是可行的，除要保证它的内部逻辑是通顺的之外，还要考虑到外部环境的问题。保证内部逻辑通顺，依靠的是正确的思维方式和呈现方式，而对于外部环境，我们就需要依靠事前调查了。

对于活动策划人来说，事前调查工作是十分重要的，我们都不希望撰写完活动策划方案之后，才发现由于条件限制使得活动策划方案完全无法实施。一般来说，在撰写活动策划方案之前，我们的事前调查工作涉及以下几个方面。

- 筹备工作所需的时间。活动的档期一旦确定，可用的筹备时间也就随之确定了。活动具体需要多长时间筹备，其和筹备工作的具体内容有关，而后者又和活动的具体内容有关，因此，我们需要预估在可用的时间内，是否能够完成活动的筹备。

- 活动的预算是否在可接受范围之内。任何活动的预算都是有上限的，而活动的花费必须低于这个上限。活动的花费和活动的方方面面都有关，修改某项预算可能会牵一发而动全身。因此，我们需要预估活动的预算，看看它是否在合理范围内。
- 可用工作人员是否能满足需求。在一定范围内，影响活动策划执行方服务能力上限的，是可用的工作人员数量。当活动规模超过活动策划执行方的服务能力，也就是客观上工作人员的人数不足时，可能会严重影响活动推进。
- 市场调查。对于带有营销性质的活动，完成营销目标是活动的核心目的。活动形式和活动内容是否和市场匹配，会对活动效果产生关键影响。因此，在撰写活动策划方案前必须进行市场调查，使营销项目安排得有理有据。

除市场调查之外，上述的其他几个方面在理论上都是必须要做调查的，但在实践活动中，稍有些经验的活动策划人会对自己团队的服务能力、典型活动的预算和所需时间等有大致的预估，在时间和预算都比较宽松的时候可以跳过事前调查这个步骤。

作为新入门的活动策划人，笔者建议你在初期踏踏实实地进行事前调查。事前调查是将活动策划中的活动执行理论和今后的活动执行实践相结合的第一步，它可以使你站在现实角度对活动策划进行检验和反思。这种检验和反思在撰写活动策划方案正文时也会发生，但一旦落笔开始撰写时发现了问题再修改的话，可能就是雪崩式的，问题会越来越多。

下面我们就针对上述事前调查的 4 个方面，简单介绍一下事前调查的方法吧。

6.2.1　预估活动的筹备时间

两个月后要进行的活动和一周后要进行的活动，也许二者的活动项目和内容是一模一样的，但筹备起来却是完全不同的。一周后要进行的活动将导致高强度的工作和不稳定的质量，但更大的问题在于，有些事情可能是一周内根本无法做到的。

执行活动时，笔者经常和同伴们说"事在人为"。通过努力，筹备工作中几乎所有步骤的耗时都可以被缩短，但缩短也是有极限的，不可能使耗时为 0。多个耗时不为 0 的步骤累加起来，就使得筹备工作有了一个最短所需时间。当可用时间低于最短所需时间时，筹备工作就是不可能完成的。当这种不可能发生在活动策划方案中时，带来的将是致命问题。

因此，在进行关于活动筹备时间的事前调查时，我们应重点关注那些耗时较多的相互关联的事项，并保证它们能够在可用时间内顺利完成。至于耗时较短的独立事项，在事前调查的时候可以忽略，在撰写正文的时候再安排它们的时间即可。

在筹备时间方面，通常需要重点关注的事项如下。

（1）场地的可用档期问题。虽然这类问题几乎不需要什么筹备工作，但是它有理由被放在第一条。在某些时间段，比如，重大节日、年底和年初、婚礼吉日等，场地会十分紧缺，尤其在比较发达的城市，找不到合适的场地可能会成为活动策划中最大的问题。要想确保有可用的场地，最好的办法就是尽可能提前预订。比如，在北京、上海这种大型公司汇聚的城市，在12月到1月之间，适合举办大型年会的场地几乎是档期全满的，如果不能提前两个月左右预定，就很可能会面临找不到场地的尴尬。许多活动策划公司甚至会选择在没接到订单的时候，就先预定黄金档期的场地。因此在接手策划时间紧、人数多的活动时，请务必先思考场地的问题。调查方法：对比同期历史案例；预先找几个符合要求的场地，再打电话确认档期即可。

（2）活动所需的印刷品。印刷品涉及一系列工作，每个程序都要消耗时间且只能进行很有限的压缩。首先是稿件设计工作，从提供需求到确认定稿，即便只是一张海报这样的工作量，也至少要预留1天的时间，如果条件允许，最好预留1周的时间。设计完成后，设计稿还要进行打印或印刷，如果全部按照加急件来预估时间，则：如果是小型稿件且批量不大，可采用打印形式，1天内即可打印完；如果是小型稿件且批量较大，则需要印刷，一般需要1天到2天；如果是大型稿件，如喷绘，则要考虑晾晒和安装的时间，一般需要2天到5天。稿件印刷完毕后，还要考虑配送、分发的时间，甚至需要考虑如果稿件有问题，是否有时间返工。在需要制作印刷品的时候，笔者倾向于预留15天以上的时间；设计制作宣传品的可用时间一旦小于7天，我们将会面临很大的压力。调查方法：对比历史案例；询问设计部门，咨询印刷供应商，咨询物流公司。

（3）活动所需的物料。物料采购面临的主要问题是配送，而配送时间几乎是不可控的。一般来说，同城快递需要1天；同城物流需要1天；跨省快递需要2天到5天；跨省物流需要3天到8天，大件物料甚至会更慢。在临近节假日（如国庆节和春节）和物流高峰期（如"双11"等电商狂欢节）及物料是特殊物品的时候，配送时间可能会大幅增加。除配送环节之外，物料采购前的财务审批阶段也要消耗时间，这跟不同公司或组织的制度有关。在物料送达后，可能还需要进行分装等后续工作，比如，某活动需要准备1000份小礼品，需要人力将分别送达的礼品袋、宣传材料、多种礼品组合起来，这可能需要很多时间。在需要采购物料的时候，笔者建议至少预留 10 天的时间，其包括物流和清点的时间。调查方法：咨询采购部门或财务部门，咨询物流公司。

（4）宣传时间。所有对外的活动都需要相应的宣传时间，否则很难达成活动目标。比如，希望举办一场宣讲会，那么至少需要提前 7 天开始宣传，否则很有可能召集不到足够的观众，而这个时间还不包括准备宣传材料的时间。另外，有些活动可能需要赞助商，此时宣传时间也就是招商时间，其中还将涉及谈判、权益确认、设计元素追加等工作。在活动需要宣传时，笔者至少会预留 7 天的宣传时间，设计和印刷工作也要相应的往前推。调查方法：咨询市场部或市场营销人员，根据活动目标估计需要的宣传时间。

（5）审批时间。部分活动内容是需要市政等部门审批的，比如，使用公共区域的大型集会活动（如百人级别的健康跑）需要公安和消防部门备案，涉及管制的活动用具（如使用直升机）需要到相应部门备案。这类备案的审批时间可能需要长达十几天。调查方法：咨询有关部门。

即便所有事项需要的时间都在可用时间范围内，活动策划人也要思考它们是否能够一并进行。虽然上述的 5 个事项之间没有必然的逻辑关系，但如果同步执行的话，活动策划人、项目经理、对接人等关键角色将面临很大的压力，而且还可能在执行过程中顾此失彼，导致活动出现问题。

如果在构思活动框架的阶段使用的是甘特图或鱼骨图，那么预估活动时间会比较容易，因为准备工作的耗时都已经标注在图上了。由于在甘特图和鱼骨图上，很多影响时间节点的事项是不会被列举出来的，因为它们不属于待办事项，比如，活动发起方或第三方服务商负责的项目，因此在梳理时间的时候，务必要考虑到这些额外时间节点的问题。

在图 6-8 中的甘特图中，"线上海报设计"这个项目在很早就结束了，这是因为只有完成"线上海报设计"，才能进行线上宣传，但线上宣传工作可能是由活动发起方亲自进行的，因此它不属于活动策划执行方的待办事项，所以它并不在甘特图中。此时活动策划人要避免被可见的信息蒙蔽判断，要思考那些图上不可见的隐藏信息。比如，在图 6-8 中，"线上海报设计"之所以要提前 7 天结束，是因为要为活动发起方预留 7 天时间进行线上宣传；"印刷制作"之所以需要提前 1 天结束，是因为要预留 1 天时间进行清点和分发。

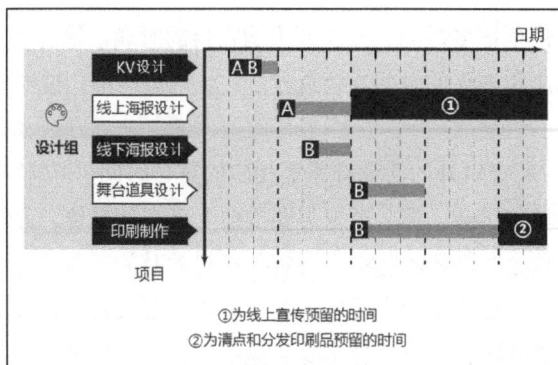

图 6-8　使用甘特图预估时间

　　如果可用的筹备时间过短，活动又是必须进行的，那么只能适当删减项目。比如，在筹备时间充裕的情况下进行团队建设活动，我们可以定制服装、制作背景墙来增加视觉效果；如果筹备时间只有 3 天，那就只能准备简单的横幅了。这里涉及的简单调整如果在构思活动框架时没能考虑周全，那在预估活动的筹备时间时再次调整也不算晚。

　　总之，预估活动的筹备时间，就是要确认各项筹备工作是否能在规定时间内完成，一方面要保留灵活性，避免将时间安排得过于紧凑；另一方面要给予适当长的工期，尽量让每项工作都有条不紊地进行。

6.2.2　预估活动的预算

　　我们曾提过，在对外的活动策划方案和对内的活动策划方案中，它们的预算部分有不同的意义，因此在预估活动预算的时候，它们也略有不同。

　　在进行对内策划的时候，预算就是活动成本，意味着举办这场活动需要花费多少钱。因此在对内策划时，除达成活动目标之外，关键问题在于活动的成本是不是可接受的。此时如果能提前预估活动的大概成本，就可以降低在执行时出现资金困难的可能性，避免"不值得"的活动。

　　在撰写对内活动策划方案时，预算主要由以下几部分组成。

- 物料成本，包括活动道具、活动礼品、印刷制品、花卉等的购买或租赁成本，以及附加的物流成本。根据活动规模和活动内容，可以大体预估需要的物料和数量。很多物料是已有的且可以重复使用的，在有需要时应优先考虑使用它们，这样可以节约物料成本。如果有在库的但是不能重复使用的物料（如礼品），也要把它们按照市场价格算入成本中。注意，物料专指具体的物品，需要和第三方服务加以区分。调查方法：咨询道具管理人员，咨询采购部门或相关负责人；在网络上了解物料的单价和批发价格。

- 人力成本，即雇佣人员产生的成本。现有团队的长期成员产生的人力成本较低（一般需要给予活动补贴），如果有可用的现有人员，也应优先考虑。一般来说，人力成本主要涉及的常见人群有安保人员、销售人员、礼仪人员、现场执行人员（或志愿者），这些人员的雇佣量一般比较大，但单价不会太高。还有一些人力是比较专业的，比如，演职人员、讲师或培训师、户外指导员或户外协作人员、导演等，这些人员的单价要偏高一些，但往往不会需要太多。注意，人力专指对人的需求，要和第三方服务加以区分。调查方法：咨询有雇佣经验的执行人员或部门；咨询人力资源服务商；在网络上了解短期服务的价格。

- 第三方服务成本，即购买第三方供应商的专业服务产生的成本，一般同时包括服务、物料和人力。活动中常见的第三方服务包括：城市交通服务（接驳大巴、礼宾车、直升机等）、城市物流服务（运送活动道具等）、舞台表演服务、场地搭建服务（舞台搭建、灯光音响、Wi-Fi 等）、摄影和直播服务（视频拍摄、航拍等）、场地布置服务（帐篷、桌椅等）、大型娱乐道具服务（充气城堡、VR 游戏机等）、外餐服务（冷餐会、移动式 BBQ 等）。这类服务一般花费较多，但效果和作用很强大。很多第三方服务具有一定的专业性，并不是采购了相应设备就可以由团队成员完成的。专业的活动策划公司往往有上述部分业务（比如，专业活动策划公司往往有自己的摄影师团队），可以亲自完成执行，即便自己没有这些业务，一般也有长期合作的供应商。调查方法：由于这类服务定制性很强，因此它们的价格在网络上很难查到，所以建议根据实际情况通过有合作经验的执行人员或部门咨询相应服务的价格。

- 场地成本，即使用活动场地，并享受活动场地的配套服务所带来的成本。如果场地是体育馆，场地价格可能会包含场地的设备，还有配套的消防、安保等服务；如果场地是酒店会议室，场地价格会包含服务员、清洁人员的服务和场地的会议设备；如果场地是拓展基地，场地价格可能包含设施费用；如果场地在景区内，可能还要考虑景区的门票问题，在山区可能会有进山费和卫生费。在计算场地成本时，和场地直接关联的成本都应计算在内。酒店宴会厅、会议室、运动场、拓展基地这类专业活动场地一般是按照场次收费的，一天往往按照上午、下午、晚上区分 3 个不同价格的场次，注意询问也许可以节约费用。调查方法：咨询有合作经验的执行人员或部门，咨询部分备选场地相关信息。

- 日常活动成本，即为了保证参与者、工作人员、第三方服务人员等的正常需求，所必须付出的成本，以及因活动产生的，有必要报销的个人花费。前者主要包括饮水、餐食、住宿这三项，是每次活动都必须考虑的，后者比较杂乱，包括活动期间工作人员的短途交通费等。工作人员的餐饮费用往往可以按照当地消费情况直接估算，比如，每人每天3瓶水（共10元），早餐1份（10元），午餐晚餐各一份（各30元），能量棒等功能性食品和零食（共30元）。参与者如果吃桌餐，一般按照每桌10人的标准，按桌收费（一般标准下，每桌在600元到3000元）。在预估日常活动成本时，需要考虑到所在城市的物价和活动的时间地点，在旅游城市、景区、高档酒店或客流高峰期时，餐饮和酒店的价格可能会提高很多。调查方法：咨询有合作经验的执行人员或部门；根据城市物价估算。

- 保险费用。我们单独列出保险费用，不是因为保险费用很多（相反保险费用在预算里占到的比例很小），而是因为它很重要。举行任何非开放性的集会活动，都有必要为参与者和团队内工作人员购买保险，并且应根据活动的性质购买不同种类的保险。一般来说，短途户外险或拓展培训保险的价格为每人3元到20元；中长途户外险的价格为每人10元到50元。旅游、拓展、运动会等，这类活动本身有一定风险，购买保险是必要的，即便是企业年会这样的非运动类活动，也建议按照低风险活动购买保险。集会活动涉及人群较多，这就意味着一种责任，不可抱有侥幸心理，因此购买保险是一种负责任的行为，也是一种止损的行为。作为活动策划人，除非你能够确定本次活动不需要活动策划方考虑保险问题（有些情况下保险问题是要由活动发起方或参与者自行解决的），否则请务必在预算中加入保险这一项，不论它最终是否会被通过。调查方法：咨询有合作经验的执行人员或部门；咨询保险公司。

在撰写对外活动策划方案的时候，需要额外考虑两个部分：

- 活动策划和服务费，即将活动的策划和执行作为服务售卖时所收取的费用，由活动策划执行方进行的策划、设计、事前筹备、现场执行、资源整合等工作的费用均应包含在内，如果有必要还可以分条目列出。这部分费用往往是活动策划执行方所获毛利的主要组成部分。不同的活动类型，收费方式可能不同，比如：按照参与者人数收取费用、按照活动项目收取费用、按照场次收取费用等。调查方法：咨询有经验的活动策划人；咨询销售人员。

- 差价或加价，即作为活动服务的中间商收取的差价。活动策划执行方提供的很多内容，可能是由第三方供应商提供的，这可能包括我们在对内策划时提到的一切内容。作为活动策划执行方，是有可能在这部分内容里赚取差价的。调查方法：咨询有经验的活动策划人；咨询销售人员。

活动预算的构成主要就是这些。在大致确定活动策划方案的框架后，应尽快进行预估，确保预算在可接受的范围内。在大多数情况下，钱都是最大的问题，超出预算的活动策划方案可能因为在客观上无法通过而变得毫无意义。

在活动策划人的职业生涯中，可能还会遇到活动发起方的预算过低，导致所有方案都不可行的情况。因此，活动策划人应认真对待每次预估预算的机会，积累经验，让自己拥有快速预估预算的能力，这样在必要时，活动策划人就能及时给出意见，让活动发起方和销售人员认识到当前预算过低的事实，避免无效沟通。

6.2.3　预估工作人员数量

我们曾提过，尽量不要让活动规模超出服务能力，而这里的服务能力，跟工作人员的关系是最密切的。

我们这里指的工作人员是为活动策划执行方工作的个人，他们有可能是团队内的，也有可能是临时聘用来的，可以包括开活动用车的大巴司机、摄影师、礼仪人员，但不包括第三方供应商的人员和场地的人员。比如，供应商派来的搭建舞台的工人，酒店的服务员，活动场地原有的保安。我们可以用一个虽然不准确，但是很简单的方式来区分他们，即这里指的工作人员，都是需要我们管工作餐的。

工作人员根据工作场景，可以分为筹备期工作人员和活动期工作人员。

- 筹备期工作人员指主要在筹备阶段完成工作的工作人员，他们在正式活动时重要性不大。比如，策划人员、采购人员、文案人员、设计人员。其中，设计人员的服务能力是比较容易达到瓶颈的，因为他们的工作量和工作耗时难以压缩，而且在正式活动时不佳的设计工作又非常容易引起注意。在筹备阶段，工作量大且时间短的时候，对工作人员的数量要求就会更多，而这个人数如果超过了可用人数，就会造成实际困难。相对来说，筹备阶段的沟通量较大，需要足够的默契度和配合度，即便增加兼职人员，效果也不会太好，因此临时增加筹备阶段的工作人员比较困难。

- 活动期工作人员指主要在活动现场工作的工作人员，他们的范围很大，可能包括项目经理、培训师或讲师、教练和裁判、领队和协作、场务人员、摄影师、道具人员、礼仪人员等。虽然活动期工作人员可以雇佣，但是关键岗位还是需要团队内部人员来担任的，以便统筹安排、保证质量。项目经理和各工作组的负责人，理论上都要由内部人员担任，也就是说内部人员的数量和能力，最终决定了执行团队对现场的控制能力，一旦活动的规模超出了这个能力，活动就有可能失控，活动的质量甚至安全性就可能出问题。

对于经验不足的活动策划人来说，预估工作人员的数量相对比较困难。一方面，不同的活动内容和活动档次，对工作人员数量的要求不同，另一方面，工作人员的能力、可帮助执行活动的非工作人员的数量、具体的岗位安排等，这些要素都是不容易确定的。

如果有可能，笔者建议寻找有经验的活动策划人，帮助预估所需的工作人员数量。如果这并非可选项，那么可以根据活动参与者人数来评估活动期工作人员数量，虽然未必准确，但是通常来说其具有一定的参考价值。

- 对于登山徒步之类的户外活动，参与者和工作人员的比例应低于 15:1，也就是说，至少每有 15 名参与者就要有 1 名工作人员，如果人数较少，即便低至 10 人以下，那也应有队首、队尾两名工作人员。对于高难度的户外线路，采用 5:1 甚至 2:1 的参与者和工作人员比例都是有可能的。

- 对于普通旅游类户外活动，则没有严格的要求。一般来说，建议每辆大巴车配备 1 名到 2 名工作人员，可保证将最起码的清点人数工作做好。

- 对于运动会活动和拓展培训活动，参与者和工作人员的比例应低于 10:1，也就是说，至少每有 10 名参与者就要有 1 名工作人员。这类活动需要工作人员维持秩序、协助指挥，理论上工作人员越多越好。如果是分小组进行合作或竞争的活动，则每个小组至少要分配到 1 名工作人员。

- 对于会议类活动，工作人员一般需要 3 人以上。会议场地布置一般由酒店的工作人员进行即可，现场工作人员主要负责引导入场、签到和引导散场。如果会议过程中有递话筒、发礼品、颁奖等环节，或者有摄影、控制灯光、控制媒体设备等需要，则要按需求增加人数。

- 对于年会晚宴、颁奖典礼等活动，参与者和工作人员的比例应低于 20:1，也就是说，至少每有 20 名参与者就要有 1 名工作人员。这类活动的关键是需求多样，导致分工复杂，建议按照具体岗位一一理清。

虽然预估需要多少工作人员可能有些困难，但是这很有必要。工作人员也需要餐饮、住宿、交通、保险、门票等，这些问题是必须解决的。如果无法预估工作人员数量，就无法知道需要多少资源和成本，从而造成执行上的困难。预估工作人员数量的工作可以在撰写活动策划方案时，随着不断落实细节而同步进行，不需要在事前调查阶段就做得十分精确。

通过事前调查来预估工作人员的数量，归根结底还是预测当前活动框架下的活动策划方案是否超出了服务能力，如果觉得有这个风险，建议趁早修改活动框架，降低对工作人员的需求。

6.3　简单市场调查

在活动策划中，营销型活动是比较特殊的。营销型活动以营销效果为目的，对营销效果的要求体现为具体的指标。为了达到这个具体指标，活动策划人需要思考活动中的营销策略，这主要涉及两个方面的问题：选择使用怎样的方法和为每个方法分配多少资源。

不论是对方法的选择，还是对资源的分配，它们在发生重大变化时都会对活动的执行产生明显影响。如果在修改策划方案时需要改变这两个方面的内容，那就需要对整个活动策划方案进行调整，这将带来巨大的工作量。另外，在修改活动策划方案时容易出现遗漏，也容易带来隐患，因此应尽量让营销策略有理有据，此时就需要进行市场调查了。

专业的广告公司在策划大型营销活动时，采用先调查，再策划，最后执行的步骤，他们的市场调查是专业而复杂的，由专门的团队进行。

对于普通的活动策划人，我们策划的营销活动往往规模不大，因此不会有专业人士替我们进行市场调查。也就是说，活动策划人可能需要亲自进行市场调查，然后再给出活动方案。在本节我们讨论的就是这种情况，即作为活动策划人，在策划营销活动时应如何做一些简单的市场调查，以作为活动策划的依据呢？

6.3.1　询问活动发起方

首先我们最重要的信息来源就是活动发起方。

虽然营销型活动是场活动，但是本质上它是一种市场营销行为，因此我们需要知道市场营销的 4 个要素。通过询问活动发起方或活动对接人可得到关于市场营销的 4 个要素，具体如下。

- 产品。营销活动的内容是什么？一般来说，营销活动的内容是产品（家电、视频等）或服务（旅游、金融等）。我们需要了解商品的基本属性：是实体的还是虚拟的？有什么功能？适合哪些人群？只有知道产品是什么，我们才能确定营销对象，也就是活动的参与者。
- 价格。产品应卖多少钱？产品有了价格才能交易，在营销活动中价格也必须以某种形式体现。
- 渠道。产品从哪里卖，怎么卖？对于活动策划人来说，渠道是非常重要的，它将决定活动的主要形式。比如，某款美容产品基本没有进入过线下门店，其主要在淘宝、微信商城等平台进行售卖，那么在为这款美容产品进行活动策划时，活动形式必然也是以线上为主的。
- 促销。产品以什么方式参加活动？促销活动将决定具体的活动内容。比如，产品促销的方式可能是折扣、抽奖、买赠、赠送样品、转发有奖等，这些将决定活动的具体内容。

不论以什么方式包装活动，都要遵循活动发起方提供的这4个要素。

活动发起方在销售相应的产品，因此他们对市场情况是相对清楚的，甚至可以说是市场信息的绝佳来源之一。每个产品都有自己的市场特色，虽然从其他渠道进行的市场调查可能更加准确，但是未必符合活动发起方的实际情况，因此作为活动策划人，应尽可能从活动发起方那里获知市场情况。

笔者在和营销活动的发起方沟通时，往往会从产品、价格、渠道、促销4个方面，询问以下25个问题。读者可以参考这些问题，并根据具体情况选择使用。

产品相关：

（1）这次活动针对哪些产品（商品／服务）？产品具体有几个种类或款式？

（2）这些产品各有什么卖点？产品特色是什么？产品优势在哪里？

（3）产品的定位是怎样的，适合怎样的人群？设计产品时是否有针对性？产品是否受到消费者性别、年龄、职业、收入、爱好、所在地等属性的制约？

（4）这些产品过去的销售情况如何？产品的主要消费群体有哪些？

（5）竞争对手的同类产品有哪些，他们的产品和我们的产品对比有哪些优势和劣势？

（6）产品是否包含在某些套餐内？

价格相关：

（1）产品的常规售价是多少？购买不同数量的产品是否有不同的定价策略？

（2）竞争对手的同类产品定价是多少？与竞争产品的价格差异体现在哪些方面？

（3）产品相关套餐的价格是多少？

渠道相关：

（1）活动产品在哪些渠道售卖；线上还是线下，支持哪些支付方式？

（2）本次活动涉及哪些渠道？是否需要借助活动开拓新渠道？

（3）产品有没有地域性，本地还是外地，国内还是国外？

（4）产品在不同渠道是否有不同的定价策略？有没有物流问题？

（5）在当前渠道，产品的覆盖率如何？

（6）竞争对手的同类产品，渠道情况是怎样的？

（7）贵方认为在现有渠道内，市场还有多大潜力？

促销相关：

（1）在本次活动中，产品要采用怎样的促销形式？

（2）本次促销活动的主要目标是什么，获取利润，还是增加市场影响力？

（3）本次促销活动是否围绕某个核心事件展开，比如开业典礼或重要节日？

（4）本次促销活动的主题是什么，要满足消费者怎样的诉求？

（5）希望如何通过活动表现促销主题？活动是否需要提供文案和设计？

（6）是否需要投放广告？希望尝试哪些广告形式？

（7）过去是否进行过同类促销活动，效果如何？

（8）过去是否进行过其他促销活动，效果如何？

（9）如果主要促销方案无法达到效果，希望使用怎样的备选方案？

6.3.2　利用网络调查

利用网络进行市场调查是非常简单便捷的。调查者不需要进行沟通，只需要利用网络获取数据并进行分析即可。对于比较热门的行业，网络上甚至有现成的报告可供阅读，因此在对调研结果要求不高的情况下，利用网络进行市场调查是个不错的选择。

利用网络进行市场调查也有缺点，建议先了解这些缺点，以谨慎地采信网络市场的调查结果。

- 网络的筛选作用：网络数据的样本都是网络用户。因为年龄、地域、职业等因素，有些人使用网络的频率较低，因此在活动目标参与人群比较特殊时，既要考虑他们是否有使用网络的习惯，又要考虑仅来自网络用户的数据是否具有普遍代表性。

- 二手数据或虚假数据：网络上的数据，大都属于二手或多手信息，即我们看到的信息已经经过了过滤、筛选、总结。原始信息在被处理的过程中，可能会出现不同程度的失真，甚至被用错误的方式解读，导致我们看到的数据和结论都是不可靠的。网络上的很多报告具有很强的目的性，可能存在凭空制造数据来得到想要的结论的现象以误导读者。如果虚假的结论被广泛传播，还会造成群氓现象，把错的说成对的、假的说成真的。

- 过时数据。网络发布比较自由，而且发布的正规渠道只占很小一部分，但非正规渠道却可以随时转发正规渠道的信息，哪怕是在几年以后。一份 2008 年的数据在 2018 年被重新发布时，发布日期就会显示 2018，后来的读者根本无法辨别，甚至会有读者根据 2008 年的数据撰写一份 2018 年的市场分析并发布出来，使得过时数据更难识别。被旧数据误导的例子屡见不鲜，几年前的新闻换个说法也许就能再次冲上热搜。

- 样本被平均化。网络是全国性的，也是世界性的，但营销活动大多数时候不是。在网络上得到的统计数据往往包含着丰富的样本类型，而它们的覆盖范围可能远远超出我们的需求，这就导致基于网络数据推导的结论是平均化的，而且可能完全不符合目标市场的特性。

- 不能满足特定需求。你永远无法用网络获得网络上没有的东西。有些时候，亲自调查一手数据是唯一的解决方案。

总的来说，网络上的数据良莠不齐，真假难辨，虽然它有这么多的缺点，但是其成本低、方便快捷的优势仍使它成为市场调查方式中很好的选择。

下面笔者将推荐几种利用网络进行市场调查的具体方式，它们都有着时效性尚可、针对特定人群有一定筛选能力、信息为官方一手信息、适用于多种行业的优点。本书最后修订于 2020 年，以下内容在几年内仍然可用。

方法 1：利用搜索引擎获取关键词搜索指数。

关键词搜索指数，指的是用户在利用搜索引擎进行搜索后，搜索引擎基于用户的搜索记录和浏览记录，总结得到的数据。关键词搜索指数是大数据的产物，也是互联网时代比较优秀的公开数据类型之一。

通过关键词搜索指数，可以得到的信息包括：和特定关键词的相关词汇有哪些，特定关键词的热度是多少，搜索特定关键词的主要是哪些人，不同关键词的热度有多大差别。在进行市场调查时，只要将产品或行业作为关键词，就可以了解相关的市场情况。可以查询关键词搜索指数的部分搜索引擎如下。

- 百度搜索：百度指数。
- 搜狗搜索：搜狗指数。
- 360 搜索：360 趋势。
- 谷歌搜索：谷歌趋势。

下面我们以百度指数为例，分析"国内游"和"出国游"这两个关键词，并进行关于长途旅游的简单的市场调查。

我们利用百度指数对比了 2019 年上半年"国内游"和"出国游"这两个关键词的热度，如图 6-9 所示。

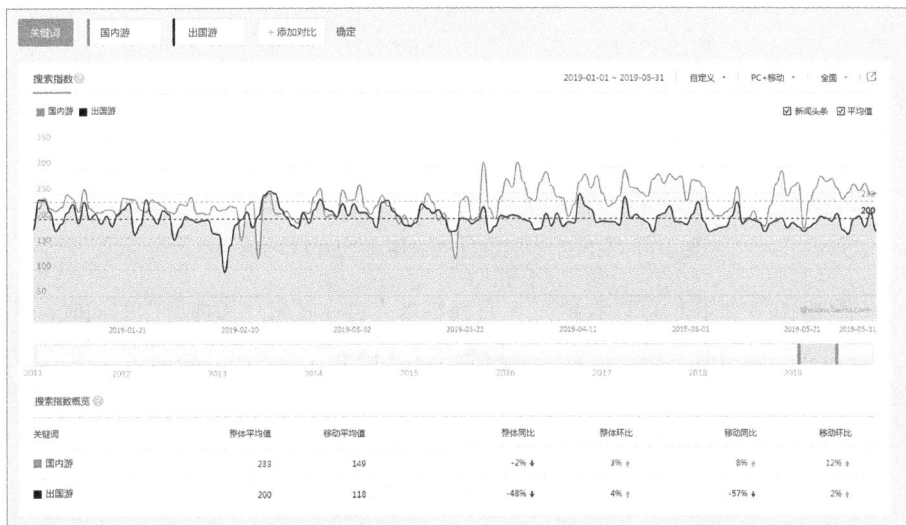

图 6-9　利用百度指数对比关键词热度（2019 年上半年）

首先是对比关键词两条曲线，可以看到在 3 月之前关注"国内游"的人数和关注"出国游"的人数相近，而在 3 月到 6 月关注"国内游"的人数明显较多。如此我们可以分析：在 3 月之后，人们开始更倾向于关注"国内游"，这可能是因为天气开始转暖。因此如果在第 2 年策划营销活动，3 月之后应将更多重心放在国内旅游上。

如果看整体趋势，可以看到在 3 月之后旅游的搜索量是明显上升的，我们可以认为从 3 月开始，旅游行业整体进入旺季，整体广告投入力度可以加大。

图 6-10 中展示的是 2019 年 5 月"国内游"这个关键词的需求图谱，其中圆圈越

大，代表搜索这个关键词的人数越多，而圆圈距离中心越近，代表这个关键词和"国内游"的相关性越强。需求图谱反应的是搜索趋势的变化，上面出现的绿色圆圈（图中为浅灰色）代表搜索趋势正在下降，而橙色圆圈（图中为深灰色）代表搜索趋势正在上升。图中的"云南玉龙雪山"就是橙色，代表近期它的搜索趋势是上升的。

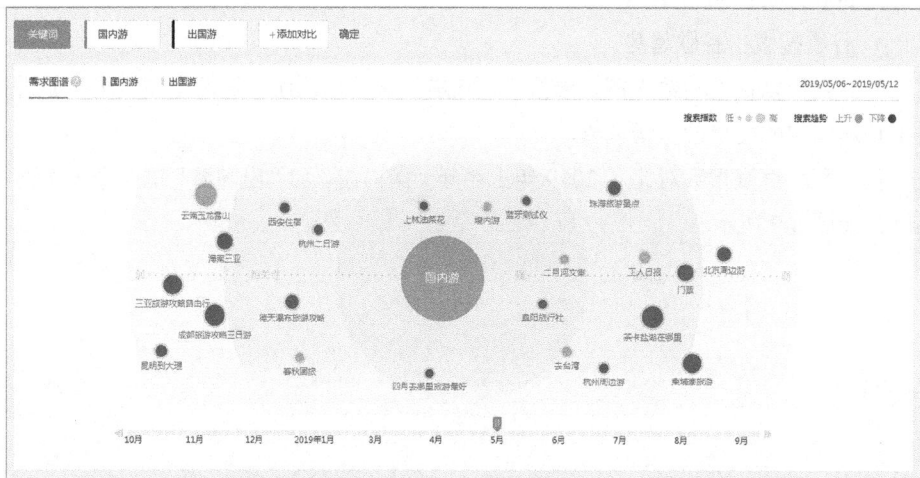

图 6-10　利用百度指数查看需求图谱（2019 年 5 月）

在图 6-10 中，我们可以看到在 5 月前很多人会在搜索"国内游"的同时，关注"上林油菜花"的内容。虽然搜索"上林油菜花"的人并不算多（圆圈小），但是这个需求非常精准，可以作为第 2 年 4 月左右的重点线路。云南相关的"云南玉龙雪山""昆明到大理"这几个词汇搜索人数都比较多，可以加大宣传投入。

如果我们将需求图谱的时间改为 2019 年 6 月，如图 6-11 所示，可以看到被重点关注的景点出现了变化。因此使用需求图谱，能够看出在每个时间段的行业相关热点是什么，可以作为第 2 年的战略目标。比如，当你在 2020 年 5 月时，想策划 2020 年 6 月的活动，就可以参考 2019 年 5 月到 2019 年 6 月的需求图谱，看看同期市场的变化方向是怎样的。

图 6-12 中展示的是百度指数"人群画像"页面的上半部分，我们可以看到该页面显示了在这段时间内，全国哪些地区的人群比较喜欢搜索"国内游"和"出国游"这两个关键词。

在百度指数"人群画像"的页面中可以切换显示模式，在地图模式下，在地图上点击任何一个省，即可查看升级地图上的人群分布，因此使用"人群画像"功能，能查询到不同地区的人对特定关键词的敏感度是怎样的；在页面右侧，你可以将地图模式改为按照"区域"或"城市"排名的模式，用来查看排名靠前的具体是哪些地区或哪些城市。

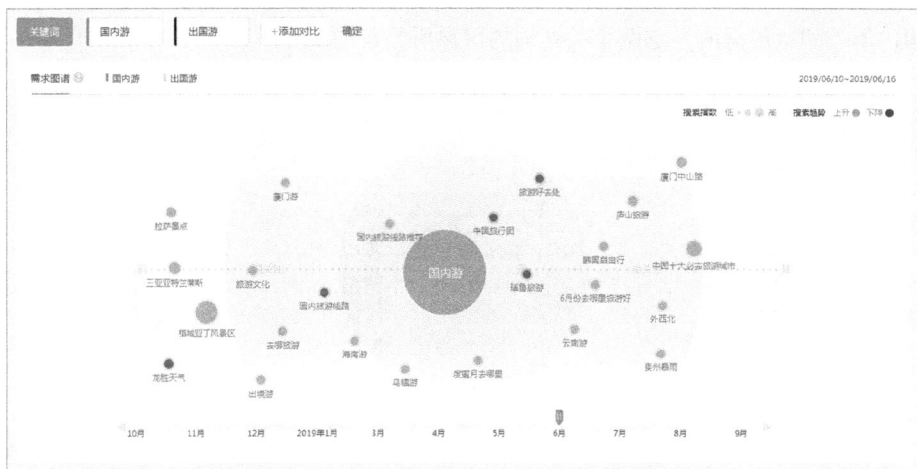

图 6-11　利用百度指数查看需求图谱（2019 年 6 月）

图 6-12　利用百度指数查看"人群画像"-上半部分（2019 年）

在图 6-12 中我们可以看到，旅游排名比较高的省份是广东、浙江和江苏，这三个省搜索长途旅游的网络用户是比较多的，因此可以推断这三个省在这段时间内的旅游潜在活动发起方也是比较多的。

图 6-13 中展示的是百度指数"人群画像"页面的下半部分，这里列出的是搜索"国内游"和"出国游"这两个关键词的用户所具有的属性。

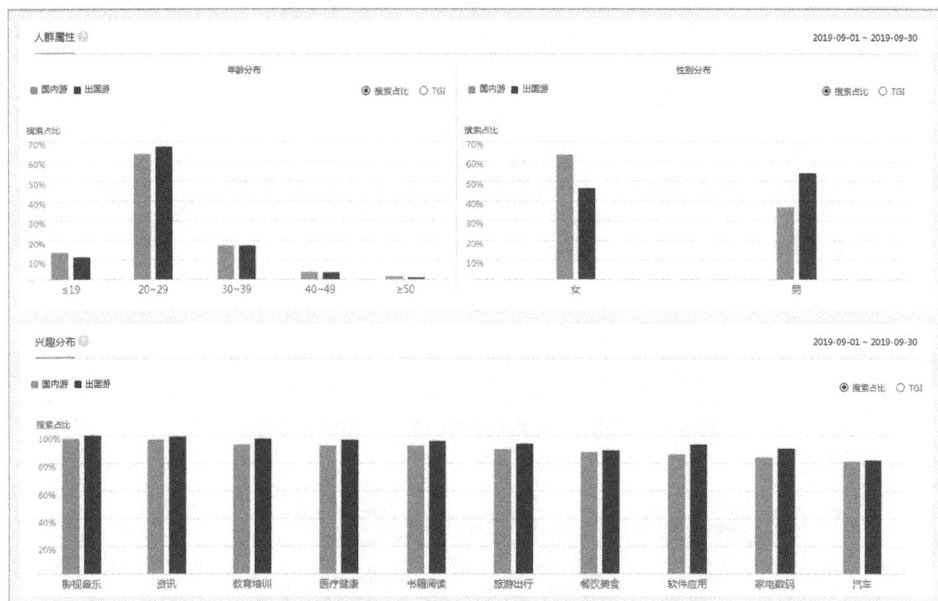

图 6-13　利用百度指数查看人群画像-下半部分（2019 年）

通过图 6-13 中的"年龄分布"柱状图，我们可以看出 20 岁到 29 岁的群体是比较喜欢旅游的，其人数占比达到了总搜索量的 65% 左右，而 30 岁到 39 岁的群体次之。通过"性别分布"柱状图，可以看到相对来说女性更关注"国内游"，而男性更关注"出国游"。下方的"兴趣分布"柱状图则是由百度搜索引擎关联到的这些搜索用户的兴趣爱好分布情况。

利用"人群画像"功能，我们可以找到某时间段内特定产品的最大市场在哪里、核心用户有哪些。比如，对于"国内游"类的产品，在 2019 年 1 月到 6 月：最大的市场在广东省（集中在其中的广州市、深圳市、佛山市）；20 岁到 29 岁的青年是核心潜在活动发起方，这其中女性潜在活动发起方相对更多。这些统计数据可以指导我们如何设计活动内容，以让特定人群更感兴趣。

在使用关键词搜索指数进行市场分析时，对关键词的正确选择非常关键。如果我们将对比对象改为"周边游"和"国内游"，即可看到"周边游"的搜索量是远大于国内游的，如图 6-14 所示，这是因为搜索"国内游"时，群体需求基本是国内长途旅行，而"周边游"对应的，则是周边的短途旅行。对于大部分人来说，每年能拿出时间进行"国内游"（长途旅行）的机会很少，而"周边游"（短途旅行）甚至可以在周末完成，所示搜索指数会出现这样的对比并不意外。

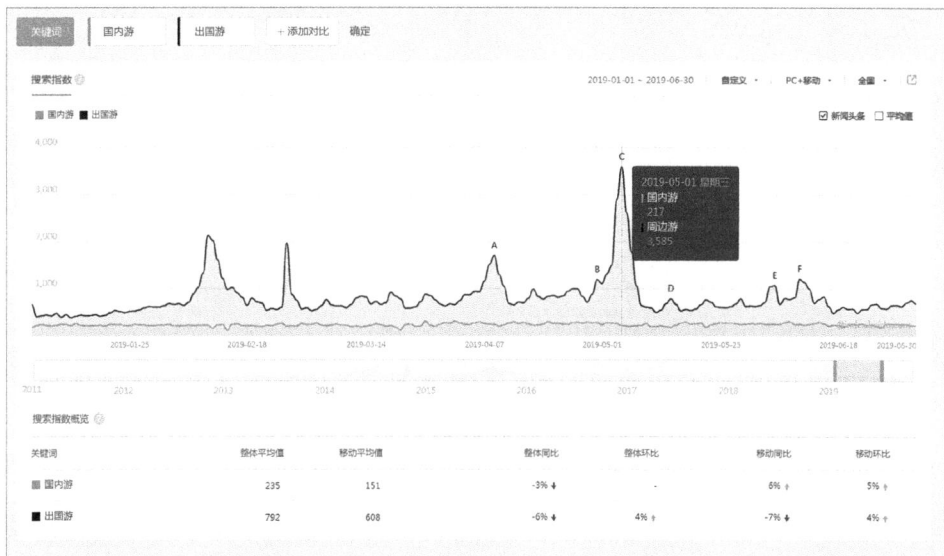

图 6-14　不同关键词的热度对比（2019 年上半年）

因此，在活动策划的时候，如果没能抓准关键词，可能会得到完全错误的结果。比如，要策划一场"五一"期间的旅游优惠活动，使用"周边游"和"国内游"得到的数据相差 15 倍以上，由此得到的策划结果可就是天壤之别了。

方法 2：利用电子商务平台查看销售指数。

关键词搜索指数更适合服务业及 B2B 企业，如果营销活动涉及的是实体商品，那么利用电子商务平台查看销售情况也是不错的选择。

大部分电商平台的销售指数是只对商家开放或收费的，但很幸运，目前国内最大的电商平台仍可以免费查询。

电商平台和对应的销售指数如下。

- 淘宝网／天猫：阿里指数 beta-行业指数。
- 淘宝网／天猫：阿里指数 beta-区域指数。

- 阿里巴巴：阿里指数。

下面我们假设要为巧克力品牌策划营销活动，通过将巧克力作为核心品类，利用阿里指数来进行市场调查。

在阿里指数 beta 上，通过近期巧克力品类的搜索词排行，可以看到搜索词主要有巧克力类型和巧克力品牌两类，可以反映出消费者对特定巧克力的偏好（见图 6-15）。

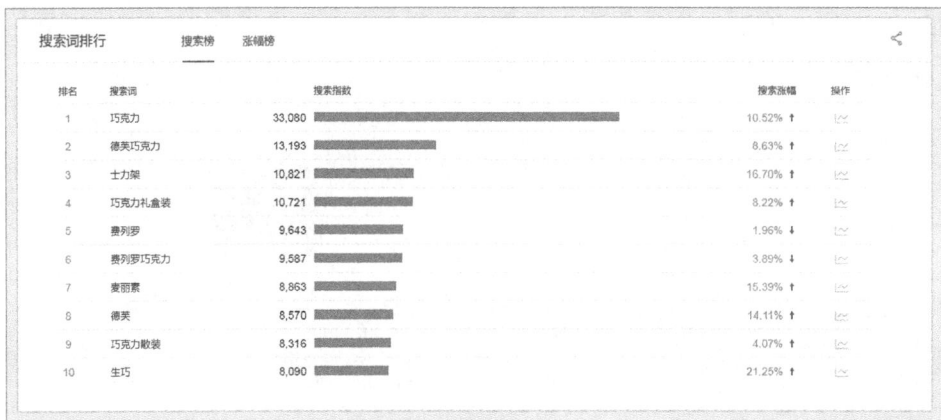

图 6-15　阿里指数 beta：搜索关键词排行

作为活动策划人，如果活动发起方是巧克力生产厂家或贸易商，则可以根据热点词来建议他们提供不同种类的产品。

图 6-16 中是阿里指数 beta 统计的近期巧克力品类的"热买"地区。由于巧克力是很容易跨省运输的，因此我们应主要关注"热买"里统计的收货人地点。可惜的是，目前阿里指数 beta 对于热门地区的统计仅划分到省级，因此若非全国性活动则该数据参考意义不大。

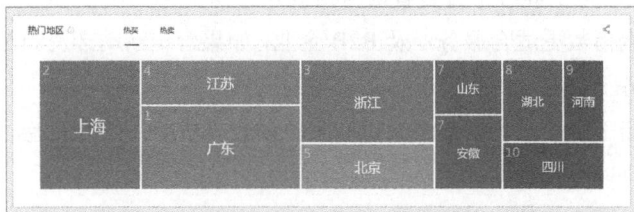

图 6-16　阿里指数 beta：热门地区

图 6-17 中是阿里指数 beta 生成的针对巧克力品类的买家的"用户画像"（即可视

化的用户数据统计图）。它可以用来分析目标市场的特点。

在图 6-17 中，可以看到购买巧克力类商品的群体的三分之二为女性，而年龄方面，青少年购买了超过 50%的巧克力，这都反映了目标市场的特点。在"淘宝会员等级占比"一栏，我们可以看到买家的等级，如果该等级集中在低级，则说明该类商品比较容易转化接触电子商务不太久的买家，达成销售的难度相对较低。

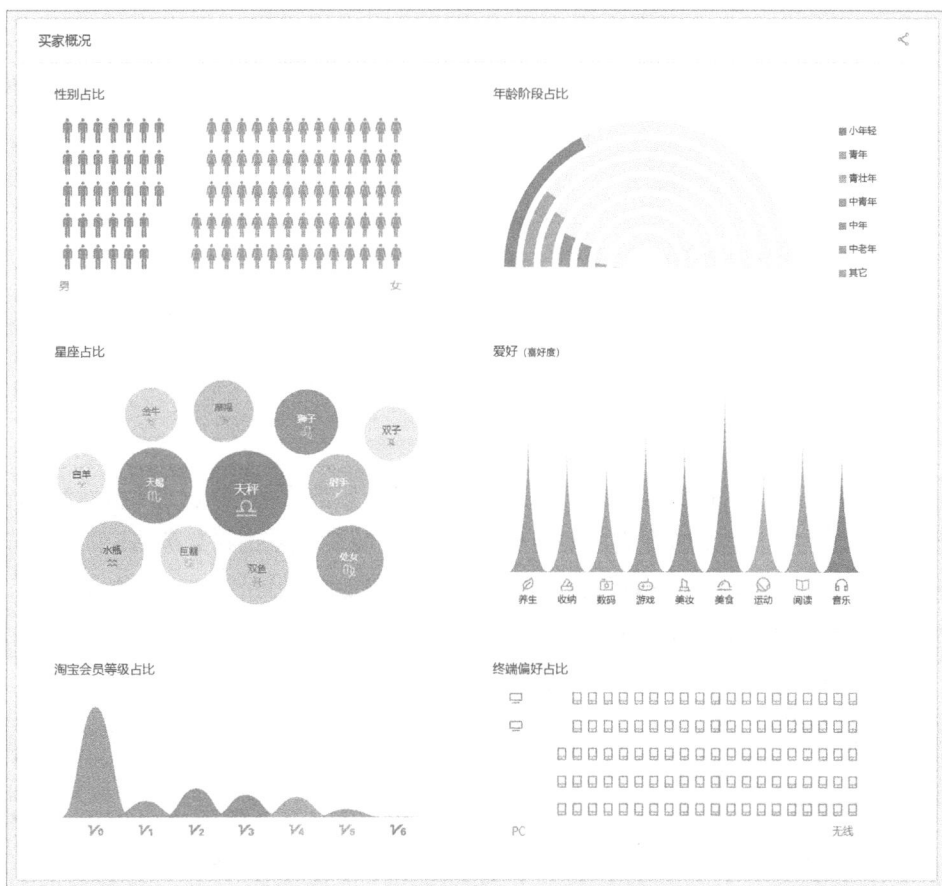

图 6-17 阿里指数 beta：买家概况

在"爱好（喜好度）"一栏，可以看到喜欢巧克力的人还喜欢看哪类商品。这个信息非常有用，可以指导我们的引流策略。比如，可以看到喜欢巧克力的人，对"美食""阅读"和"养生"比较关注，那么我们可以优先在相关的平台或自媒体处投放广告。另外"终端偏好占比"一栏可以说明现在使用 PC 端完成淘宝购物的人已经很少了，投放中心应放在适合移动端的广告上。

图 6-18 中是阿里指数 beta 生成的针对巧克力品类的卖家的"人群画像"。这里的信息比较简单，不论是"星级"还是"经营阶段"，表示的都是卖家店铺的资历。如果处于"淘宝心级"和"新手"阶段的卖家占到一定比例，则说明该行业的入门门槛较低，新卖家进入市场相对比较容易。如果行业的入门门槛较低，那么针对新品牌的新产品做活动，就相对容易取得效果。

图 6-18　阿里指数 beta：卖家概况

方法 3：利用社交平台查看热搜指数。

如果营销活动以制造话题或蹭热度为主要手段，那查看社交平台的热搜指数是比较合适的一种方法。社交平台的热搜指数和搜索引擎的关键词指数是基于同样的原理，但社交平台更具有话题性，搜索引擎则是新闻、话题、商品、信息等的大杂烩。如果要制造热度，显然前者更具有参考价值。

查询热搜指数的平台如下。

- 新浪微博：微指数。
- 微信：微信指数。
- 今日头条：头条指数。

我们仍然尝试分析"国内游"和"出国游"这两个关键词，看看他们的话题性。

在微指数中，通过"国内游"和"出国游"这两个关键词在 30 天内的话题指数对比，可以看出，相对来说"国内游"更容易制造话题（见图 6-19）。

图 6-19 中的"国内游"的三段峰值分别对应中秋节、国庆节之前、国庆节，可以看出虽然这段时间"出国游"也有上升趋势，但是整体话题性远不如"国内游"。这反映的是微博用户的特点，下面我们来看看微信的。

在微信指数中通过"国内游"和"出国游"这两个关键词在 30 天内的话题指数对

比，可以看出，在同一时期内微信的指数曲线和微博的完全不同（见图 6-20）。

微信中"国内游"的话题度在中秋节之后有一段小提升，然后开始下降，尤其在国庆节期间下降非常明显。在 10 月 8 日，即国庆节结束后，"国内游"的话题出现了小爆发，这是因为游客们在节后的分享热情较高，同时旅游自媒体也进入了工作状态，开始做国庆旅游总结。微信中"出国游"的第一个大高峰在国庆节之初，这个现象主要是游客刚到国外发朋友圈炫耀的结果；国庆临近结束的几天又有回暖，那便是返程后的分享了。

图 6-19　微指数：指数趋势

在不同平台上，用户的行为习惯是完全不同的，这反映了平台的主要用户群体及他们的特点。因此，在策划线上营销活动的时候，要注意每个平台不同的用户群体及其特点，合理地分配资源，力争取得最佳活动效果。

	10月17日指数	日环比
国内游	39,344	5.60% ▼
出国游	30,782	6.30% ▲

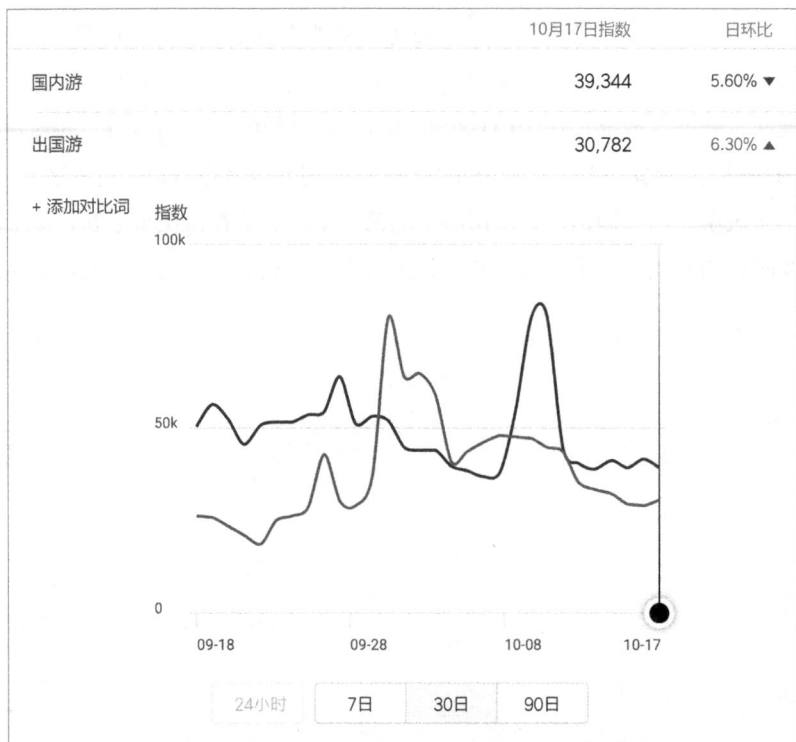

图 6-20　微信指数：指数详情

6.3.3　进行问卷调查

不同的营销型活动，会对应不同的产品、目标人群、市场条件等，这可能意味着我们需要进行定制化的市场调查。在询问活动发起方和网络调查都无法满足市场调查的需求时，我们可能不得不采用获取一手信息的方式。

在获取一手信息的方式中，比较容易使用的就是问卷调查。活动策划人可以将它作为市场调查的终极手段。问卷调查主要包括三个步骤：

（1）问卷设计，即根据调查的需求，设计问卷的结构和内容。

（2）收集样本，即将问卷发放到目标人群手中，待他们填写完成后回收结果。

（3）结果分析，即根据收集到的样本分析调查结果。

在问卷设计阶段，要注意使问卷内容的设计符合调查目的，这包括：向哪些人发放问卷，提什么问题，希望得到怎样的结果。要想让问卷调查的结果为活动执行提供指导，既要对问卷问题有清晰的认识，又要对活动需求有正确的理解。

　　比如，在进行某次服装促销活动前，我们希望得知前往某商场的顾客对什么类型的服装感兴趣。在这种情况下我们设计问卷时，问卷题目主要分为两类：第一是了解顾客的属性，比如，他们是什么人，平时为什么来商场，来商场的频率是多少；第二是他们爱看的服装类型，比如，喜欢什么样的款式，对价格的接受程度如何。

　　如果有可能，应尽量将问卷设计成 5 分钟问答，即问题的表述尽可能简单，答案尽可能用封闭式或半开放式的形式表示，让答卷者一目了然并可以快速回答。另外，问卷的题目应尽量控制在 20 个以内，并保证每个问题都是有用的。对于上述关于服装的市场调查，我们可以设计以下问卷。

1. 您的性别（单选）

   A. 男　　　　　　B. 女　　　　C. 保密

2. 您的年龄（单选）

   A. 18 岁以下　B. 18～24 岁 C. 24～30 岁 D. 30～40 岁 E. 40 岁以上

3. 您来 X 商场购物的频率是怎样的（单选）

   A. 几乎不（每个月 0~1 次） B. 偶尔（每个月 2~3 次）

   C. 经常（每个月 4~7 次）　 D. 频繁（每个月 8 次以上）

4. 在 X 商场，您通常会在哪些方面消费（多选）

   A. 服装箱包　　　　　　 B. 化妆品首饰　　　　　 C. 日用品

   D. 电子产品　　　　　　 E. 餐饮娱乐　　　　　　 F. 其他____

5. 您经常和谁一起来×商场（多选）

   A. 父母长辈　　　　　　 B. 男/女朋友　　　　　　 C. 孩子

   D. 同事或朋友　　　　　 E. 自己来

6. 您大约多久会买一次新衣服（单选）

   A. 每一周　　　　　　　 B. 每两周　　　　　　　 C. 每个月

   D. 每季度　　　　　　　 E. 看到合适的就买

7. 您在×商场经常关注哪些类型的服装（多选）

   A. 儿童服饰　　　　　　 B. 民族服饰　　　　　　 C. 百搭单品

   D. 日韩服饰　　　　　　 E. 欧美风格　　　　　　 F. 其他____

8. 您希望在×商场看到更多的哪类服装（多选）

   A. 儿童服饰　　　　　　 B. 民族服饰　　　　　　 C. 百搭单品

   D. 韩版服饰　　　　　　 E. 欧美风格　　　　　　 F. 其他____

9. 您一般会选购什么价位的服装（多选）

　　A. 低于 100 元　　　　　　　B. 100 元到 300 元

　　C. 300 元到 1000 元　　　　 D. 1000 元以上

10. 哪类服装促销活动最能吸引您（单选）

　　A. 价格折扣　　　　　　B. 买 3 免 1 或满减活动　　　C. 搭配赠品

　　D. 赠送优惠券　　　　　E. 其他＿＿

　　通过以上 10 个问题，即可搞清楚答卷者的基本属性和购买习惯，并可分析出答卷者是否是潜在活动发起方，上述问卷的所有问题都是选择题，大部分答案是给定的，也就是封闭式的，还有小部分是可以自定义答案的，属于半开放式。

　　在设计完问卷之后，我们需要选择收集样本的方式，这也将决定问卷以什么形式呈现。如今网络问卷产业发达、系统完善，如果选择使用网络问卷，则需要利用平台制作数字化的问卷调查表，并通过网络渠道收集。大多数时候网络问卷是很实用的，但也有例外。比如，上述案例中的问卷针对的是×商场的顾客，那就必须在商场进行实地调研，即便使用数字化问卷作为载体，也需要用人力地推、放置二维码等方式，在商场内完成样本收集。

　　收集样本未必需要由活动策划人或策划执行团队成员亲自执行。如果需要去某地完成实地调研，可以通过兼职平台发布任务，请兼职人员有偿完成。如果可以通过网络调研就更方便了，很多问卷平台都有所谓的样本服务，可以根据你的需要快速收集样本，当然这项服务是收费的。

　　虽然让兼职人员或问卷平台帮助收集样本，容易存在样本不真实的问题，但是却可以避免大量的人力消耗。在设计问卷的时候，可以加入相互关联或相互冲突的检验性问题，用以检查样本的有效性。

　　无论如何，对活动策划人来说，市场调查属于分外的工作，因此建议活动策划人根据实际情况和团队成员商量，共同权衡成本和收益，以决定是否进行市场调查及如何进行市场调查。

第7章

完成活动策划方案

古人曰："弓调而后求劲焉，马服而后求良焉。"如果说活动策划是冰山，那活动策划方案只是冰山一角。我们用了整整 6 章来讲解活动策划的基本理论、思考方式和前期准备，在本章我们终于要开始撰写活动策划方案的正文了。

在第 3 章到第 6 章中，我们讲解的都是撰写活动策划方案的前期准备工作。实际上，笔者调整了前期准备工作的讲解顺序，将理论性的、框架性的内容和思维工具放在了靠前的位置，进行了"工欲善其事，必先利其器"的操作，以便读者理解。因此在开始撰写活动策划方案的正文之前，我们先按照顺序重新梳理一下前期的准备工作。

（1）分析需求。见第 4 章第 2 节"需求解析：活动为何而做"。

（2）构思活动框架。见第 3 章第 2 节"思维方式和思维工具"。

（3）简单市场调查。见第 6 章第 3 节"简单市场调查"。仅营销型活动需要考虑此步骤。

（4）制定活动目标。见第 4 章第 3 节"将需求转化为目标"。

（5）选定主要活动项目。见第 4 章第 4 节"选定具体活动项目"。在活动项目被活动发起方指定时，或者在构思活动框架后活动项目已确定时，无须进行此步骤。

（6）进行事前调查。见第 6 章第 2 节"做好事前调查"。

（7）选择呈现方式。见第 5 章第 1 节"活动策划方案的用途和呈现方式"。

（8）选择活动策划方案结构。见第 5 章第 2 节 "活动策划方案的内在逻辑"。

（9）打草稿。见第 6 章第 1 节 "好的策划，从草稿开始"。这个步骤要将第 3 步到 6 步的成果汇总在活动框架上，并根据第 7 步到 8 步的选择来制作活动策划方案的草稿。

在进行活动策划时，一般可以按照上述顺序进行前期准备。当然，这个顺序并非是绝对的，在活动策划人熟悉业务之后，很多步骤可以交换甚至省略，最终形成适合自己的，适合工作岗位需求的，适合所在团队特点的前期准备方式。

要检验是否已经准备好撰写活动策划方案，可以采用 5W2H 分析法，也叫作七问分析法，即向自己问以下 7 个问题作为检验，并尝试回答。

（1）What：我们要做什么活动，有什么项目？

（2）Why：为什么要做这场活动，要实现什么目的？

（3）Who：谁执行活动，谁参加活动？

（4）When：活动何时开始，持续多长时间？

（5）Where：在哪里进行活动，线上还是线下？

（6）How：活动怎么安排，怎么执行？

（7）How Much：活动的指标是多少，需要多少预算、人员和物料？

如果你发现其中有问题无法回答，可以回顾准备阶段的各项工作，寻找疏漏的原因和处理方法。

如果你能够回答这 7 个问题，则说明准备工作已经基本足够。在进行过充分的准备工作之后，撰写活动策划方案将会成为一件比较轻松的事情。

7.1　撰写活动策划方案目录

在撰写比较复杂的长文章时，可以按照先打好草稿整理好框架，然后撰写目录，最后根据目录撰写每个章节这样的流程来写。活动策划方案也可以使用这样的方式来完成撰写，而且在实践中十分适用。

　　撰写活动策划方案目录时，我们主要根据呈现方式和文章结构来决定目录的结构，并使用与之匹配的活动框架来指导目录的内容。

　　由于使用总分式结构的活动策划方案是比较常见的，因此我们会详细介绍总分式结构下的活动策划方案目录。对于其他结构，我们也会给出常见的目录样式并简单介绍各模块的主要内容，可以作为参考以在需要的时候使用。

7.1.1　总分式结构的活动策划方案目录

　　我们曾提到，使用总分式结构的活动策划方案，其"总"的部分是总结性的，而"分"的部分则以目标为导向，介绍各种具体的工作内容。

　　下面我们来看一个典型的活动策划方案目录。

一、活动概述

（1）活动主题　（2）活动时间　（3）活动地点　（4）主办单位　（5）活动对象（6）活动形式

二、活动意义

（1）活动背景　（2）活动目标　（3）市场调查　（4）效果预期

三、活动流程

（1）前期筹备流程　（2）活动现场流程　（3）后期流程

四、前期筹备

（1）物料准备　（2）人员准备　（3）配套服务准备

五、活动宣传

（1）宣传材料设计　（2）前期宣传　（3）活动中宣传　（4）后期宣传

六、现场执行

（1）活动项目介绍　（2）物料分配和人员分工　（3）场地介绍　（4）活动细节介绍

七、后期服务

（1）后期服务内容　（2）增值服务介绍

八、注意事项

（1）活动特殊要求　（2）注意事项（3）应急预案

九、品牌宣传和服务承诺

（1）品牌介绍　（2）服务介绍和承诺

十、相关表格（或附件）

（1）活动预算和服务一览表　（2）活动推进时间总表　（3）前期筹备人员和时间

一览表 （4）活动现场人员和时间一览表 （5）舞台总控规划表 （6）所需物料一览表 （7）第三方供应商报价表 （8）第三方供应商服务内容和方案 （9）交接和联系用表格 （10）效果图

其中，前3个章节（活动概述、活动意义、活动流程）都属于第一个"总"的部分。这3个章节的作用是简短地回答 2W1H 的问题，即 What，活动是什么？Why，为什么要做这场活动？How，如何进行这场活动？而剩余的 3 个 W，即 Who、When、Where 也已经被写在了这 3 个章节中，足以将整件事情说清楚。

第四章到第七章（前期筹备、活动宣传、现场执行、后期服务）则分别针对 4 个执行目标展开叙述，属于"分"的部分。

第八章和第九章（注意事项、品牌宣传和服务承诺）是我们用来点缀文章的，不属于文章的总分式结构。在撰写活动策划方案的时候，我们经常会发现需要在文中说明一些额外内容，其实这些内容加在活动策划方案中的附加章节也是可以的。比如，说明赞助方案，说明对设计的特殊要求，说明保险的申购要求和服务等。

第十章（相关表格）属于第二个"总"的部分。这里包括了活动相关的各种总结性表格，也可能包括设计师提供的图片和视频等附件。在这个部分有几张表格是非常重要的，而且在每一份活动策划方案中都应该出现，它们都与 How Much 相关：活动预算表、物料一览表、人员一览表。在前面的章节中，不论是讨论执行细节还是讨论活动效果，都或多或少带有主观因素，因此最后需要的恰恰就是客观的数据，让整个活动策划方案变得理性。

上述的目录就是典型的总分式结构，在网络上找到的大部分活动策划方案都是这样的结构。

采用总分式结构，最大的好处就是可以一次性将和某个目标相关的事情全部说清楚。比如，我们要进行活动前期筹备，那么在前期筹备对应的章节里，就应该将前期筹备阶段的事项、人员、物料等介绍清楚。

在上述举例的目录中，我们将条目进行了归类，使得活动策划方案的结构层次更加丰富。比如，在第一章，我们把活动的主要属性都放在了第二级。

一、活动概述

（1）活动主题 （2）活动时间 （3）活动地点 （4）主办单位 （5）活动对象 （6）活动形式

……

在有些活动策划方案中，我们会把活动的主要属性全部放在第一级，比如：

一、活动主题

二、活动时间

三、活动地点

四、主办单位

五、活动对象

六、活动形式

......

这种方式也无可厚非，但是很容易预见，这些条目下的内容都非常少。比如，主办单位可能就是一行公司名称而已，更不会有下一级内容。虽然很多人认为，这样可以突出要点，彰显对主办方的尊重等，但是作为一篇文章，如果有些一级标题下只有一行文字，有些一级标题下却有复杂的内容，那在结构上是缺乏美感的。因此建议在撰写活动策划方案"总"的部分时，将活动的基本属性等全部放在一起，使得文章结构更精简平衡。

对于活动策划方案"分"的部分，也要适当进行归类，如图 7-1 所示，我们在鱼骨图中已经画好了"线上宣传品制作"和"线下印刷品制作"两个项目，理论上，作为两个相对独立的内容，我们应在活动策划方案的正文中，将它们都作为章节对待。比如：

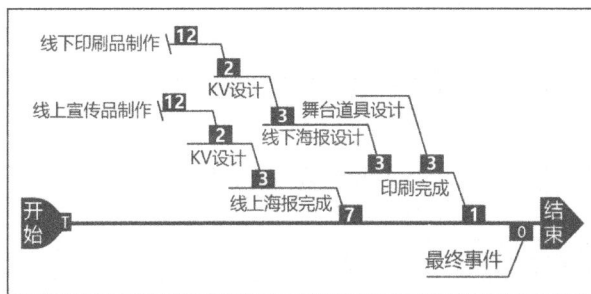

图 7-1 活动中的设计工作

......

四、线上宣传品制作

五、线下印刷品制作

......

很明显，它们是可以进行归类的，可以归结为"宣传品制作"章节。比如：

……

四、宣传品制作

（1）线上宣传品制作 （2）线下印刷品制作

五、前期宣传

（1）广告投放 （2）发布预告片

六、活动中宣传

（1）现场海报传单 （2）线上直播 （3）自媒体互动

七、活动后宣传

（1）剪辑发布活动视频 （2）媒体新闻稿 （3）自媒体互动

……

我们注意到，当把"宣传品制作"作为章节时，前期宣传、活动中宣传、活动后宣传这3个章节似乎又和它紧密相关，因此我们可以再次进行归类：

……

四、活动宣传

（1）宣传品制作

1. 线上宣传品制作 2. 线下印刷品制作

（2）前期宣传

1. 广告投放 2. 发布预告片

（3）活动中宣传

1. 现场海报传单 2. 线上直播 3. 自媒体互动

（4）后期宣传

1. 剪辑发布活动视频 2. 媒体新闻稿 3. 自媒体互动

……

在撰写活动策划方案的目录时，对内容进行适当的梳理归类，可以使得正文结构更加清晰，撰写起来也会更加顺手。

总分式结构的目录，其具体条目不应是凭空创造出来的，而是根据已有内容总结出来的。也就是说，在理论上，撰写活动策划方案应该是先有活动框架再有活动目录的。总分式结构的目录是有规律可循的，具体如下。

- 第一个"总"：主要包含活动的基本属性和进行活动的原因。不论什么活动，都必然要有主题、时间、地点、参与者、主办方等，这些内容虽然简短，但是很重要，是一定要放在活动策划方案的开头的，另外，开头部分往往会说明活动的目标和意义。

- "分"：在大多数情况下，活动策划包含两部分，即活动宣传和活动执行。活动执行可以分为三个阶段，即前期、中期和后期。这刚好对应了"分"的 4 个大章节：活动宣传、活动前期、活动中、活动后期。如果其中某些阶段比较复杂，则可以再次进行拆分，比如，将活动中拆分成会议阶段和晚宴阶段。
- 第二个"总"：主要对具体内容做总结。

7.1.2 其他结构的活动策划方案目录简介

总分式结构的活动策划方案目录是比较常见的，也是比较适合由活动策划执行方递交给活动发起方的。然而有时我们会给出其他类型的活动策划方案，以满足特殊需要或用于特殊目的。

下面，我们通过样例来看一下其他结构的活动策划方案目录。

并列式结构的活动策划方案目录如下。

一、活动概述

（1）活动主题 （2）活动时间 （3）活动地点 （4）主办单位 （5）活动对象（6）活动形式

二、活动意义

（1）活动背景 （2）活动目标 （3）市场调查 （4）效果预期

三、活动流程

（1）前期筹备流程 （2）活动现场流程 （3）后期流程

四、工作人员分工

（1）工作分组方式 （2）各组负责人

五、设计组工作细则

（1）工作时间表 （2）人员清单

六、采购组工作细则

（1）工作时间表 （2）人员清单

七、礼仪工作细则

（1）工作时间表 （2）人员清单

八、场务组工作细则

（1）工作时间表 （2）人员清单 （3）注意事项 （4）应急预案

九、摄影组工作细则

（1）工作时间表 （2）人员清单 （3）后期服务

十、品牌宣传和服务承诺

（1）品牌介绍 （2）服务介绍和承诺

十一、相关表格（或附件）

（1）活动预算和服务一览表（2）活动推进时间总表（3）前期筹备人员和时间一览表（4）活动现场人员和时间一览表（5）舞台总控规划表（6）所需物料一览表（7）第三方供应商报价表（8）第三方供应商服务内容和方案（9）交接和联系用表格（10）效果图

上面是一份完整的并列式结构的活动策划方案目录，可以看到，并列式结构的活动策划方案的头尾和总分式结构的相同，它们的主要区别在于本身的内容。在总分式结构下，我们将活动分割成几个大阶段，然后再将这些大阶段作为大目标，指引我们对内容进行归类。而在并列式结构下，我们的归类方式改变了，注重的是人的分工，而且这里说的分工是跨越阶段的。

比如，对于设计组来说，他们需要承担活动相关的所有设计工作，在活动谈判阶段，他们可能要负责设计效果图和概念图；在活动筹备阶段，他们可能要负责设计活动的 KV 和宣传用品；在活动进行中，他们可能要负责利用现场素材进行设计，辅助现场互动环节；在活动之后，他们可能需要整合活动素材完成总结性的设计，用于新闻稿发布。

对于执行活动的人来说，并列式结构的活动策划方案可以优先安排合适的人去做擅长的事情，为工作安排带来了便利。在活动发起方对活动要求比较宽松的时候，笔者有时会选择撰写并列式结构的活动策划方案，以便让执行团队能快速开始实施。

那么如何进行分组呢？理论上，我们应按照工作类型来划分工作组，但在实际情况下，首先要考虑的是有几个可信任的负责人？

划分工作组最重要的意义就在于，每个工作组的工作可以由组长（工作组的负责人）来统筹，不同组之间的交流也应通过组长进行。这样既完成了分工，也明确了责任，还约定了沟通渠道。当没有合适的组长时，强行划分工作组是没有意义的，这样的小团体甚至会反过来阻碍工作交流。

比如，某活动需要拍照、录像、航拍等摄影类工作，如果有可信任的摄影团队负责人，那么我们就可以划分出场务组、摄影组。如果没有可用的负责人，或者摄影团队全部是未合作过的外聘人员，那么不如直接将摄影组合并到场务组里，并由场务组的组长统一指挥。

划分好工作组之后，将各小组名称作为最高级的章节标题即可。在每个章节内，应主要说清楚：小组有哪些任务，各任务要在什么时间内完成，小组有哪些人员，小组长是谁。如果有需要某小组特别留意的问题，可以在相应章节里提出，比如，活动发起方要求饮用水不得断供，那么就要提醒后勤组或场务组留意饮用水的剩余情况，以便随时添加。

分论点列述式结构的活动策划方案目录如下。

标题：活动名称

一、活动概述

（1）活动主题　（2）活动时间　（3）活动地点　（4）主办单位　（5）活动对象

二、活动意义

（1）活动背景　（2）市场调查

三、活动方案 A

（1）活动流程　（2）项目介绍　（3）前期准备　（4）人员分工　（5）所需物料（6）预算预估　（7）活动时间表

四、活动方案 B

（1）活动流程　（2）项目介绍　（3）前期准备　（4）人员分工　（5）所需物料（6）预算预估　（7）活动时间表

五、方案对比

六、品牌宣传和服务承诺

（1）品牌介绍　（2）服务介绍和承诺

分论点列述式结构的活动策划方案的开头和总分式结构的是相同的，但结尾不太相同。分论点列述式结构最大的特点，就是能同时介绍至少两个方案供活动发起方选择，因此在结尾的部分，会简单对比两个方案，帮助活动发起方更好地进行判断和选择。

在上面的目录样例中，活动方案 A 和活动方案 B 都可以单独构成比较完整的活动策划方案，只不过会适当精简以减少策划阶段的工作量，毕竟具体选择哪个方案还是未知的。比如，人员分工、活动预算等表格不会那么具体，供应商和效果图等也暂时不用考虑。在确定了具体方案后，再根据活动发起方的要求进行补充即可。

有时候，不同的方案可能会给活动带来根本性的变化，比如，活动方案 A 对应徒步旅游活动，而活动方案 B 则对应在度假村进行拓展活动，这时活动的地点、主题、意义就要发生变化，在撰写目录时要注意它们出现的位置。

对照式结构的活动策划方案目录如下。

标题：活动名称

一、活动概述

（1）活动主题 （2）活动时间 （3）活动地点 （4）主办单位 （5）活动对象

二、活动意义

（1）活动背景 （2）旧方案概述 （3）新方案概述 （4）市场调查

三、活动流程

（1）旧方案流程 （2）改进要点 （3）新方案流程

四、前期筹备

（1）旧方案内容 （2）改进要点 （3）新方案内容

五、活动宣传

（1）旧方案内容 （2）改进要点 （3）新方案内容

六、现场执行

（1）旧方案内容 （2）改进要点 （3）新方案内容

七、后期服务

（1）后期服务内容 （2）增值服务介绍

八、注意事项

（1）活动特殊要求 （2）注意事项 （3）应急预案

九、品牌宣传和服务承诺

（1）品牌介绍 （2）服务介绍和承诺

十、相关表格（或附件）

（1）活动预算和服务一览表 （2）活动推进时间总表 （3）前期筹备人员和时间一览表 （4）活动现场人员和时间一览表 （5）舞台总控规划表 （6）所需物料一览表 （7）第三方供应商报价表 （8）第三方供应商服务内容和方案 （9）交接和联系用表格 （10）效果图

对照式结构的活动策划方案的核心就是对比，去除了对比内容之后，其与总分式结构的策划方案基本无异。

对照式结构的活动策划方案，实际就是将新的活动策划方案和旧的活动策划方案（或是其他人提供的活动策划方案）进行对比，以体现新方案能够修补漏洞、改进流程、升级项目、优化预算等优点。

递进式结构的活动策划方案目录如下。

标题：活动名称

一、活动概述

（1）活动主题　（2）活动时间　（3）活动地点　（4）主办单位　（5）活动对象

二、活动意义

（1）活动背景　（2）旧方案概述　（3）新方案概述　（4）市场调查

三、活动流程概述

四、前期筹备

（1）工作内容　（2）工作时间表　（3）人员清单

五、活动开幕式

（1）工作内容　（2）工作时间表　（3）人员清单

六、会议阶段

（1）工作内容　（2）工作时间表　（3）人员清单

七、晚宴和表演

（1）工作内容　（2）工作时间表　（3）人员清单　（4）节目内容

八、颁奖典礼

（1）工作内容　（2）工作时间表　（3）人员清单

九、活动后期

（1）工作内容　（2）工作时间表　（3）人员清单

十、注意事项

（1）活动特殊要求　（2）注意事项　（3）应急预案

十一、品牌宣传和服务承诺

（1）品牌介绍　（2）服务介绍和承诺

十二、相关表格（或附件）

（1）活动预算和服务一览表　（2）活动推进时间总表　（3）前期筹备人员和时间一览表　（4）活动现场人员和时间一览表　（5）舞台总控规划表　（6）所需物料一览表　（7）第三方供应商报价表　（8）第三方供应商服务内容和方案　（9）交接和联系用表格　（10）效果图

递进式结构的活动策划方案，类似于我们常说的流水账，即按照时间顺序依次排列。这类活动策划方案的头尾也和总分式结构的活动策划方案基本相同，如果只看目录的话，甚至有部分内容是相同的，但具体撰写时会出现差别。

递进式结构的活动策划方案每个章节都应有单独的时间表和人员清单，使得每个章节可以被单独执行。这样组成的活动策划方案是流水线式的，既可以很快地增加或删减内容，又可以和其他递进式结构的活动策划方案拼接。

在撰写递进式结构的活动策划方案目录时，划分章节的核心思想是转换。这里说的转换类似于舞台剧的第一幕、第二幕、第三幕等之间的转场，即使幕和幕之间是有关系的甚至是连续的，又能感觉到幕和幕之间出现了变化。

我们在使用递进式结构时，可以根据很多元素的变化确定划分依据，如图 7-2 所示。下面简单介绍以下划分依据。

图 7-2　递进结构的划分依据

- 时间变化。用时间的变更划分两个阶段，可以参考时间变化的标志性事件。比如，午餐是上午和下午的分界线，日落是下午和晚上的分界线。又如，在拓展培训活动中，一个上午可能有多个项目，如果它们都在同一片草坪上进行，性质上也没有重大区别，就可以将上午活动放在一起，和下午的活动区分成不同章节。

- 场地变化。同一场活动可能用到多个场地，在场地发生变更的时候，可以考虑单独划分阶段。比如，在进行某场活动时，先在酒店会议室进行统一讲解，然后再前往酒店大草坪开始活动，这样就可以分为活动讲解和户外活动两个章节。

- 项目变化。有时候场地不变，时间也没有过太久，但活动项目却可能带来重大变化。比如，在酒店宴会厅举行年会，要先进行一场总结报告，然后颁发年度优秀员工等奖项，最后是观看节目表演。此时尽管时间地点差异不大，但却可以将它们分别写作单独的章节，比如，总结报告、颁奖仪式、节目表演。

- 工作交接变化。有时单项活动的形式变化不是很大，但持续时间较长，同一个岗位需要 2 批或更多的工作人员交替。此时可以将工作交接的时间作为划分章节的依据，强调每批工作人员需要特别注意的事项即可。
- 阶段性变化。有时单个活动项目可以明显划分成不同的阶段，这也可以作为划分章节的依据。比如，在拓展培训中常见的纳斯卡巨画项目，就可以大致分为获取材料、绘制线稿、填充颜色三个阶段。

7.2　根据目录填充内容

完成了目录之后，我们只需要按照章节依次填充内容即可。注意，在打草稿的阶段我们已经准备好了一些内容，可以直接拿过来使用。

撰写具体内容必然涉及执行方面的细节，但细节要精细到什么程度，就要看具体情况了。活动发起方的督办力度越高，活动策划人和项目经理的默契程度越低，参与执行的工作人员来源越复杂，就越要将活动策划方案写得精细。我们举个简单的例子：

某地餐馆的新门店开业，要进行开业剪彩活动，以舞狮为主要形式。活动要求有开业剪彩、领导讲话、门店揭牌、舞狮采青、介绍菜品等环节。

为了图吉利，活动发起方要求 11 点 18 分准时剪彩。另外，活动应在 12 点左右开始，并将午餐折扣活动作为开张业务。

那么这场活动的流程应该如何写呢？如果活动发起方和项目经理都很懂舞狮和剪彩的流程，那么可以很简单地写：

1. 11:00 活动开始，奏乐起。
2. 狮队进场，领导上场进行点睛，点睛后进行舞狮表演。
3. 布置剪彩道具，请领导和嘉宾上场，11:18 准时剪彩。
4. 领导为门店揭牌，狮队吐幅。
5. 狮队表演采青，表演后退场。
6. 主持人介绍餐馆的菜品和活动。
7. 12:00 前活动结束，餐馆午餐开始。

虽然上述流程写得非常精简，但是其已经对整个流程做出了必要说明。如果项目经理对开业仪式有一定经验，看到这些即可完成执行。实际上，舞狮和剪彩在流程上有很多约定俗成的细节。比如，还可以这样描述流程：

1. 乐队开始奏开场乐（11:00）。

2. 开始擂鼓，狮队（4组）缓缓进场。

3. 停止擂鼓奏乐，主持人上场。

4. 主持人请领导（4人）上场，并站在舞台中心准备点睛仪式。

5. 领导站定后，开始擂鼓，狮队踩鼓点到达舞台中心。

6. 礼仪人员使用托盘捧上点睛之笔和墨水（11:10）。

7. 狮队转头面向领导，领导进行点睛。

8. 开始擂鼓奏乐，狮队舞狮表演，并绕场一周，最后停在两侧。

9. 工作人员将剪彩用花篮一字排开，展开剪彩丝带。

10. 停止擂鼓奏乐，主持人上场，请参加剪彩的其他领导和嘉宾上场。

11. 领导和嘉宾在花篮间就位，每人对准一段彩带。

12. 礼仪人员用托盘捧上手套和剪刀，发给每个剪彩的人。

13. 主持人宣布开始剪彩，领导和嘉宾剪彩（11:18），剪彩后上前合影。

14. 礼仪人员将门牌和支架搬运到位，领导A为新门店揭牌，合影。

15. 领导A念祝福对联，两侧狮队吐幅，合影。

16. 领导A发表讲话。

17. 开始擂鼓奏乐，狮队开始表演舞狮。

18. 领导和嘉宾在舞台后侧下场，工作人员为采青做准备。

19. 主持人宣布采青开始（11:40），狮队表演采青。

20. 停止擂鼓，狮队退场，停止奏乐（11:45）。

21. 主持人开始介绍餐馆的菜品和活动。

22. 开始午餐业务。

上述流程和之前的流程，本质上内容是相同的，但后者更加详细。有时候，我们有必要按照后面这种形式，将内容尽可能详细地写出来。

活动策划方案的正文几乎都是介绍性内容，没有也并不需要特意学习撰写方法，就像自我介绍一样，目录只是规定了你必须介绍的内容，但语言风格和入手角度是可以由自己决定的。在第8章我们会看到完整的活动策划方案，它体现的就是笔者的撰写风格。

不过活动策划方案不仅是"自我"介绍，而且可能还包括对"别人"的介绍。比如，活动中的餐饮、摄影摄像、灯光音响、舞台搭建、节目表演等，都可能由第三方供应商提供。因此在撰写活动策划方案时，可能需要向第三方供应商索要相关内容，并将这些内容和自己撰写的内容整合起来，形成完整的活动策划方案。

7.3　活动相关表格

在介绍活动策划方案目录时，我们在末尾的部分放置了各种表格。这些表格起到了总结的作用。比如，对于所需物料，它可能在活动的任何一个阶段被需要，被任何一个小组使用，因此会分布在整个活动策划中，而一张所需物料清单，就可以将分散的内容整合起来。因此笔者曾建议，在草稿阶段就准备好一些常见表格，可以在撰写活动策划方案正文的时候随时填充。

在本节我们将列出一些常见的表格，并以案例内容填充，读者可以参考这些表格的构成并用在自己的策划中。

7.3.1　活动预算表

活动预算表在表格中是非常重要的，不管是活动成本还是活动报价，花费总是活动发起方非常关心的问题。在活动预算表中，我们往往以这 4 项内容作为表头：项目、单位和数量、备注、总价。

- 项目：活动的各花费项目名称，按照对花费项目的称呼方式填写即可。项目可以是具体的单一项目（如花篮），也可以是整合项目（如剪彩道具）。
- 单位和数量：很多活动策划人在做预算时，习惯把数量、单位和单价分开来写，虽然这样能更清晰地表示出花费内容，但是同样也带来了麻烦。比如，要购买 100 支笔，但采购时是 5 支一盒包装的，那么是写"20"和"盒"呢，还是"100"和"支"呢？如果还要收取运费，那么运费是均摊到每一份单价里，还是单独再来一行运费呢？如果有满 10 免 1 等优惠，又要怎么写呢？体现这些内容会让表格变得冗杂，因此除非会计要求我们必须严谨地将单价写出来，否则建议忽略单价，将单位和数量放在一起。
- 备注：如果项目及单位和数量说不清楚到底是什么内容，或者项目的用途需要额外解释，即可以在备注里写明。
- 总价：项目的总花费，即计算了物品总价、运费、优惠等项目后的实际花费。

活动预算表的最后一行应该是合计，即计算表格内各项预算的总和，如表 7-1

所示。

表 7-1　活动预算表（样例 1）

项　　目	单位和数量	备　　注	总价/元
剪彩道具	1 套	剪刀、彩带和彩球、托盘	300
花篮	6 个		600
礼仪人员	3 位	托彩 2 人，递剪刀 1 人	600
主持人	1 位		1000
红地毯	10 米	租赁	1000
户外音响	1 套	租赁	300
合计			3800

　　当活动策划执行方为活动发起方提供服务时，除我方的服务之外，我们可能还需要用到第三方服务。此时我们有必要将不同来源的服务内容分开，以便在加价和计算税点的时候快速找到自己想找的项目，如表 7-2 所示。

表 7-2　活动预算表（样例 2）

类　　别	项　　目	单位和数量	备　　注	总价/元
我方代为购买	剪彩道具	1 套	剪刀、彩带和彩球、托盘	300
	花篮	6 个		600
税费	税费	1 份	按照 6% 计算	54
我方提供服务	礼仪人员	3 位	托彩 2 人，递剪刀 1 人	600
	主持人	1 位		1000
	红地毯	10 米	租赁	1000
	户外音响	1 套	租赁	300
合计				3854

7.3.2　活动推进时间总表

　　活动推进时间总表是整合了活动服务合同和活动策划方案的综合时间表，该表是需要活动发起方和活动策划执行方共同遵守执行的。一般来说，活动推进时间总表只需要 3 项作为表头内容：期间、工作事项、备注，如表 7-3 所示。

- 期间：事项的起止时间。所有事项都应该有起止时间，不论主要责任在哪一方。
- 工作事项：具体内容可以是签订合同、付款、执行活动等任何内容。
- 备注：当工作事项需要特别说明时，可在备注中解释。

表 7-3　活动推进时间总表（样例 1）

期　间	工　作　事　项	备　注
4 月 1 日—4 月 3 日	策划定稿	
4 月 3 日—4 月 6 日	签订合同，缴纳定金	定金为预算金额的 80%
4 月 6 日—4 月 8 日	完成设计工作	包括横幅和背景墙
4 月 6 日—4 月 11 日	活动物料完成下单	包括宣传品、服装、活动道具
4 月 13 日—4 月 14 日	购买活动保险	需提供准确的人员名单和身份证号
4 月 15 日—4 月 15 日	活动执行	
4 月 16 日—4 月 18 日	完成结算，确认尾款	根据实际消费多退少补
4 月 16 日—4 月 23 日	交付活动尾款	
4 月 19 日—4 月 26 日	开具活动发票并邮寄	结清尾款后 3 个工作日内即可开具发票

　　在某些时候，活动执行对事件的要求比较严格，或者活动发起方和活动策划执行方之间的信任感不强，因此双方不仅希望确定每个事项的执行时间，而且还希望明确双方的责任。此时，可以在表格里加入"主要责任方"一项。

　　在表 7-4 中，如果活动发起方不能提供人员名单和身份证号，那么活动策划执行方就无法购买保险；如果对于活动策划执行方来说购买保险是固定事项，那么活动发起方能否及时提供人员名单将决定该事项是否能够准时完成。因此活动发起方是此项的主要责任方。

表 7-4　活动推进时间总表（样例 2）

期　间	工　作　事　项	备　注	主要责任方
4 月 1 日—4 月 3 日	策划定稿		活动策划执行方
4 月 3 日—4 月 6 日	签订合同，缴纳定金	定金为预算金额的 80%	活动发起方
4 月 6 日—4 月 8 日	完成设计工作	包括横幅和背景墙	活动策划执行方
4 月 6 日—4 月 11 日	活动物料完成下单	包括宣传品、服装、活动道具	活动策划执行方
4 月 13 日—4 月 14 日	购买活动保险	需提供准确的人员名单和身份证号	活动发起方
4 月 15 日—4 月 15 日	活动执行		活动策划执行方
4 月 16 日—4 月 18 日	完成结算，确认尾款	根据实际消费多退少补	活动发起方
4 月 16 日—4 月 23 日	交付活动尾款		活动发起方
4 月 19 日—4 月 26 日	开具活动发票并邮寄	结清尾款后 3 个工作日内即可开具发票	活动策划执行方

　　注意，活动策划方案中的活动推进时间总表只能作为口头约定，在附加到合同中后才具有法律效力。

7.3.3 前期筹备人员和时间一览表

前期筹备人员和时间一览表又叫前期筹备时间表，即在什么时间内应该完成什么事项。笔者选择这样的标题，是想强调该表格最重要的是明确人员的责任，即每个任务具体应由谁来完成。前期筹备时间表的表头一般包含 5 项：事项、开始日期、截止日期、负责人、备注。

- 事项：前期筹备的具体任务。
- 开始日期：事项开始执行的日期。
- 截止日期：事项必须完成的日期。注意，这里之所以没有使用期间或执行时间，是因为前期筹备工作具有灵活性。理论上每个事项都应尽快完成，但实际上受限于工作量，真正的"尽快"是很难实现的。事项只要在某个日期前完成，不耽误其他事项，这样的日期就可以作为截止日期。
- 负责人：带领推进对应事项，并负责让事项在截止日期前完成的人。
- 备注：在前面的 4 个项目需要特别说明时，可在备注里解释。

前期筹备事项可以合并也可以细分。比如背景墙设计、桌卡设计、签到墙设计既可以分为 3 项列出，又可以合并为宣传品设计，只要确保工作职责明确，时间安排合理即可，如表 7-5 所示。

表 7-5 前期筹备时间表

事　项	开 始 日 期	截 止 日 期	负 责 人	备　注
KV 定稿	4 月 1 日	4 月 3 日	设计部部长	
宣传品设计定稿	4 月 3 日	4 月 7 日	设计部部长	在 KV 定稿完成后可进行
宣传品印刷	4 月 3 日	4 月 10 日	采购部部长	在宣传品定稿后才可进行
物料采购	4 月 3 日	4 月 10 日	采购部部长	物料必须提前 3 天到位

在表 7-5 中，备注说明了部分开始日期或截止日期的制定原因，你在制作表格的时候也可以参照这种方式进行标注。

7.3.4 活动现场时间和人员一览表

活动现场时间和人员一览表，即活动现场时间表。有时候活动每个阶段的负责人不同，需要额外标注，因此时间表和人员表往往同时出现。活动现场时间表的表头，实际有时间、事项这两项就足够了，根据实际需要，也可以添加负责人或地点事项。

在事项比较复杂，需要特别说明时，可以添加备注一项。

- 时间：事项的具体进行时间，一般精确到每 5 分钟。
- 事项：要执行的内容。

在表 7-6 中，不同活动阶段的负责人不同，而且负责人的变化比较重要，因此可以增加"负责人"这一项。在企业培训、节目表演、微电影拍摄等活动中，负责人经常随着活动阶段的不同而发生变化，所以往往单独列出。

表 7-6 活动现场时间表（样例 1）

时 间	事 项	负 责 人
09:00—10:30	团队合作和集体决策课程	主讲师
10:30—12:00	团队建设游戏	拓展培训师
12:00—13:00	午餐	项目经理
13:00—15:00	模拟沙盘实战演练	沙盘培训师
15:00—16:00	课程体验分享	主持人

有些时候，活动内容比较复杂，每个事项可能有多个负责人，如表 7-7 所示。在一场年会晚宴中，几乎每个事项都需要多方协作来完成。

表 7-7 活动现场时间表（样例 2）

时 间	事 项	负 责 人
06:00—13:00	会场布置（宴会厅）	项目经理
13:00—17:00	自由选择时间到场 彩排节目	项目经理、对接人、舞台总控
17:00—18:00	签到入场	项目经理、对接人
18:00—18:30	晚宴开始	项目经理、舞台总控
18:30—18:10	晚会表演：开场舞	项目经理、对接人、舞台总控
18:10—18:30	晚会表演：歌曲 1 晚会表演：舞台剧	项目经理、对接人、舞台总控
18:30—18:40	第一轮抽奖（三等奖）	项目经理、对接人、舞台总控
18:40—19:00	用餐时间	舞台总控
19:00—19:20	第一轮互动游戏	项目经理、游戏主持人、对接人、舞台总控
19:20—19:35	晚会表演：舞蹈 1 晚会表演：歌曲 2	项目经理、对接人、舞台总控
19:35—19:45	第二轮抽奖（二等奖）	项目经理、对接人、舞台总控
19:45—20:00	晚会表演：舞台剧 2	项目经理、对接人、舞台总控

时　　间	事　　项	负　责　人
20:00—20:15	播放企业年度视频	项目经理、对接人、舞台总控
20:15—20:25	第二轮互动游戏	项目经理、游戏主持人、对接人、舞台总控
20:25—20:35	第三轮抽奖（一等奖）	项目经理、对接人、舞台总控
20:35—21:00	晚会表演：舞蹈 2 晚会表演：朗诵 晚会表演：歌曲 3	项目经理、对接人、舞台总控
21:00—21:20	优秀员工颁奖	对接人、舞台总控
21:20—21:30	第四轮抽奖（特等奖）	项目经理、对接人、舞台总控
21:30—21:50	晚会表演：吐槽大会	项目经理、对接人、舞台总控
21:50—22:00	晚会表演：难忘今宵	项目经理、对接人、舞台总控
22:00—22:30	主持人宣布晚宴结束 自由祝酒，合影，散场 摆渡大巴发车返回市中心	项目经理、对接人、舞台总控

在表 7-8 中，活动地点随着活动项目的变化而变化，而这一改变的影响较大，因此将地点作为表头项目。除表格中列举的综合性活动之外，类似的场地不断发生变化的活动还包括户外徒步活动、旅游活动、多日拓展培训活动等。

表 7-8　活动现场时间表（样例 3）

时　　间	事　　项	地　　点
09:00—12:00	年度总结会议	大会议室
12:00—13:00	午餐	小宴会厅
13:00—17:00	企业拓展活动	大草坪
17:00—21:00	年会晚宴	大宴会厅

7.3.5　舞台总控规划表

所谓的舞台总控，指的是在围绕舞台进行的表演活动中，对表演人员、多媒体设备和舞台道具等进行指挥控制。舞台总控规划表，就是一张列出了舞台表演顺序和各单位配合方式的表格。

在舞台表演内容不复杂的情况下，可以制定简单的舞台总控规划表，表头包含 5 项：流程、时间、事项、舞台负责人、备注。

● 流程：活动整体流程，可以看作对若干事项的总结，比如，上半场节目表演。

- 时间：事项的具体时间，一般精确到 5 分钟。
- 事项：具体的项目或环节名称。
- 舞台负责人：在活动进行时，负责舞台方面的人员。舞台负责人一般要监督演职人员、演出道具、麦克风等的到位情况。
- 备注：事项需要怎样的配合，可以在备注部分说明。

表 7-9 就是一则简单的舞台总控规划表。我们在表格里列出了如何根据节目控制大屏幕（播放 PPT、视频、照片、软件界面）和音响（播放音乐、视频声音、软件声音）。在实际表演时，可以根据这个表格来进行多媒体操作。

表 7-9　舞台总控规划表

流　程	时　间	事　项	舞台负责人	备　注
第一段表演	18:00—18:10	晚会表演：开场舞	项目经理	播放节目视频
	18:10—18:15	晚会表演：歌曲 1	项目经理	播放歌曲 MV
	18:15—18:30	晚会表演：舞台剧	项目经理	播放节目音效 播放背景 PPT
	18:30—18:40	第一轮抽奖（三等奖）	项目经理	播放抽奖软件界面（含音效）
用餐时间	18:40—19:00	用餐时间	主持人	播放轻音乐 轮播活动现场照片
第二段表演	19:00—19:20	第一轮互动游戏	游戏主持人	播放背景 PPT 播放游戏音效
	19:20—19:30	晚会表演：舞蹈 1	项目经理	播放节目视频
	19:30—19:35	晚会表演：歌曲 2	项目经理	播放歌曲 MV

在正式的大型活动中，舞台总控规划表则要复杂得多。表头项目可能包括流程、时间、事项、大屏幕、音频、麦克风、灯光、道具、舞台负责人、备注。也就是说，我们要在表格中将每一个节目每一个环节需要的外部配合全部列举出来，以保证各部门都清楚如何配合舞台执行操作。其中需要额外重视的几个方面如下。

- 大屏幕：不仅要写出大屏幕应播放什么内容，还应写明节目信号从几号信道输出。在大型晚会上，理论上大屏幕不能熄灭也不能出现鼠标操作，这就需要多台电脑通过切换信道实现大屏幕内容的无缝切换。比如，1 号电脑还在播放上一个节目的 PPT 时，2 号电脑就应准备好下一个节目的视频，在上一个节目表演结束之后切换到 2 号电脑的信道，这样 1 号电脑就可以准备下一个节目的内容了。大型活动现场往往需要 3 台以上的电脑，如果不写明白，则很容易导致大屏幕切换不完美。

- 音频：音频同样要写明需要播放什么音频，以及从哪个信道输出。音频输出比视频还要复杂，主持人的手持麦克风、表演者的小蜜蜂麦克风、电脑的音频输出、乐器的音频输出等可能都需要连接到音频控制台，且每台设备都对应不同的信道，需要手动进行切换。许多节目要用到不止一个麦克风，这也会使音频信道的数量增加。

- 灯光：舞台相关的灯光一般分为 4 类。第 1 类是外部照明灯光，比如，在酒店宴会厅搭建舞台进行表演，那么宴会厅本身的照明灯光就是外部照明灯光。第 2 类是舞台照明灯光，包括面光（正光）、耳光（侧光）、顶光等，用于照亮舞台的某部分或表演者。第 3 类是效果灯光，用于塑造舞台气氛或照亮舞台外部，比如，流动光、天排光、地排光等。第 4 类是追光，即追随舞台表演者或移动物体的束状灯光。根据活动需要，这 4 类灯光的开关和使用方式都需要写明。外部照明、追光灯等一般是无法连接到灯光控制台的，因此需要至少 3 个人控制灯光。

7.3.6　所需物料一览表

所需物料一览表顾名思义，就是列举出活动需要的物品。所需物料一览表里的物品可以是仓库里已有的，也可以是需要购买或租赁的。一般来说，所需物料一览表的表头会有 5 项：用途、道具、单位和数量、备注、总价。

- 用途：物料要用在哪里，可以根据实际情况将这一项改为活动、阶段或节目等。
- 物料：具体的物料名称。物料名称一般写明内容即可，比如雨衣。如果物料对品牌有特殊的要求，或者价格明显比同类物料贵，则应该一并写明品牌，比如，百岁山矿泉水。
- 单位和数量：基于我们介绍过的原因，这里依然将单位和数量放在一起，同时不写出单价。
- 备注：如果有需要特别解释或说明的内容，可以在备注里写明。如果物料有不同规格，也可以在这里写明。另外，对于有物料仓库的活动策划公司，可以在备注里写明该物品的仓储位置。
- 总价：使用该数量的这个物料产生的总成本。如果物料是需要采购或租赁的，总成本应包括物料总价、租金、优惠价格、运费等。

所需物料一览表的最后一行应有合计一项，用来计算本次活动的总物料花费，如表 7-10 所示。我们此处使用了在库的气球，而气球是消耗品，因此计算了价格；同样在库的宣传展板，则属于可重复使用的非消耗品，因此不计算价格（该价格在前几次活动中已经计算过了）。

表 7-10　所需物料一览表（样例 1）

用　　途	物　　料	单位和数量	备　　注	总价/元
剪彩	剪刀	2 把	需捆红丝带	40
	彩球	3 个		150
	彩带	1 条		100
	托盘	3 个		60
场地布置	花篮	6 个		600
	红地毯	10 米	租赁	1000
	气球	1 包	仓库内有	20
	宣传展板	3 块	仓库内有	0
合计				1970

在物料需要采购，且需要严格控制物料的到位时间时，可以在所需物料一览表的表头增加到库日期一项。

假设剪彩仪式要在 7 月 7 日举行，那么我们应保证零散的活动道具提前 3 天到位，也就是 7 月 4 日要到位，而红地毯等大件物料，提前 1 天到位即可，至于花篮等会自行损坏的物料，甚至可以当天早上到位。按照上述要求，将这些物料的交付日期标注在表格里，如表 7-11 所示。

表 7-11　所需物料一览表（样例 2）

用　　途	物　　料	单位和数量	备　　注	交 付 日 期	总价/元
剪彩	剪刀	2 把	需捆红丝带	7 月 4 日	40
	彩球	3 个		7 月 4 日	150
	彩带	1 条		7 月 4 日	100
	托盘	3 个		7 月 4 日	60
场地布置	花篮	6 个		7 月 7 日	600
	红地毯	10 米	租赁	7 月 6 日	1000
	气球	1 包	仓库内有	在库	20
	宣传展板	3 块	仓库内有	在库	0
合计					1970

在活动参与人员构成比较复杂的时候，可以制作一张物料领用表。当执行人员在

活动中领用物料时，应登记他们的名字，以便有针对性地进行回收，并在发生物品丢失时进行追责。

物料领用表的表头项目包括物料、领用日期、领用人、单位和数量、备注，如表 7-12 所示。物料领用表制作完成后应该是空白的，因为同一份物料可能被不同的人领取多次，所以没有必要把物料一栏提前填好。

表 7-12　物料领用表

物　　料	领 用 日 期	领 用 人	单位和数量	备　　注
对讲机	2018 年 5 月 22 日	活动 A 项目经理（姓名）	4 个	
空白队旗	2018 年 5 月 23 日	活动 A 项目经理（姓名）	5 个	实际需 4 个，备用 1 个
旗杆	2018 年 5 月 23 日	活动 A 项目经理（姓名）	4 个	
画笔	2018 年 5 月 23 日	活动 A 项目经理（姓名）	4 盒	
工作证	2018 年 5 月 24 日	活动 A 项目经理（姓名）	8 个	
对讲机	2018 年 5 月 4 日	活动 A 主教练（姓名）	3 个	
矿泉水	2018 年 5 月 24 日	后勤部部长	4 箱（48 瓶）	用于活动 A

7.3.7　工作人员一览表

工作人员一览表应列出我方所有工作人员，包括我方公司职员和我方雇佣的兼职工作人员。工作人员一览表的表头一般包括职务、人数、备注、薪资或补贴、合计。

- 职务：该类工作人员在活动中担任的角色，比如，摄影师、礼仪人员等。
- 人数：该类工作人员的人数。
- 备注：该类工作人员的职责、注意事项、任务等，也可用于写明其他需要特别注明的内容。
- 薪资或补贴：我方雇佣的兼职人员的成本为薪资，我方公司成员参与活动执行所得的额外报酬为补贴。为避免产生误解，这里的薪资或补贴都指的是单人所得金额。
- 合计：人数和薪资或补贴的乘积。

在工作人员一览表的最后一行，应有总人数和合计（总共的人力花费），如表 7-13 所示。

表 7-13　工作人员一览表（样例 1）

职　　务	人　　数	备　　注	薪资或补贴/元	合计/元
主教练	1	负责带领参与者进行活动	1000	1000
项目经理	1	负责现场指挥活动执行	1000	1000
摄影师	1	负责拍摄照片，配备单反相机和无人机	800	800
工作人员	10	负责活动现场的杂务	500	5000
礼仪人员	3	负责引导接待和协助颁奖	300	900
总人数	16	合计	8700	

　　当工作人员总人数较多时，为了方便管理，往往会对他们进行分组，并为每个组指派一个组长，如表 7-14 所示。在完成分组之后，当我们需要某个组别的工作人员配合活动执行时，只需要联系该组的组长，再由他们向具体工作人员下发任务即可。在活动执行前夕，应制作带有各组组长联系方式的工作人员联络表，并将它分发给主要工作人员。

表 7-14　工作人员一览表（样例 2）

组　　别	组　　长	职　　务	人　　数	备　　注
培训组	主教练（名字）	主教练	1	负责带领参与者进行活动
		辅助教练	5	负责辅助主教练完成活动
摄影组	主摄影师（名字）	摄影师	1	负责拍摄照片，配备单反相机和无人机
项目组	项目经理（名字）	项目经理	1	负责现场指挥活动执行
		工作人员	5	负责活动现场的杂务
		礼仪人员	3	负责引导接待和协助颁奖
总人数			16	

7.3.8　对接联络表

　　对接联络表是执行活动专用的表格，当前期沟通的和执行活动的并非同一个人时，就需要对接联络表。比如，作为活动策划人，你在前期和某酒店的销售沟通并预定了宴会厅，那么在执行活动的时候你就需要将酒店销售的信息交给项目经理。

　　对接联络表的表头一般包括事项、对接人、职位、联系方式、备注。

- 事项：对接人能提供的服务内容，或对接人的管辖范围。
- 对接人：对接人的名字或称呼。
- 职位：对接人的具体职位。

- 联系方式：如何联系对接人。如果有多个联系方式，应都填写上。
- 备注：和对接人沟通时需要注意的事项，或者其他需要写明的事项。

对接联络表如表 7-15 所示。如果活动现场有多个可以指挥活动的工作人员（比如项目经理和活动策划人同时在场），应让他们人手一份对接联络表，可以减少项目经理的压力，防止对接失误和其他突发情况。

表 7-15　对接联络表

事　　项	对 接 人	职　　位	联 系 方 式	备　　注
酒店房间预定	孙女士	HD 酒店销售经理	020-13000001 13000000001	周一周五休息，拨打座机
酒店会议室预定	李小姐	HD 酒店会议负责人	020-13000002 13000000002	周一周二休息，拨打座机
大巴车预定	赵钱孙	YS 租车公司经理	13000000003	
大巴车司机	王师傅	YS 租车公司司机	13000000004	

第 8 章

撰写活动策划方案：团队活动案例

在前面的章节中，我们讲解了活动策划的理论、活动策划的思维方式和活动策划方案的撰写方法，虽然引入了很多案例，但是也仅局限于特定步骤。在本章中，我们将利用这些知识，针对具体案例完成一次完整的活动策划。

各位读者可能觉得我们介绍的活动策划方法是非常复杂的，但学习讲究由繁入简，当我们学会了用系统性的方法处理个别问题的时候，就会发现其实这种方法是既简单又实用的。

各位读者可以和笔者一起完成这次实践，但要记得，活动策划并没有所谓的业界标准，它是一项很灵活的工作。因此在实践时，笔者会尝试选择不同的思维工具和撰写方式，以完成具有个人风格的活动策划。

下述内容取材自真实案例，但已经经过改编和保密处理，出现的名称均为虚构，如有雷同，纯属巧合。

8.1 团队背景和活动需求

在介绍具体活动之前，我们先假设有个活动策划公司叫作 HD 企业咨询公司（下文简称 HD 公司）。本次案例的活动就是由 HD 公司负责策划和执行的。要想了解活动执行过程中各部门如何配合，就有必要先了解活动策划公司本身。HD 公司代表了活动策划公司的典型结构，请注意各部门在活动执行时是如何分工合作的。

8.1.1　活动策划公司构成

HD 公司承接企业会议、企业活动、企业培训等业务，而我们是 HD 公司的活动策划人。HD 公司的活动策划执行团队共有以下几个相关部门和主要人员。

- 市场部：负责推广公司业务，售卖公司的服务；与活动发起方的对接人沟通，保证活动订单的签订；对订单利润负责。部门负责人兼销售（之一）：Hua。
- 策划部：负责构思、撰写、修改活动策划方案并监督执行，也负责进行活动的前期调查和初步对接。策划部还负责撰写活动文案及设计新产品。活动策划人即属于这个部门，在后文使用第一人称指代。
- 项目部：负责活动执行、业务对接、现场彩排、媒体联络、多媒体运营等。总而言之，项目部要保证活动项目的顺利推进，如果活动需要兼职或临时聘用的志愿者、工作人员、摄影师、礼仪人员等，也由项目部负责招募。当活动需要舞台搭建、摄影等由第三方供应商提供的服务项目时，项目部要负责采购和现场监督。部门负责人兼项目经理（之一）：Li。兼职临时聘用专员：Ma。
- 培训部：负责企业培训、拓展培训、团队建设、户外徒步等活动中的教练、领队工作，可以兼任活动主持。部门负责兼主教练（之一）：Yang。
- 设计部：负责活动相关的平面设计、效果图设计和视频编辑，也负责监督打印印刷、道具制作、舞台搭建、室内布置等工作，在非旺季兼任摄影师。部门负责人兼总设计师：Zhao。
- 后勤部：负责管理仓库库存，采购和运输活动物料。如果在活动中需要由活动执行方提供食物、饮水和医疗保障等，也由后勤部负责。部门负责人：Sun。

假设本次活动中的相关事项，都是由这些部门所列出的成员负责的，我们在执行项目时和他们进行对接，部门中的其他成员已被省略。另外，和活动执行不直接相关的部门（比如财务部和人力资源部）已被省略。

在很多活动策划公司中，策划部和设计部是合并的，项目部和培训部是合并的，这取决于公司的规模和业务范围。

8.1.2　活动需求和初步沟通

6 月 15 日，科技设备销售业务的 US 科技公司（下文简称 US 公司）来电咨询业务，市场部负责人兼销售人员 Hua 接待了他们的对接人 Lisa，并初步确定活动需求如下：

US 公司的董事长希望在 1 个月后，进行一场全公司人员都能够参与的户外露营活动，以增强公司的凝聚力，活跃团队气氛。已知 US 公司大约有 30 人，预算在 4 万元左右。

很多时候，我们得到的活动需求都是像上面这样的，只有一个模糊的概念，缺少具体内容。因此需要活动策划人或销售人员和对接人进行沟通，将活动需求变得更加具体，否则便缺少策划的依据，可能导致不必要的错误。

根据上述内容，需要重点搞清楚的问题如下：

- 活动档期。虽然到 7 月中旬还有 1 个月左右的时间，筹备时间相对比较充裕，但是 7 月是活动旺季，如果露营安排在周末，那么预订场地的难度可能较大。
- 活动时间安排。要进行户外露营，就意味着至少有 1 夜住宿，那么活动至少为期 2 天。30 人共 4 万元的预算对于 2 天 1 夜的活动来说是可以接受的，但如果活动时间是 3 天 2 夜，那么就相当勉强了。
- 活动地点。户外露营这一条件对活动地点做出了限定，与此同时还要考虑距离的问题。如果到达活动地点需要 3 小时，那么就会占用半天的活动时间，从而带来 1 个项目的费用差距。
- 人员构成。从增强凝聚力和活跃气氛等要求来看，基本可以确定需要进行拓展培训或团队建设活动，因此有必要预先了解 30 个参与者的性别比例和年龄分布，以预估参与者能接受的运动强度，选择合适的项目。

从上述 4 点出发，我们和 Lisa 再次进行沟通。在沟通时，为了获得一些感性的信息，可以询问一些关于公司文化的问题，比如，公司有什么传统、老板有什么爱好等。沟通后，整理得到的活动需求如下。

US 公司希望在 7 月中旬组织一场公司拓展培训活动。Lisa 是 US 公司董事长的助理，全权负责这次活动的对接和沟通。

活动主要有 3 个目的：

- 强化公司成员之间的沟通和交流，增进友谊和默契。
- 让公司成员参与户外活动，放松身心，锻炼身体。
- 构建丰富的公司文化。

活动的具体需求如下：

- 关于时间：初步确定时间是 7 月 19 日—7 月 20 日两天（分别为周五和周六）。7 月 19 日早上从市区集合出发，上午开始活动。7 月 20 日上午仍安排活动，吃过午饭后返回。
- 关于地点：希望在市区附近的度假村或景区进行活动，车程尽量控制在 2 个小时以内。由于 7 月 19 日晚上希望安排户外露营（使用帐篷），因此活动地点必须有相应服务。
- 关于参与者：预计 US 公司上至董事长、下至普通员工全员参与活动，共 30 人左右。公司成员男女比例约为 3：2，年龄大多在 28～35 岁，行动能力较强。
- 关于活动：公司对 7 月 19 日白天的活动没有特殊要求，进行以娱乐为主的户外活动即可。希望 7 月 19 日晚上有露天烧烤和篝火晚会。另外，由于公司两位高层都非常喜欢踢足球，因此希望在 7 月 20 日上午安排一场足球赛。
- 其他要求：由于所在城市 7 月份温度较高，且活动为户外活动，因此希望提供一定避暑措施。

虽然 US 公司给出的活动预算不算太高，在以往的同规模案例中属于中等偏低水平（2 天 1 夜的活动，包括食宿人均 1300 元左右），但是户外露营的成本往往比住酒店低，且第二天进行的足球赛也不会造成很高的花费。因此在设计活动时仍然有比较大的利润空间。

仅通过沟通挖掘活动需求，活动内容就被细化到了这种程度，是不是感觉活动策划方案似乎已经跃然纸上了呢？

在大多数情况下，活动发起方对于活动有很多想法，但由于他们不懂活动策划，因此未必能够很好地表达出来。作为活动策划人，应尝试用自己的专业能力进行引导，帮助活动发起方细化需求。

8.2　分析需求，完成活动框架

在确定了需求后，我们就要开始进行策划工作了。

首先，由于在 US 公司提出的活动需求中并没有出现具体指标，因此对我们来说，能举办一场让参与者开开心心的拓展活动就算是成功了。那么以此为目标，我们需要分析当前需求带来的条件限制。

在分析过活动需求后，我们就可以开始构思活动框架了。由于这场活动不涉及营销，因此不需要考虑市场调查，我们可以在构思活动框架时选定活动的主要项目。

8.2.1　分析活动需求

在本次的活动需求中，最大的难点是场地问题。为什么这么说呢？因为在活动需求的许多方面都涉及到场地。

- 要求从市区出发，车程控制在 2 个小时以内，那就意味着场地只能在市区周围大约 100km 的范围内选择。
- 要求活动场地可以安排户外露营，第一要考虑是否有合适的露营地点，第二要考虑场地是否允许露营。另外，有些场地无法提供帐篷，需要自行租赁带入。
- 要求场地能够举行露天烧烤和篝火晚会。这两点都对场地的服务能力提出了要求，具有很强的筛选性。
- 要求场地能够提供常规餐饮。虽然活动需求中只要求了一次露天烧烤，但是仍然有两顿午餐和一顿早餐需要解决，如果场地无法提供餐饮服务，则意味着要额外考虑餐饮的问题。
- 要求场地有足够大的草坪或软质地面，这是为足球项目准备的，标准的足球场地接近 11 亩（1 亩≈666.7 平方米），即便是进行小规模的足球赛，也应保证有 6 亩到 8 亩的可用场地。如果场地方能提供球门就更好了。
- 要求场地附近有足够大的室内场地。目前所有项目都是户外活动，但我们必须保证附近有可用的室内场地，以作为下雨天的备选场地。

综合以上要求，我们基本可以排除封闭式景区和酒店了。距离市区较近的封闭式景区大部分是非 24 小时营业的，一般不支持露营，也基本不允许进行私人性质的篝火晚会。虽然酒店有可能提供户外场地和室内场地，但是在酒店露营和进行篝火晚会也是几乎不可能的。

开放式景区和度假村或许可以满足条件。开放式景区附近的商贩会针对景区开展业务，露天烧烤、露营等可移动到景区内的服务一般由他们提供。如果度假村设施齐全，则可以一次性满足所有需求。

也就是说，一旦场地达到要求，大部分活动需求都可以被满足。在剩余的需求中，还有 3 点需要分析：一是交通问题，即参与者们如何前往活动场地；二是具体安排什么活动项目；三是活动的对外形象问题。

交通问题比较容易解决。一般来说，30 个人乘坐一辆商务大巴即可。对于这个人数，活动策划公司一般会选择 50 座到 60 座的大巴以保证乘坐的舒适性。另外，有足够多的额外座位，可以让部分工作人员和活动参与者一起前往场地，节约活动策划公司的运营成本。

活动的具体项目可以在构思活动框架时决定，这里暂时不做讨论。

对外形象问题，主要指的是活动相关的设计、宣传、摄影等问题。比如，是否需要提供统一的服装；是否需要录像并制作视频；是否需要横幅、易拉宝、刀旗等小型装饰道具；是否需要舞台、背景板、起点门等大型装饰道具。根据活动发起方的预算情况，活动策划人应适当选择部分项目加入活动策划方案，在提升活动对外形象的同时增加活动利润。

8.2.2　构思活动框架

我们说过，活动框架对应的是活动的筹备阶段。没有目标，就没有所谓的筹备，因此我们要先整理活动目标，再分解达成目标的过程。

根据需求和活动策划惯例，我们当前可以确定的目标如下。

（1）尽量在 7 天内定稿活动策划方案，即将执行时间和筹备时间安排在 6 月 22 日—7 月 18 日。

（2）需要提前预订活动场地和餐饮（尽量提前半个月以上）。我们假定在 7 月 4 日—7 月 8 日完成场地和餐饮的预定，并确定价格签订合同。

（3）应至少提前 3 天购买户外活动保险。我们假定在 7 月 14 日—7 月 16 日完成收集活动参与者名单（姓名、身份证号或护照号）并购买保险的任务。

（4）预计制作活动服装（带 Logo 刺绣的 T 恤和帽子）和横幅，因此需要设计、印刷、制作和运输的时间。假定相关工作在完成活动策划后尽快开始，在 6 月 23 日至 6 月 28 日完成服装和横幅的设计。服装制作工作需要收集参与者的身高等信息，无法立刻开始，因此我们暂且假定 7 月 4 日开始制作服装，10 天左右完成。

（5）需要采购活动道具，比如，便携式足球门、记分牌。在确定具体活动项目后，可能还需要增加采购内容。采购时要考虑运输时间问题，我们假定运输时间为 7 天，且所有物料（包括服装和横幅）在 7 月 16 日验收。

（6）根据活动需要，可能需要雇佣兼职教练，如足球裁判员。这类兼职人员可以在当地体育学院进行招聘，招聘时间不需要提前太多，在 7 月 11 日—7 月 14 日进行即可。在活动开始之前，需要和兼职教练一起开会，确定执行细节。

我们可以将这些目标对应的事项用甘特图表示，如图 8-1 所示。

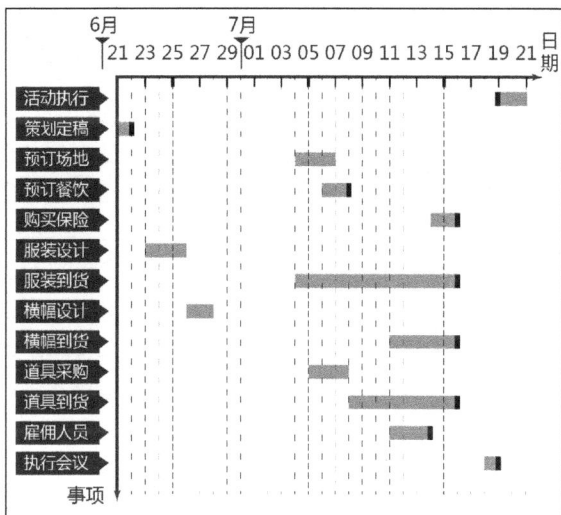

图 8-1　活动筹备甘特图（一）

当然，你也可以选择使用鱼骨图或思维导图。通过图 8-1 中的甘特图我们可以看出，照目前来看，筹备时间整体是比较充裕的，许多准备工作可以适当推迟。道具采购和设计工作即便因为具体项目有所增加，也可以合并到现有的项目中。

除分析现有的目标之外，我们还可以将活动当天的事项按照时间顺序排列出来，这样就可以根据各个事项来思考需要做的准备工作。目前我们已经基本可以确定活动当天的流程，具体如下：

（1）在市区集合，乘大巴前往活动场地。集合地点可以先选在 US 公司楼下，如有需要再进行调整即可。

（2）到达场地后简单整理物品即可开始活动。可以按照拓展培训的标准流程（破冰、热身、团队建设）进行活动。

（3）完成团队建设活动后，可以利用整个白天进行一场主题活动，活动结束后进行总结分享及合影留念。

（4）尽量在天黑前完成扎营，然后开始露天烧烤，完成烧烤后进行篝火晚会。

（5）当晚进行露营。

（6）第二天上午热身后，开始足球比赛活动，同时为不参加足球比赛的参与者提供可玩的项目。

（7）下午安排返程，活动结束。

在这样的流程安排中，加入三餐和场地切换的步骤，我们可以梳理出一个大致的活动时间表，如表 8-1 所示。

表 8-1　活动时间表（一）

第 一 天	
时　　间	事　　项
上午	US 公司楼下集合
	乘大巴前往活动场地
	破冰活动、热身活动
	团队建设活动
	上午活动项目
12:00 左右	活动场地午餐
下午	下午活动项目
	总结分享，合影留念
	前往烧烤露营场地
	扎营
18:00 左右	露天烧烤
18:00—21:00	篝火晚会
21:00 左右	睡觉
第 二 天	
早上	烧烤露营场地早餐
08:00 左右	集合
上午	热身活动
	足球活动，辅助活动项目
	总结分享，合影留念
12:00 左右	活动场地午餐
下午	乘大巴前往 US 公司
	活动结束

在梳理了现有的流程后，我们找到了新的待办事项，以及部分需要沟通确认的事项。

（1）租赁大巴车。在 US 公司和活动场地之间往返需要大巴车，除此之外，烧烤露营场地和活动场地之间的路程可能也需要大巴车。本次活动 1 辆大巴车就可以满足需求。如果用车时间不在旅游热门时段，则提前一周致电运营公司即可，因此我们假定 7 月 13 日进行此步骤。

（2）可能需要租赁帐篷和露营设备。需要确认活动场地是否能提供帐篷、防潮垫、睡袋（或被褥）等露营设备。另外，还要考虑活动场地是否能解决充电、洗澡、上厕所等问题，如果不能，则需要想办法解决这些问题。

（3）可能需要准备冷餐。需要确认活动场地是否能提供早餐和午餐，如果不能，也要想办法解决。

此时我们发现，除租赁大巴车这一项可以直接加入甘特图外，其他两项都需要在确认场地之后才能做决定。在确认场地之前，建议先决定剩余的活动项目，这样在筛选场地的时候可以为活动项目创造条件。

当前我们缺少的项目有 3 个，具体如下。

（1）辅助活动项目，即第二天（7 月 20 日）在进行足球活动时，为不想参加足球活动的成员准备的项目。一般来说，准备一些桌上游戏道具供参与者自由游玩即可，比如扑克牌、麻将、狼人杀卡牌、三国杀卡牌等。如果场地本身可以提供游乐设施，那也是一种很好的选择。

（2）篝火晚会活动，即第一天（7 月 19 日）晚上篝火晚会时进行的活动项目，一般由主教练决定即可。如果主教练的篝火晚会经验比较丰富，甚至可以现场发挥，因此我们暂不考虑这个问题，直接向主教练索要方案。

（3）主要拓展项目，即第一天（7 月 19 日）白天的活动项目。这是我们下面要思考的问题。

7 月正值盛夏，天气炎热，虽然我们为活动参与者准备了帽子，但是在选择活动项目的时候仍然要考虑消暑的问题。我们可以优先考虑能玩水的活动，比如拓展活动中经典的扎筏泅渡。

下面我们根据扎筏泅渡项目的内容和当前的时间安排，简单介绍和分析一下这个项目。

项目名称：扎筏泅渡（团队对抗版）。

适合人数：15 人以上。

活动用时：4 小时~8 小时。

活动性质：团队对抗。

场地要求：100 平方米以上较安全的水域场地（游泳池、小型湖、小型人工河、浅海等，静态水域或流速较低的水域，水深不宜超过 3 米，水的底面应有一定硬度）。

活动简介：活动参与者使用有限的材料扎一艘木筏（见图 8-2），并利用木筏载人跨过指定水面。

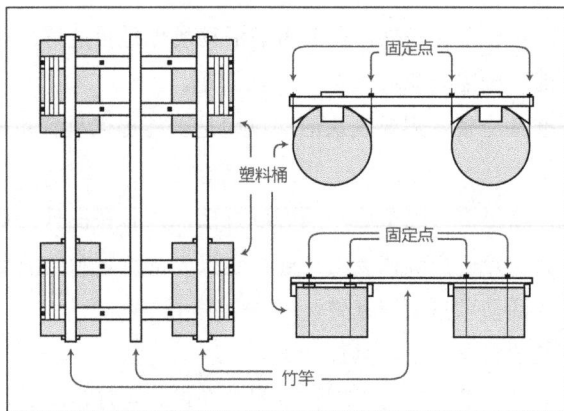

图 8-2　扎筏泗渡木筏示例图

活动流程：

（1）将参与者分组，每组 8~15 人，男女比例和总体重差异不宜太大。每组的初始分数为 50 分。

（2）主教练讲解，内容主要包括获取道具的方式、木筏的设计原理、划木筏的方式，安全须知和注意事项等。

（3）可进行多个小游戏，按照成绩和名次获取扎筏道具、装饰用道具和划桨。如果时间不充裕，则可不进行小游戏，直接定额发放道具。

（4）各组在指定区域自行设计木筏并完成制作和装饰。此时开放交易处，在小游戏环节获取的多余道具可以出售换取积分，当道具不够时，则需要用积分购买道具。

（5）各组依次介绍木筏的设计理念并合影留念。各组从性能、外观、寓意三个方面相互对木筏进行评分，结果计入分数。

（6）各组领取救生衣，将木筏搬运至水域，进行下水仪式。木筏下水后，主教练再次强调安全事项，各组自由练习。

（7）主教练讲解比赛规则，各组在起点就位，开始泗渡比赛，结果计入总分。

（8）比赛结束后将木筏带回地面，进行颁奖典礼。全体参与者与木筏合影。

（9）各组自行拆解木筏，将废弃材料按类型堆放在指定位置，清理自己区域内的垃圾。场地清理情况计入总分。

（10）主教练总结分享，活动结束。

活动所需物料如下。

（1）扎筏材料：可以在塑料桶、竹竿、木棍、木板、塑料布、轮胎、粗绳、螺钉、扎带等材料中选择一部分。准备多种可相互替代的材料供团队选择，以便发挥团队的创意。

（2）制作工具：锯子、螺丝刀、锤子、锉刀、剪刀、手摇钻等。

（3）泅渡道具：划桨、救生衣、撑杆等。

（4）装饰材料：白布、颜料、画笔、气球、彩带等。如果使用颜料，还应准备塑料布和一次性隔离服，以防污染场地和衣物。

（5）记分卡：教练持有，用于计分。

（6）小游戏道具：根据小游戏内容准备，一般选择耗时短、道具简单的小游戏。比如，个人可完成的：魔方、孔明锁、汉诺塔、九连环、魔术锁扣、钓鱼机等；对战型的：21 点（扑克牌）、抽鬼牌（扑克牌）、压大小（骰子、杯子）等。时间充裕时也可选择拓展游戏，如击鼓颠球（颠球鼓、排球或网球）、不倒森林（细 PVC 管）、水到渠成（粗 PVC 管切开、高尔夫球）。

（7）场地布置道具：刀旗、横幅、地标带、卷尺、测距仪、浮漂、警戒带、路桩等。

（8）其他。如果出现水温较冷或降温的情形，则可以准备姜汤、大衣等物资。

活动所需人员如下。

（1）主教练：负责领导全场，推进流程。

（2）跟队教练：负责监督各小组表现，维持秩序，保护人员安全，检查工作的到位情况，为小组成员答疑。

（3）辅助教练：辅助主教练完成活动杂务，负责搬运物资、引导人员、保护现场环境、布置场地、饮水后勤等。

（4）安全保障人员：需要配备有救助溺水者经验的救援人员至少一名，有急救经验的医疗人员至少一名，可以和上述职务重合。

在这个项目中，我们加入小游戏环节，把获取材料的阶段放在上午，把扎筏和比赛的阶段放在下午。由于上午的时间包括了路程时间和破冰、热身的时间，因此选择简单快速的小游戏即可。

一旦选定扎筏泅渡作为主要活动项目，就对场地提出了额外要求：必须有可用的水域。根据对场地的各种要求，我们可以先联系附近的公开景点、度假村、酒店、拓展基地等场地，选出符合要求的场地，再结合实际情况细化活动时间表和活动框架。

经过查询，我们找到了几个符合要求的场地，其中一个场地是 JR 度假酒店，距离 US 公司大约 80km，度假酒店内有人工湖和沙滩，具体如下。

场地名称：JR度假酒店。

场地性质：中高档度假酒店（四星标准）。

场地位置：距市中心约90km，距US公司约80km（车程1个半小时左右）。

场地简介：JR度假酒店是集住宿、餐饮、娱乐为一体的综合服务酒店，其有酒店商务房、酒店湖景房、独栋别墅三种主要住宿类型；建有游乐场、游船码头、沙滩等娱乐设施；可提供标准自助餐、点餐式自助餐、普通桌餐、高档桌餐、露天烧烤等餐饮服务；内有人工湖，可划船，从湖中引出一条人工河流穿过度假酒店一侧。JR度假酒店平面图如图8-3所示。

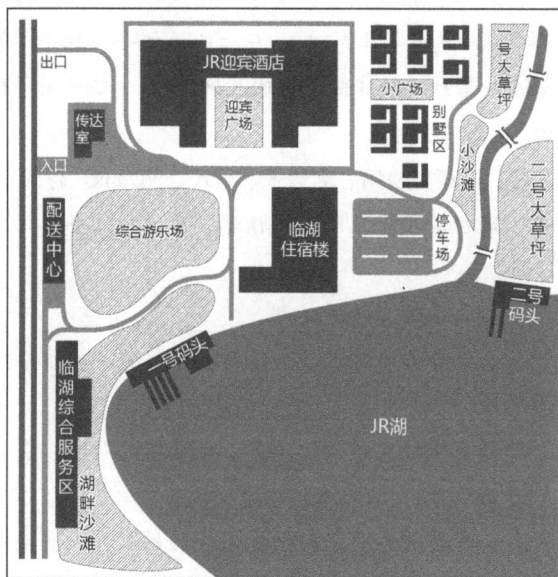

图8-3　JR度假酒店平面图

JR度假酒店的主要设施如下（从上到下，从左到右）。

- 综合游乐场：内有碰碰车、旋转木马、摩天轮等游乐项目，餐饮住宿等每满一定金额即增一张游乐项目通票。
- 临湖综合服务区：可提供桌餐，以及点餐式自助餐、酒水饮料、露天烧烤等服务；可提供帐篷、遮阳伞、泳衣、水上用品等物品的租赁服务。
- 一号码头：JR湖湖上驳船的发出码头之一，可乘船前往二号码头；可提供桌餐，以及室内烧烤服务。
- 湖畔沙滩：可进行篝火晚会活动；可以在沙滩上露营。

- JR 迎宾酒店：可提供酒店商务房和套房，可提供桌餐和自助餐；内有会议室、大型宴会厅等室内场地；内有健身房、娱乐厅、游泳池等娱乐设施。
- 迎宾广场：JR 迎宾酒店门前的大广场，大理石地面。
- 临湖住宿楼：可提供酒店商务房和套房，其中面向 JR 湖的湖景房价格较贵，而无法看到湖的普通房价格较便宜。普通房的价格低于 JR 迎宾酒店的商务房。
- 停车场：宾客车辆停放处。
- 一号大草坪：JR 度假酒店内较小的草坪，位置比较偏僻，来往人数较少，作为活动场地使用时租金比较便宜。
- 二号大草坪：JR 度假酒店内较大的草坪，南侧临近二号码头，来往人数较多，作为活动场地使用时租金比较贵。
- 二号码头：JR 湖湖上驳船的发出码头之一，可乘船前往一号码头，可提供桌餐，以及室内烧烤服务。

（其他设施与本次活动无关，此处省略）

根据具体的场地情况，我们就可以切实地制定活动执行策略了。具体来说，就是如何在活动场地上分配现有的项目，才能使得活动顺利而流畅地进行。

如果我们要在 JR 度假酒店进行活动，那么做出以下决策是比较明智的。

（1）将扎筏泅渡活动安排在二号大草坪。虽然二号大草坪的面积超出了我们的需要，而且人员嘈杂，价格又比较昂贵，但是扎筏泅渡活动的上午和下午之间有午餐环节，如果午餐的用餐地点过远，则会额外消耗不少时间，并使得活动进行不流畅。而二号大草坪的南侧即是二号码头，可以提供桌餐，非常合适。另外，在下午的扎筏泅渡活动结束后，需要前往湖畔沙滩进行露营和篝火晚会，此时可以在二号码头坐船前往，使得活动内容更丰富。可以尝试和 JR 度假酒店商议，如果仅使用二号大草坪的上半部分可否减免部分场地费用。

（2）足球比赛安排在一号大草坪。由于足球比赛活动的管理难度大，对其他人的影响也更大，因此在比较偏僻的一号大草坪面积足够用的情况下，应该避开人流较多的地方，以保证活动的秩序。

（3）足球比赛期间，将 JR 度假酒店的娱乐项目作为辅助活动。由于 JR 度假酒店可以提供多种娱乐活动，因此可以将它们作为资源加以利用。因为足球比赛结束后即进行午餐，然后返程，所以参加足球比赛的参与者是没有时间前往综合游乐场游玩的。因此剩余的参与者就可以得到更多游乐项目的赠券，在综合游乐场游玩。另外，JR 度假酒店内的划船项目、健身房、游泳池等也可以作为候选资源，在活动定项后再咨询

JR 度假酒店的销售经理即可。

（4）将第二天的午餐安排在 JR 迎宾酒店。迎宾广场可以用来完成集合、合影等环节，且在 JR 迎宾酒店用餐后，即可从迎宾广场出发离开。除此之外，这样安排可以提升双方的满意度：对参与者来说，将最后一餐安排在较有档次的场所，可以提升参与者对活动的正面印象；对 JR 度假酒店的销售经理来说，由于我们购买的是二号码头的桌餐、露营、露天烧烤、场地租赁等非核心服务，因此适当加入 JR 迎宾酒店内的住宿、自助餐、晚宴等核心服务，会使得和 JR 度假酒店的谈判更加顺利。

（5）将工作人员的住宿安排在临湖住宿楼。除非是徒步登山、穿越戈壁等必须进行露营的活动，否则不建议让工作人员和参与者一起露营。照顾好工作人员的食宿，是保证活动执行质量的重要一环。

按照上面的决策，我们可以先完善活动时间表，如表 8-2 所示。

表 8-2 活动时间表（二）

第 一 天		
时　　间	事　　项	地　　点
07:20—07:30	集合出发	US 公司楼下
07:30—09:20	前往 JR 度假酒店	公路
09:20—09:50	破冰活动、热身活动	二号大草坪
09:50—10:20	团队建设活动、分组 大合影（1）	二号大草坪
10:20—10:40	扎筏泅渡：讲解	二号大草坪
10:40—11:40	扎筏泅渡：小游戏	二号大草坪
11:40—12:40	午餐（桌餐）	二号码头
12:40—15:00	扎筏泅渡：制作木筏	二号大草坪
15:00—15:30	扎筏泅渡：评比展示	二号大草坪
15:30—16:30	扎筏泅渡：泅渡比赛	二号大草坪
16:30—16:40	大合影（2）	二号大草坪
16:40—17:00	扎筏泅渡：拆解木筏	二号大草坪
17:00—17:30	扎筏泅渡：宣布比分，总结分享	二号大草坪
17:30—17:40	前往湖畔沙滩	二号码头 一号码头
17:40—18:20	搭建帐篷	湖畔沙滩
18:20—19:20	晚餐（露天烧烤）	临湖综合服务区
19:20—21:00	篝火晚会	湖畔沙滩
21:00 后	露营	湖畔沙滩

续表

第 二 天		
时 间	事 项	地 点
07:00—07:30	起床洗漱	临湖综合服务区
07:30—08:00	早餐（点餐式自助餐）	临湖综合服务区
08:00—08:30	集合分组	湖畔沙滩
08:30—08:35	前往综合游乐场 部分人下车，自由活动	JR 度假酒店内
08:35—08:40	前往一号大草坪	JR 度假酒店内
08:40—09:00	热身，分组，讲解规则	一号大草坪
09:00—11:00	足球赛	一号大草坪
11:00—11:20	迎宾广场集合 大合影（3）	JR 度假酒店内 迎宾广场
11:20—12:20	午餐（自助餐）	JR 迎宾酒店
12:20—12:30	确认行李，集合出发	迎宾广场
12:30—14:20	前往 US 公司	公路
14:20—	解散，活动结束	US 公司楼下

以上即我们这次活动两天内的完整流程，至此活动的内容已经初步确定，接下来我们继续填充活动框架。

在原来活动框架的基础上，我们需要增加和修改一些内容。

- 需要设计一块喷绘背景板，放置在大草坪上作为扎筏泅渡活动中讲解活动、介绍设计理念、大合影的背景板。由于原来已经有横幅设计和横幅到货两项安排，这里可以直接进行合并，将事项条目变为宣传品设计和宣传品到货。
- 扎筏泅渡活动所需的道具需要采购。普通道具可以直接和原有的道具采购事项合并，而轮胎、竹竿等较大的不常用道具，则需要联系专门的供应商采购，因此额外记为大件采购。
- 需要载人的大巴车和载货的货车，可以合并记为车辆租赁。

将上述内容加入之前的活动框架中，即可得到大体的准备事项，如图 8-4 所示。

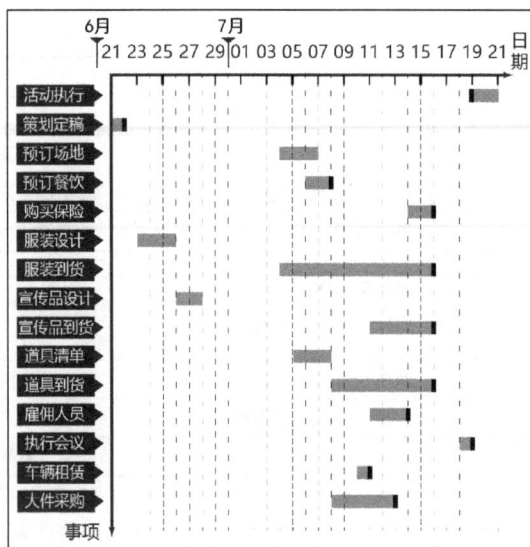

图 8-4　活动筹备甘特图（二）

　　然后我们将图 8-4 中的工作进行分组，以确定各个工作组的职责。我们假设活动由全公司一起筹备，即将工作组直接按照部门划分，在执行活动时，各个事项直接下发给各个部门，如图 8-5 所示。

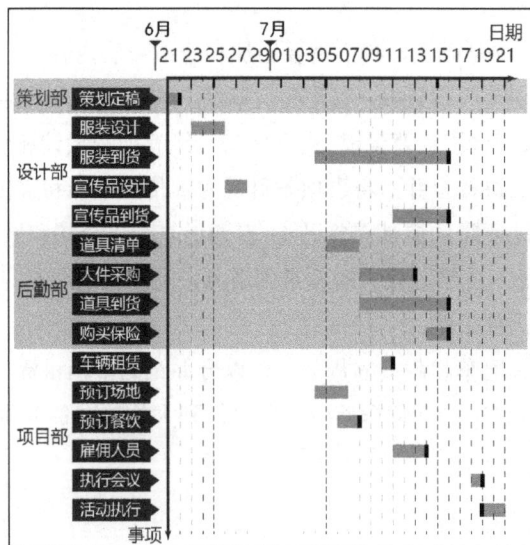

图 8-5　活动筹备甘特图（三）

在完成活动框架后，我们应该和活动发起方进行沟通，咨询对方的意见并进行修改。在活动框架和主要项目基本确定后，我们就可以着手进行下一步工作了。

8.3　事前调查，进行预估

在完成活动框架的过程中，我们已经完成了对活动筹备时间的预估。与此同时，我们还要联系活动场地，确认活动当天的时间安排是否可行。假设在完成沟通后，我们选择 JR 度假酒店进行本次活动，一旦 JR 度假酒店确定了我们的时间表可行，那么接下来就要预估预算了。

为了预估预算，我们要和 JR 度假酒店的销售经理协商价格。至于活动道具、印刷品、雇佣兼职人员等，大部分活动策划公司都有稳定的供应商，或者可以在网络上查到价格，一般不必单独咨询。

经过沟通，JR 度假酒店给出了服务价目表，如表 8-3 所示。

表 8-3　JR 度假酒店服务价目表

项　　目	数量和单位	备　　注	总价/元
露营服务	30 人（15 顶帐篷）	可容纳 3 人的星空帐篷，含防潮垫、睡袋	2250
草坪租赁费	3 场	一号大草坪上午，二号大草坪（半个）上午加下午	2400
沙滩租赁费	1 场	篝火晚会，提供篝火和照明	800
桌餐	30 人（3 桌）	第二码头标准桌餐	3000
露天烧烤	30 人（6 个烧烤炉）	食材饮料自助拿取	3000
自助早餐	30 人	不在酒店里住宿时此项不赠送	300
自助餐	30 人	JR 迎宾酒店自助午餐	3600
工作人员住房	10 人（5 个标间）	合作价格，含早餐	500
工作餐	30 份（10 人，3 顿正餐）	桌餐	900
停车费	1 份	免费	0
游乐场券	50 枚	每张可供 1 人游玩一个项目，无券可按照价格自费游玩	0
摆渡船券	30 枚	二号码头到一号码头	0
合计			16 750

假设上述价格是经过沟通后确定的最终合作价格，那么我们只需将执行活动的其

他花费一一列出，就能得到本次活动的总预算了。其他花费包括：活动道具费用、其他活动物料花费、工作人员费用、第三方服务费用。我们需要把它们一一估算出来，然后计算本次活动的总成本。为避免相同的内容在本章节重复出现（估算出现一次，精算出现一次，报价再出现一次），在这个案例中我们直接采用精算的方式，将费用直接列举出来。

8.3.1　活动物料的预算

首先我们来计算活动道具和其他活动物料的花费。将活动需要的物料分为活动道具和其他活动物料是笔者的个人习惯，所谓活动道具是指直接出现在活动中的必不可少的物品，同样的活动项目需要的道具总是相似的；而其他活动物料则是以后勤保障、活动增效、增值服务为目的而存在的物品。读者可以不采用这种划分方法，按照自己的习惯处理即可。

在不考虑租赁的情况下，不论是活动道具还是其他活动物料，都分为以下4类：

- 现有的非消耗品，指已经在仓库里的，而且可以重复使用的物品。虽然这类物品有在活动中损坏的风险，但是在计算成本时，可以将它们的成本计为0。桌、椅、相机、对讲机、螺丝刀等都属于这类物品。
- 现有的消耗品，指已经在仓库里的，但不可重复使用的，或者丢失、损坏的可能性极大的物品。这类物品在计算成本时，应按照商品价格计算成本。比如，胶带、颜料、一次性雨衣等，一旦使用就不可回收。又如，手套、哨子、颜料画笔等，被使用后易被带走，回收难度大，难以再利用，所以也先按照不可回收处理。
- 需购买的非消耗品，指仓库里没有的，但可重复使用的物品。虽然这类物品后续可以重复使用，但是我们一般仍然将成本算在当前活动中。在计算成本时也应按照商品的价格进行计算，并标记该物品需要入库，比如旗杆、足球门等，在活动后可以作为公司的资产保留下来，以供下次活动使用。
- 需购买的消耗品，指仓库里没有的，购买后打算在本次活动中直接消耗的物品。这类物品在计算成本时也应按照商品价格计算，并应标记该物品需要采购。户外活动用的补给品，定制的印刷品，不常用的消耗品等通常属于这类物品。

不同类型的物品，需要用不同的方式处理仓储和预算问题，尤其是活动中的消耗品，不能因为仓库里有就将成本计为0。

要想搞清楚活动所需的道具有哪些，需要对活动项目有深入了解，或者和熟悉活动项目的 Li 等人进行沟通。在了解了活动所需的具体道具后，我们应和后勤部负责人 Sun 一起核对活动所需的道具，弄清楚哪些是已有的，哪些是需要购买的。

在核对活动所需的道具时，针对几个活动项目，主教练 Yang 提出了一些与道具有关的建议：

- 活动全程。活动大多在较空旷的户外场地进行，靠呼喊来主持活动及维持活动秩序比较困难，建议准备户外音响，并准备几个小蜜蜂扩音器，以便主教练和辅助教练对团队发出指令。
- 扎筏泅渡。由于扎筏的方法需要讲解，但活动在白天，使用户外投影仪效果不佳，使用白板讲解时间较长，流程会比较紧张，因此建议为各组准备扎筏方法的示意图，以保证讲解的顺利进行。
- 足球比赛。建议将足球比赛设计得专业化一些，准备足球门、发令旗、方格旗、红黄牌等，在比赛前为大家讲解裁判员的手势和指令，让活动更有意义。以后也可以利用这些道具设计新的活动。另外，准备 15 件红马甲、15 件蓝马甲，用于标识双方队伍。
- 篝火晚会。因为扎筏泅渡涉及的道具比较复杂，所以篝火晚会从简，安排跳舞、歌唱比赛、光绘 3 项活动即可。
- 露营。酒店方无法提供露营灯，但考虑到参与者夜间上厕所时需要照明，所以应准备一些照明工具。为了保证回收率，建议不要提供手电筒。

在上述建议的指引下，我们可以制作活动道具表，如表 8-4 所示。

表 8-4　活动道具表

活　　动	道　　具	单位和数量	备　　注	总价/元
通用	充电式户外音箱	1 台	2 号仓库	0
	小蜜蜂扩音器	2 个	2 号仓库	0
	手持无线麦克风	2 个	2 号仓库	0
	空白队旗	3 面	1 号仓库	15
	旗杆	3 支	1 号仓库	0
	画笔	3 套	1 号仓库	15
	地标带	20 卷	1 号仓库，30 米/卷	60
	浮漂	20 个	1 号仓库，水上浮球加绳索	0
	路桩	8 个	1 号仓库	0
	警戒带	3 卷	1 号仓库，80 米/卷	30

续表

活 动	道 具	单位和数量	备 注	总价/元
扎筏泅渡	扎筏示意图	4 套	1 号仓库，自行打印即可	4
	计分卡	4 套	自行打印即可	4
	木筏材料	3 套	采购并消耗，竹竿、塑料桶、木板等	900
	划桨	6 支	1 号仓库	0
	尼龙绳	3 卷	1 号仓库	45
	工具套装	6 套	1 号仓库，螺丝刀、锤子等	0
	手摇钻	3 台	1 号仓库	0
	救生衣	36 件	1 号仓库	900
	小游戏道具	3 套	1 号仓库，魔方、孔明锁等	0
	彩色气球	3 袋	1 号仓库	30
	绘画套装	3 套	1 号仓库，包括调色板、画笔、折叠式水桶	45
	塑料布	6 块	1 号仓库	6
	丙烯颜料	2 套	1 号仓库，每套 12 种颜色	120
	彩带	20 卷	1 号仓库，各种颜色	60
足球比赛	足球	2 枚	1 号仓库	0
	打气筒	1 个	1 号仓库	0
	便携式足球门	2 个	采购入仓	500
	红黄牌	3 套	采购并消耗	30
	袖标	10 个	采购并消耗，区分队长、裁判等	30
	发令旗	3 套	1 号仓库，使用队旗代替	0
	角旗	4 支	1 号仓库，使用队旗代替	0
	方格旗	2 面	采购入仓	30
	哨子	3 个	1 号仓库	6
	毛巾	30 条	1 号仓库	90
	红蓝马甲	30 件	1 号仓库	0
	白手套	5 副	1 号仓库	5
	守门员手套	2 副	采购并消耗	120
篝火晚会	荧光纸带	3 套	1 号仓库	30
	光绘钢丝棉	30 卷	采购并消耗，钢丝棉光绘套装	120
	电子光绘棒	1 支	2 号仓库	0
	一次性荧光棒	100 支	1 号仓库	25
露营	小提灯	15 个	采购入仓	120
	充气枕	30 个	1 号仓库，U 型枕，上车即发	150
合计				3490

另外，我们还需要考虑到活动物料。本次活动会面临天气炎热、需要夜间活动、可能降雨等问题，所以在准备活动物料时，要一一给出应对措施。

在天气炎热时，第一要考虑防晒问题，第二要考虑补水问题，这两个问题同时涉及参与者和工作人员。首先我们提供遮阳帽，并可以提醒参与者自行涂抹防晒霜，然后，凡是在进行定点户外活动时，建议准备至少 1 顶摊位帐篷，既可以防晒遮风挡雨，又可以存放行李和道具，还可以作为医疗点、补给点等功能性设施。我们使用帐篷设计一个发放饮用水的补给点，如果条件允许，可以准备第 2 顶帐篷作为休息点。由于在度假酒店三餐都有进水的机会，而且也可以购买饮料，因此饮用水不必准备太多，按照每人 3 瓶预备即可。

在户外需要进行夜间活动时，应准备额外的照明设备。考虑到天黑之后，工作人员仍可能需要搬运物料、布置场地甚至进行救援，此时 1 台大功率照明设备会带来很大的帮助。另外，夜间工作人员人手一支手电（或头灯）也是必需的。

降雨是不可避免且难以解决的问题，一般应对方案是小雨使用雨衣，中雨及以上转到室内，突发暴雨使用帐篷或天幕。

结合上述需要，再将宣传品、摄影、活动服装等服务内容考虑进来，我们可以得到其他活动物料一览表，如表 8-5 所示。

表 8-5　其他活动物料一览表

物　　料	数量和单位	备　　注	总价/元
服装和帽子	30 套	采购并消耗，含速干短袖和防晒帽（Logo 刺绣），含设计费用	1500
饮用水	5 箱（120 瓶）	1 号仓库，农夫山泉	300
一次性雨衣	30 件	1 号仓库，高质量加厚雨衣	150
户外头巾	30 份	1 号仓库	90
横幅	1 条	采购并消耗，不含设计费用	100
背景板	1 块	采购并由供应商直接安装，不含设计费用	300
大巴车卡	1 块	采购并消耗，识别大巴车用	30
单反相机	1 台	2 号仓库，摄影师装备，含补光灯	0
无人机	1 台	2 号仓库，摄影师装备	0
对讲机	10 部	2 号仓库	0
笔记本电脑	1 台	办公室	0
户外摊位帐	2 顶	1 号仓库	0
测量工具	2 套	1 号仓库，激光测距仪、卷尺等	0
写字板	5 块	1 号仓库	0

续表

物　　料	数量和单位	备　　注	总价/元
长条桌	4 条	1 号仓库，含桌布	0
手电筒	6 支	1 号仓库	0
大功率野营灯	1 台	1 号仓库	0
香槟	1 瓶	1 号仓库	100
名单等	若干	自行打印即可	5
工作服	9 套	1 号仓库，主教练不需要	0
常备道具	2 套	1 号仓库，含笔、胶带、剪刀、白纸等	0
垃圾袋	2 卷	1 号仓库	6
医疗包	1 套	办公室	0
合计			2581

表 8-4 和表 8-5 包含了我们这次需要的所有活动物料，两张表格中的总价，为 HD 公司在物料上需要花费的成本。在进行活动筹备的过程中，当我们要制作物料采购一览表时，就可以根据这两张表格进行制作。

8.3.2　工作人员预算

要计算工作人员预算，就要先确定工作人员的职位和人数。注意，这里说的是影响到预算的工作人员，即我们要支付专门的报酬让他们完成活动执行的工作人员。在本案例中，影响预算的工作人员均为到场工作人员，如前期进行设计工作的 Zhao 就不在其列。

活动中工作人员一般分为 3 类：

- 公司内部工作人员，即活动策划公司的员工。一般来说，活动策划公司的员工参与执行活动是可以得到补贴的，这里我们把补贴算作活动成本。
- 兼职工作人员，即活动策划公司聘用来帮助执行活动的临时工作人员。雇佣兼职人员的成本即他们的薪资，这里的薪资包括了交通补贴。
- 第三方工作人员，即活动策划公司购买第三方服务后，协助完成服务内容的工作人员，如摄影师和大巴司机。在某些情况下，我们不单独计算人工费用，而是将人工费用合并在服务费用中，如大巴司机的费用往往和大巴租赁放在一起。

尽管这 3 类工作人员有区别，但他们的相同点在于，我们在活动中要考虑这些工作人员的吃饭、住宿、交通等问题。在工作人员较多的活动中，这部分花费是很大的。

注意，有一类人员虽然也帮助执行活动，但他们并不属于影响到预算的工作人员，那就是第三方内部人员。第三方内部人员和第三方工作人员的区别在于我们不用关心前者的食宿问题。这类人员往往包括酒店的工作人员、进行舞台搭建的工人、活动发起方的雇员等。除非在商务谈判时，这些人员或他们所属的机构有所表示，否则我们不需要负责他们的食宿等问题，因此也就不需要计算这些成本。

在本次活动中，我们需要雇佣几名特殊人员：由于有水上活动，因此需要救援人员1名；由于要进行足球比赛，因此需要裁判员3名（1名主裁、2名边裁）。在不需要这些人发挥上述职能的场合，他们可以作为普通工作人员或辅助教练，配合完成活动执行。

由此，我们可以通过了解公司的薪资情况、查阅招聘网站、咨询兼职人员负责人等方式，得到本次活动的工作人员预算表，如表8-6所示。

表 8-6　活动工作人员预算表

职　务	人　数	备　注	薪资或补贴/元	合计/元
主教练	1 人	Yang	1000	1000
项目经理	1 人	Li	1000	1000
摄影师	1 人	Zhao	800	800
工作人员	2 人	Ma、Sun，兼任辅助教练	500	1000
救生员	1 人	本地体育学院兼职，兼任辅助教练	800	800
裁判员	3 人	本地体育学院兼职，兼任辅助教练	500	1500
大巴司机	1 人	本地租车公司，费用已含大巴内	0	0
总人数	10 人			
合计			6100	

8.3.3　活动成本表和活动报价表

在本节之前的内容中，我们提到的预算均指成本。我们可以先将成本汇总起来，制作出活动预算表（成本）。

除要花在活动场地、活动物料和工作人员上的成本之外，我们还有一些成本没有计算在内，具体如下。

- 工作人员的早餐。JR 度假酒店的工作餐仅包括 3 份正餐，不包括第二天的早餐，这是需要付费的。另外，虽然活动第一天参与者 9:20 才能到场，但是工作人员要提前到场开始布置，因此也应考虑他们第一天的早餐问题。
- 活动保险费用。低风险活动可以按照 5 元至 10 元每人每天计算，中风险活动可以按照 10 元至 30 元每人每天计算。
- 货运费用。工作人员中有人会开车且持有驾照时，租赁一辆皮卡货车即可。

- 意外资金。意外资金即应急资金，一般根据活动规模准备 1000 元至 5000 元的现金。如果未产生相应花费，则在核算后再退还即可。虽然叫作应急资金，但是实际上这些资金经常能派上用场，比如临时增加或更换房间、支付高速通行费、紧急采购物资等。

将上述条目进行整理，得到活动成本表，如表 8-7 所示。

表 8-7　活动预算表（成本）

类　型	项　目	内　容	数量和单位	总价/元
活动道具	活动通用	空白队旗	3 面	15
		画笔	3 套	15
		地标带	20 卷	60
		警戒带	3 卷	30
	扎筏泅渡	扎筏示意图	4 套	4
		计分卡	4 套	4
		木筏材料	3 套	900
		尼龙绳	3 卷	45
		救生衣	36 件	900
		彩色气球	3 袋	30
		绘画套装	3 套	45
		塑料布	6 块	6
		丙烯颜料	2 套	120
		彩带	20 卷	60
	足球比赛	便携式足球门	2 个	500
		红黄牌	3 套	30
		袖标	10 个	30
		方格旗	2 面	30
		哨子	3 个	6
		毛巾	30 条	90
		白手套	5 副	5
		守门员手套	2 副	120
	篝火晚会	荧光纸带	3 套	30
		光绘钢丝棉	30 卷	120
		一次性荧光棒	100 支	25
	露营	小提灯	15 个	120
		充气枕	30 个	150

续表

类 型	项 目	内 容	数量和单位	总价/元
其他活动物料	活动装备	服装和帽子	30 套	1500
		一次性雨衣	30 件	150
		户外头巾	30 份	90
	宣传品	横幅	1 条	100
		背景板	1 块	300
		大巴车卡	1 块	30
	饮食	香槟	1 瓶	100
		饮用水	5 箱（120 瓶）	300
	其他	名单等	若干	5
		垃圾袋	2 卷	6
工作人员	本公司	主教练	1 人	1000
		项目经理	1 人	1000
		摄影师	1 人	800
		工作人员	2 人	1000
	外聘	救生员	1 人	800
		裁判员	3 人	1500
场地服务	住宿	露营服务	30 人（15 顶帐篷）	2250
		工作人员住房	10 人（5 个标间）	500
	场地租赁	草坪租赁费	3 场	2400
		沙滩租赁费	1 场	800
	餐饮	桌餐	30 人（3 桌）	3000
		露天烧烤	30 人（6 个烧烤炉）	3000
		自助早餐	40 人（含工作人员）	400
		自助餐	30 人	3600
		工作餐	30 份（10 人，3 顿正餐）	900
其他项目	保险	户外运动险	30 人	300
	后勤补助	工作人员早餐	5 份	50
	交通	大巴交通服务	1 辆（2 天，含司机）	2000
		皮卡货车租赁	1 辆（2 天，不含司机）	400
	意外资金	现金	1 份	1000
合计				32 771

在表 8-7 中，我们列出了本场活动的所有预期成本。通过表格我们很容易看出，本次活动的大部分成本花费在了度假酒店相关的费用上，其次是复杂的采购产

生的成本。

实际上这些预期成本往往都是偏高的，因为在活动还没有定项时，我们缺少面向服务商、供应商进行谈判的筹码，在询价时有劣势。在实际执行时，上述成本还可以降低，但也可能出现我们未预料到的新成本。因此在进行活动策划时，我们就按照这个价格来计算成本即可，实际成本和预期成本不同是无法避免的。

这次活动策划方案是 HD 公司为活动发起方 US 公司撰写的，我们需要通过执行这场活动赚取利润，因此不能将活动成本表作为活动预算表放在活动策划方案中。此时我们要将活动成本表变为活动预算表。

要想完成从活动成本表到活动报价表的转换，主要需要 4 步，具体如下。

（1）删减。理论上活动报价表中的项目越少越好，因为你每细分出 1 个项目，就给了活动发起方一次删减项目的机会，如果对方表示不想要某个服务，我们是很难拒绝的。但是也不能随意进行删减，关键服务项目仍然要保留。比如，应该将活动成本表中关于工作人员（如工作人员早餐）和后勤（如皮卡货车租赁）的项目删去，这些费用应该包含在服务费中，不宜单独列出。如果不能对项目进行删减，我们还可以用合并的方式来减少项目。

（2）增加。要增加一些不属于成本的项目，比如，赠送的内容，活动策划费用。在这里我们根据活动内容，增加一条课程设计的项目。

（3）合并。合并有两个任务，第一是将类似的项目放在一起，比如，住宿相关的和餐饮相关的各自放在一起；第二是将不希望细分的项目合成一项，比如，我们将课程设计、项目物料成本、主教练和工作人员的劳务费等全部合并为拓展培训费用，这样活动发起方就不会单独质疑其中的某一项了，又如，我们把防晒帽和速干短袖合并成一项，如果活动发起方提出"只想要帽子，不想要衣服"这样的要求，我们就可以用"不能拆解"为由拒绝。

（4）加价。将需要盈利的项目的价格上调。比如，酒店方某项服务收取 1000 元，而活动执行方就可以收取 1100 元。在本案例中，我们不进行类似的转手加价，但在必要的项目上需要增加服务费。比如，为横幅、衣服和背景板等增加设计费用，提高相关报价。

在进行了必要的转换后，我们就可以得到活动报价表，如表 8-8 所示。

表 8-8　活动预算表（报价）

类　别	项　目	数量和单位	备　注	总价/元
拓展培训费	课程设计	1 次		18 000
	项目成本	2 个	扎筏泅渡、篝火晚会，包括道具费用	
	主教练劳务费	1 人		
	辅助教练劳务费	4 人	包括足球裁判员	
	工作人员劳务费	2 人		
	定制服务	1 次	足球场地搭建	
配套服务费用	户外运动险	30 人		300
	服装	30 套	含速干短袖和防晒帽（Logo 刺绣），含设计费用	1500
	饮用水	5 箱（120 瓶）	农夫山泉	300
	一次性雨衣	30 件	高质量加厚雨衣	150
	横幅	1 条	含设计费用	200
	背景板	1 块	含设计费用	500
	摄影服务	1 份	含摄影师 1 人费用（配备单反相机和无人机），含网盘照片服务	800
	交通服务	1 辆（2 天）	54 座大巴车，含司机 1 人费用	2000
食宿场地费用	露营服务	30 人（15 顶帐篷）	可容纳 3 人的星空帐篷，含防潮垫、睡袋	2250
	草坪租赁费	3 场	一号大草坪上午，二号大草坪（半个）上午加下午	2400
	沙滩租赁费	1 场	篝火晚会	800
	桌餐	30 人（3 桌）	第二码头标准桌餐	3000
	露天烧烤	30 人（6 个烧烤炉）	食材饮料自助拿取	3000
	自助早餐	30 人	不在酒店里住宿时此项不赠送	300
	自助餐	30 人	JR 迎宾酒店自助午餐	3600
赠送项目	游乐场券	50 枚	每张可供 1 人游玩一个项目，无券可按照价格自费游玩	0
	摆渡船券	30 枚	二号码头到一号码头	0
	户外头巾	30 块	赠送	0
税费	税费	1 份	不含拓展培训费部分	1477
合计				40 577

最终可以得出，我们的成本是 32 711 元，而报价是 40 577 元，因此本次活动的预期毛利为 8000 元。由于我们在成本中已经考虑了薪资和提成、工作人员餐饮、意外资金等运营成本，因此毛利和纯利润应该是接近的。

读者在进行活动策划时，也可以根据自己团队对毛利率的要求，先计算成本，然后再反推出报价，最后根据报价"凑"出报价表。比如，计算成本后发现成本是 21 000 元，而毛利率要求是 30%，那么我们的报价就应该是 21 000÷(1-30%)=30 000 元。

8.3.4 准备撰写活动策划方案

在完成了预算的预估后，还需进行打草稿、写头尾、撰写目录这些工作，但它们和正文重复的内容较多，读者可以直接在活动策划方案的正文里看到这些内容。

在下一节，我们将完完整整地给出针对这个活动需求的活动策划书，请读者对照我们前几章的撰写方法和本节的案例分析，仔细阅读。注意，这一活动策划方案是对外的、面向活动发起方的，所以其内容更注重对活动内容的表现而非对执行方式的说明。

8.4 策划案例：活动策划方案

8.4.1 活动策划方案简介

活动策划方案标题："齐心协力，扬帆远航" US 科技公司 2019 年夏季拓展活动。
甲方：活动发起方（US 科技公司）。
乙方：活动策划执行方（HD 企业咨询公司）。

8.4.2 活动策划方案正文

一、活动概述
（1）活动主题
齐心协力，扬帆远航。
（2）活动时间
2019 年 7 月 19 日—2019 年 7 月 20 日（2 天 1 夜）。
（3）活动地点
JR 度假酒店（距市区约 90km）。

（4）主办单位

US 科技公司。

（5）活动对象

US 科技公司全体员工（30 人）。

（6）活动形式

在本方案中，活动期间（7 月 19 日—7 月 20 日）进行的活动如下。

- 7 月 19 日上午及下午：进行扎筏泗渡拓展活动，全体参与人员利用给定材料打造木筏，穿越水面。
- 7 月 19 日晚上：进行露天烧烤及篝火晚会活动。当晚进行露营。
- 7 月 20 日上午：进行足球比赛活动，由专业人士作为裁判员并讲解足球规则。
- 7 月 20 日上午：进行度假酒店游园活动，不参加足球比赛的参与者可分享度假酒店游乐项目的票券，在度假酒店内自由玩耍。

二、活动意义

通过 2 天 1 夜的拓展培训及露营活动，促进 US 科技公司成员之间的沟通和交流，增进员工间友谊和默契，增强公司内部凝聚力，放松身心，锻炼身体，构建丰富多元的公司文化。

三、活动流程

（1）前期筹备流程

如无意外，活动的前期工作应按照约定的内容推进，如表 8-9 所示。

表 8-9　活动前期筹备流程表

时　　间	工作事项	备　　注
6 月 16 日—6 月 20 日	活动策划方案定稿	
6 月 18 日—6 月 21 日	签订合同，缴纳定金	定金为预算金额的 80%
6 月 23 日—6 月 27 日	完成设计工作	包括横幅、背景板、服装、帽子
6 月 28 日—7 月 3 日	机动筹备时间	暂无安排
7 月 4 日—7 月 9 日	对接活动场地	需确认准确人数
7 月 4 日—7 月 11 日	活动物料完成下单	包括宣传品、服装、活动道具
7 月 14 日—7 月 15 日	购买活动保险	需提供准确的人员名单和身份证号
7 月 18 日	召开执行会议	欢迎活动发起方到场

甲乙双方应共同努力，保证活动前期筹备工作按照预期的流程推进。如本方案内容发生变更，甲乙双方应本着公平客观的原则重新制定本表。

（2）活动现场流程

如无意外，活动当天应按约定的内容推进，如表8-10所示。

表 8-10　活动现场流程表

第 一 天		
时　间	事　项	地　点
07:00—07:20	大巴车到位	US 公司楼下
07:00—09:00	准备活动场地	二号大草坪
07:20—07:30	集合出发	US 公司楼下
07:30—09:20	前往 JR 度假酒店	公路
09:20—09:50	破冰活动、热身活动	二号大草坪
09:50—10:20	团队建设活动、分组 大合影（1）	二号大草坪
10:20—11:40	扎筏泅渡	二号大草坪
11:40—12:40	午餐（桌餐）	二号码头
12:30 左右	通知大家回到餐厅集合	二号码头
12:40—17:30	扎筏泅渡 大合影（2）	二号大草坪
17:30—17:40	前往湖畔沙滩	二号码头 一号码头
17:40—18:20	搭建帐篷	湖畔沙滩
18:20—19:20	晚餐（露天烧烤）	临湖综合服务区
19:00 左右	通知大家回到烧烤场地集合	湖畔沙滩
19:20—21:00	篝火晚会	湖畔沙滩
21:00 后	露营	湖畔沙滩
第 二 天		
07:00—08:00	准备活动场地	一号大草坪
7:00 左右	通知大家起床用餐	临湖综合服务区
07:00—07:30	起床洗漱	临湖综合服务区
07:30—08:00	早餐（点餐式自助餐）	临湖综合服务区
07:50 左右	通知大家营地集合	湖畔沙滩
08:00—08:30	集合分组	湖畔沙滩
08:30—08:35	前往综合游乐场 部分人下车，自由活动	JR 度假酒店内
08:35—08:40	前往一号大草坪	JR 度假酒店内
08:40—09:00	热身，分组，讲解规则	一号大草坪

续表

第 二 天		
时　　间	事　　项	地　　点
09:00—11:00	足球赛	一号大草坪
10:50 左右	通知大家在迎宾广场或一号大草坪就近集合	一号大草坪
11:00—11:20	迎宾广场集合 大合影（3）	JR 度假酒店内 迎宾广场
11:20—12:20	午餐（自助餐）	JR 迎宾酒店
12:20—12:30	确认行李，集合出发	迎宾广场
12:30—14:20	前往 US 公司	公路
14:20 后	解散，活动结束	US 公司楼下

实际时间可能因天气、交通、现场气氛等原因提前或延后，具体安排可能根据实际情况适当调整。甲方应做好必要的通知工作，督促参与人员及时到位。

活动项目的具体内容见现场执行部分。

（3）后期流程

在活动结束后，应按照约定的内容完成活动的后期事项，如表8-11所示。

表8-11　活动后期流程表

期　　间	工作事项	备　　注
7 月 21 日—7 月 22 日	完成结算，确认尾款	根据实际消费多退少补
7 月 23 日—7 月 25 日	活动照片上传网盘	可自行下载
7 月 23 日—8 月 5 日	结清活动尾款	
8 月 1 日—8 月 12 日	开具活动发票并邮寄	结清尾款后 3 个工作日内即可开具发票

尾款和开票时间应根据上述时间进行，合同另有约定的除外。

四、前期筹备

（1）物料准备

为了保证活动质量，除活动项目必要的物料之外，我们还将准备以下物料。

1. 活动服装和帽子（见图8-6）。

活动服装为带有公司 Logo 刺绣的速干 POLO 衫（仅上衣），可根据您的需要在给定颜色中自由选择。帽子为带有公司 Logo 刺绣的排汗遮阳帽，可以有效防晒。另外，我们将赠送每位参与者一块户外魔术头巾，可以帮助防晒。

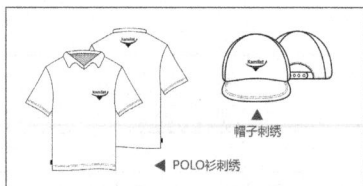

图 8-6　活动服装和帽子

2. 饮用水。

我们将在活动现场全程提供瓶装饮用水，所有瓶装水分发时即编号，以便让每个人能识别自己领取的饮用水，避免浪费水资源。

3. 活动营地帐篷和一次性雨衣（见图 8-7）。

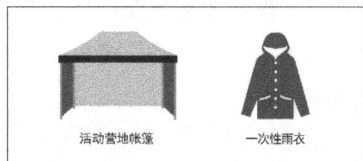

图 8-7　活动营地帐篷和一次性雨衣

为了应对突发的天气变化，我们将在活动场地附近准备活动营地帐篷，如果突发暴雨，则可供全体参与者应急避雨。另外，我们将为每个人准备一件一次性雨衣，以便在小雨天气正常进行活动。活动营地帐篷将作为活动的补给点与医疗点。

4. 背景板（见图 8-8）。

图 8-8　背景板

我们将制作背景板放置在活动场地，既可以作为合影背景，又有标识作用。另外，我们还将设计横幅，用于在背景板之外的位置合影。

5. 露营装备。

我们将在车上为每位参与者发放充气 U 型枕，其既可以在大巴车上使用，也可以作为露营枕头。由于露营场地照明情况不佳，因此我们将为每顶帐篷准备 1 个营地灯，以便天黑后照明。另外，我们将准备 1 台大功率营地灯以应对夜里的突发情况。

（2）人员准备

为保证活动的顺利进行，配备工作人员 9 名（配比约为 3∶1），包括：

- 主教练 1 名，拥有多年带队经验的拓展教练，负责带队完成活动项目。
- 项目经理 1 名，负责对接度假酒店事项，保证活动顺利进行。
- 摄影师 1 名，负责全程拍摄照片。摄影师配备单反相机和无人机。
- 救生员 1 名，经过专业水上救援训练和急救训练的工作人员，负责防止意外落水带来的安全隐患；负责在进行水上项目之前讲解安全知识；负责检查救生衣质量和参与者的穿戴情况。
- 裁判员 3 名，经过专业裁判员培训的工作人员，负责在足球比赛环节担任裁判；负责讲解足球比赛的规则和裁判员的手势与旗语。非足球比赛时，可作为辅助工作人员。
- 辅助工作人员 2 名，负责维持活动秩序，布置活动场地，引导参与者遵循主教练指示。其中一名辅助工作人员将负责全程跟随大巴车，清点大巴车上的参与者人数。

五、现场执行

（1）活动项目介绍

本次活动将在 JR 度假酒店举行，主要活动项目为扎筏泅渡拓展培训活动、篝火晚会和足球比赛。

（此处附 JR 度假酒店地图，见图 8-3，此处省略。）

1. 扎筏泅渡。

扎筏泅渡活动是本次活动的主要项目，在 7 月 19 日白天进行。扎筏泅渡活动主要分为以下 5 个阶段。

- 团队建设（7 月 19 日上午）：通过小游戏将 30 个人分为 3 个小组，每组 10 人。各小组要起队名、画队旗，并选出队长、副队长、号手（负责发令）、桨手（负责划船）等。
- 获取材料（7 月 19 日上午）：通过小游戏，各组开始竞争扎筏材料和装饰材料。材料不足的小组必须通过分数换取材料，有多余材料的小组则可以用多余材料换取额外分数。
- 完成扎筏（7 月 19 日下午）：各组开始动手完成木筏，完成后可以在岸边测试并进行装饰。教练将帮助小组成员确定各组船只的可靠性。

- 木筏展示（7 月 19 日下午）：各组成员依次展示木筏并介绍设计理念和装饰理念，相互评分。

- 泅渡比赛（7 月 19 日下午）：各组成员穿戴救生衣，木筏下水后按照指定路线完成比赛。为保证活动安全性，采用依次下水，按时间长短来决胜的比赛方式。比赛结果计入总分。最后计算本活动最终得分。

扎筏泅渡活动（见图 8-9）可以锻炼团队沟通合作的能力，使团队成员使用有限的资源在有限的时间内，发挥创意协同一致解决实际问题。在活动后我们将安排分享环节，让各组成员总结经验、反思不足，将活动的收获升华，并应用到今后的工作中。

图 8-9　扎筏泅渡活动往期精彩照片（示例）

（附扎筏泅渡活动部分技术细节见图 8-2，此处省略。）

扎筏泅渡的场地安排在二号大草坪，使用二号大草坪到小沙滩间的人工河作为木筏比赛的水域（见图 8-10）。本次仅租赁二号大草坪上半部分，完成扎筏泅渡活动后即可进行清场。具体场地布置方案如下。

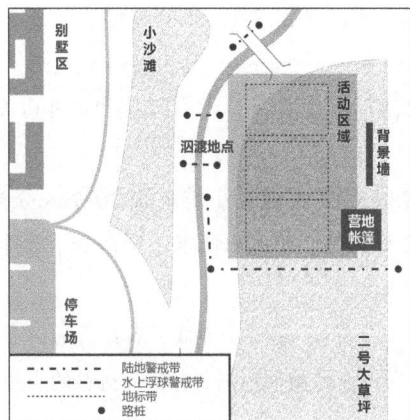

图 8-10　扎筏泅渡活动场地布置方案

- 我们将用警戒带隔离活动区域，避免闲杂人等随意进入。
- 在用于泅渡的水域，我们将使用水上浮球隔离带标示行进路线。
- 我们将把活动区域划分为 3 个区域，各组的扎筏分别在这 3 个区域内进行。在扎筏期间，各组不得擅自离开各自区域，在活动结束后，各组需要负责各自区域内的卫生。
- 我们将背景板放置在扎筏泅渡的场地上，方便队员在背景板前和木筏合影。
- 一个营地帐篷将被安置在活动场地，作为饮水补给点和医疗点。

2. 篝火晚会。

篝火晚会活动在第一天（7 月 19 日）晚上进行，在篝火晚会上暂定进行的项目如下。

- 民族舞：热身活动，主教练带领大家围着篝火跳起民族舞。
- 标签舞：趣味活动，选出几位代表，在他们身上贴满荧光标签。他们可用任何方式甩掉身上的荧光标签，先甩完者即胜利者。考虑到环境污染的问题，掉落的标签将会被回收，如遇大风天气，则不进行本活动。
- 歌唱比赛：用小游戏、毛遂自荐等方式选出演唱者，为大家唱一首歌。我们会准备音箱和麦克风，并发放荧光棒等道具，增加歌唱比赛的气氛。本活动可提前通知，有乐器演奏等才艺的队员可以携带道具进行展示。
- 光绘：使用发光物体进行长曝光摄影。我们将准备荧光棒、钢丝棉、专业光绘棒，让大家发挥创意进行光绘。

通过篝火晚会（见图 8-11）活动，让大家度过愉快的夜晚，在星空下开始露营。

图 8-11　篝火晚会活动往期精彩照片（示例）

篝火晚会活动、篝火晚会之前的露天烧烤活动，以及篝火晚会之后的露营活动均安排在湖畔沙滩（见图 8-12）。具体场地布置方案如下：

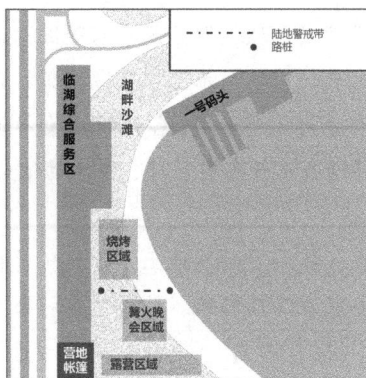

图 8-12　湖畔沙滩上活动布置方案

- 使用隔离带将篝火晚会的活动区域隔开，防止不相关人员扰乱活动。在篝火晚会结束后隔离带不撤离，仍可用于分隔露营区域。
- 一个营地帐篷被安放在沿路一侧，起隔离作用，同时还可以用来存放非贵重物品。我们将向酒店借用桌椅板凳，在临湖综合服务区不开放的时段，活动参与者可以在营地帐篷里休息。

3. 足球比赛。

应甲方要求，我们在活动第二天（7 月 20 日）上午安排足球比赛。足球比赛活动包括以下三个环节：

- 专业裁判员讲解。让参与者了解足球的具体规则，以及裁判在场上的鸣哨、手语、旗语都代表什么。
- 热身分组。进行必要的热身后，将参与者划分为两队，并选出队长、副队长、守门员、主场人员、替补队员等。
- 足球比赛。正式进行足球比赛，具体比赛的时间长短根据实际剩余时间决定。

通过将足球比赛（见图 8-13）这个项目专业化，可以让队员在娱乐的同时，对足球比赛有更深刻的了解，让活动更有意义。

图 8-13　足球比赛活动往期精彩照片（示例）

足球比赛活动将被安排在人流量相对较少的一号大草坪进行（见图 8-14）。具体场地布置方案如下。

- 我们将足球场地安排在远离河边的一号大草坪西侧，防止足球掉落水中。使用地标带来绘制足球场地（如场地方允许，则我们将使用粉末型场地划线车来完成足球场地绘制）。
- 我们将使用隔离带将足球场地包围起来，防止不相关人员扰乱活动。另外，如果隔离带拉低一些，还可以用来阻挡低速足球。届时我们还将在桥附近安排一名工作人员，以便在足球落水后能及时捡回。
- 两个营地帐篷被安放在足球场地两侧，届时将配备桌椅，既可以作为替补队员的休息处，又可以作为不参与足球比赛的参与者的观赛地点。两个营地帐篷也可作为医疗点和补给点。

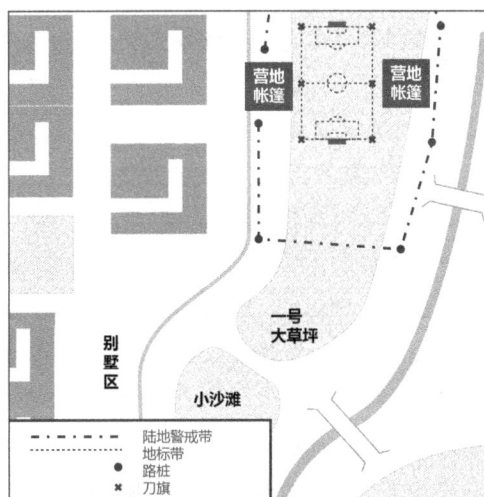

图 8-14　足球比赛活动场地布置方案

如果有些活动参与者并不喜欢参加足球活动，那么他们可以在 JR 度假酒店的综合游乐场游玩。在乘大巴前往足球场地即一号大草坪的过程中，可以先让这部分参与者在综合游乐场下车，然后剩余的人前往一号大草坪（见图 8-15）。

JR 度假酒店会根据实际消费情况，发放一定数额的游乐设施券。除综合游乐场之外，JR 度假酒店还有一些其他娱乐项目可供消遣时间，我们会在场地服务介绍部分详细介绍。

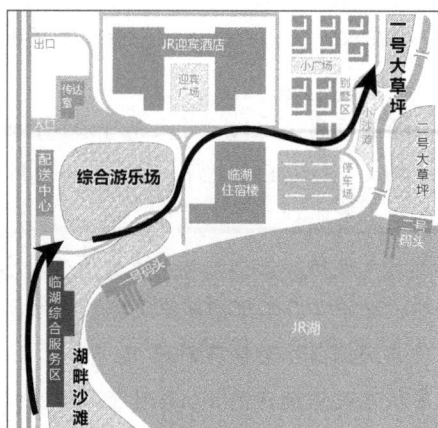

图 8-15　从湖畔沙滩前往一号大草坪

（2）场地服务介绍

JR 度假酒店可为我们提供付费或免费的服务项目。在活动中，我们会将这些服务项目加以利用，使得活动内容更加丰富。

（附 JR 度假酒店简介，见第 8 章第 2 节，此处省略。）

在活动中，以下几个方面的服务由 JR 度假酒店提供。

- 餐饮服务。活动全程的 4 次正餐（1 次早餐、2 次午餐、1 次晚餐）均由 JR 度假酒店提供。早餐为点餐式自助餐，在临湖综合服务区就餐，由于本次不入住酒店房间，因此需要购买早餐券。第一天午餐为桌餐，在第二码头就餐。第二天午餐为自助餐，在 JR 迎宾酒店就餐。第一天晚餐为自助式露天烧烤，除特定菜品之外不限量供应。

- 住宿服务。JR 度假酒店提供露营服务，可在湖畔沙滩进行露营。酒店提供的露营设备包括：帐篷（三人帐，本次每顶帐篷实际居住 2 人）、睡袋（可要求换为被褥）、防潮垫。

- 场地租赁服务。本次的主要活动场地包括一号大草坪（全部）、二号大草坪（部分）、湖畔沙滩（部分）等，均采用租赁的方式。在活动期间我方人员可独享场地的使用权，避免纠纷问题。

- 娱乐服务。JR 度假酒店内有丰富的娱乐项目，包括游乐园设施（碰碰车、旋转木马等，在综合游乐场内）、棋牌室和游戏机（在 JR 迎宾酒店内）、游泳池和健身房（在 JR 迎宾酒店内）、皮划艇和湖上驳船（在一号码头和二号码头处）等。部分娱乐项目需要付费。在活动进行过程中，我们不会用到这些项目，但在空闲时间和足球比赛期间，参与者可自行选择进行娱乐。

- 交通服务。在集体更换活动场地时，我们使用大巴车在 JR 度假酒店内进行移动。在第一天下午活动结束后，我们将乘坐湖上驳船从二号码头到达一号码头（本次驳船服务免费）。在自由活动期间，可选择搭乘园内观光车前往集合地点（免费）。

湖畔沙滩附近的临湖综合服务区内，有小卖部和各种小吃，露天烧烤和露营时可以在此自愿消费。二号码头、一号码头、别墅区等活动场地附近也设有小卖部、餐厅等，必要时可自愿消费。

临湖综合服务区每天早上 7:00 到晚上 22:00 开放。除 JR 迎宾酒店和临湖住宿楼内的小卖部 24 小时开放之外，其他人工服务设施每天早上 8:00 到晚上 20:00 开放。无人服务设施 24 小时开放。

六、服务介绍

（1）优质培训服务

本次活动的主拓展培训师，即主教练，为 Yang 教练（见图 8-16）。

图 8-16　拓展培训师资料卡（样例）

Yang 教练有着多年拓展培训和团队建设的带队、主持、执行经验，尤其擅长户外拓展培训活动。仅今年，Yang 教练已经带队完成了 4 场扎筏泅渡活动和 11 场篝火晚会活动。相信 Yang 教练丰富的活动经验能为本次活动带来很好的效果。

为完善本次临时加入的足球比赛项目的设计，我们特别聘请了体育学院运动训练专业的顾问进行指导，在有限的条件下将足球比赛专业化，并设计了足球裁判知识讲解环节。在活动期间，我们也将聘请本地体育学院运动训练专业的人员担任裁判。

（附详细图文，此处省略。）

（2）摄影增值服务

在活动结束后，我们会在 3 个工作日内将活动中拍摄的照片进行简单修图后上传至网盘。如果需要照片精修、拍摄小视频及宣传片等服务，可在表 8-11 中自行选择（当前报价不含未打钩的服务项目）。

表 8-11　摄影增值服务

服 务 项 目	服 务 内 容
照片拍摄	☑单反拍摄 ☑航拍拍摄 □摇臂拍摄 □运动相机拍摄
视频拍摄	□单反拍摄 □摄像机拍摄 □航拍拍摄 □摇臂拍摄 □运动相机拍摄
现场直播	□大屏幕直播 □线上直播
机位要求	☑1 机位跟拍 □机位固定 □摄影指导
照片后期服务	☑照片简修 □照片精修 □制作 HTML5 页面在线相册
视频后期服务	□短视频剪辑 □宣传片剪辑 □全程记录
递交服务	☑上传网盘 □U 盘定制（寄送） □光盘定制（寄送）

（3）安全保障服务

为保障参与者的安全，维护参与者的权益，我们将提供如下服务：

- 应急救护（见图 8-17）。在活动的工作人员中，至少有 1 人具有红十字会救护员资格，可在现场对因意外事故而发生的创伤等进行紧急处理；多名工作人员配备随身医疗包，可处理擦伤、小伤口；营地配备医疗箱，可紧急处理骨折等较严重问题。应急救护能够在现场将损伤降低，在送往专业医疗机构前尽可能帮助患者。

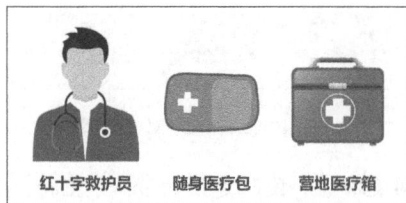

红十字救护员　　随身医疗包　　营地医疗箱

图 8-17　应急救护服务

- 安全保障。我们会在踩点时评估活动场地的安全性，如果判断水域有一定安全隐患，则会在必要的位置拉设警戒线。在水深超过 1 米时，我们将会为所有参与者准备救生衣（不论参与者是否会游泳，活动期间必须穿戴）。在活动水域现场的工作人员中，至少有 1 人受过专业水面救援训练，可以指导救生器材的使用，并检查救生衣穿戴是否规范。

● 保险服务。我们将为所有参与者购买户外运动保险（保额最高 30 万），以保障参与者的权益。

七、注意事项及雨天预案

（1）注意事项

1. 甲方参与者中，如果有人患有心脏病、呼吸疾病或处于怀孕期间，建议提前咨询医生，若需内服药物请自备。如果有参与者不适宜进行户外运动，也请及时告知我们。

2. 请全体参与者穿着运动鞋和宽松的衣物参加活动。建议携带备用衣物（包括内衣），若湿水可进行替换。篝火晚会和露营期间天气可能比较寒冷，建议自备至少一件厚衣服。

3. JR 度假酒店的临湖综合服务区内可洗漱、洗澡，但无法提供一次性洗漱用品和毛巾，如果需要，请参与者自备。

（2）雨天预案

如果活动当天出现大到暴雨，导致户外活动（扎筏泅渡、篝火晚会、露天烧烤、足球赛）无法进行，则立即终止活动，并按照如下预案处理：

1. 就近避雨。所有参与人员保护好各自的重要物品，在营地帐篷或 JR 度假酒店设施内就近避雨。

2. 转移场地。我们将为所有参与者发放雨衣，并将全体参与者转移到 JR 迎宾酒店内。

3. 进行室内活动。租用会议室或宴会厅，主教练组织室内拓展游戏。如果 7 月 18 日天气预报显示有雨，那我们将准备室内拓展活动需要用到的道具。

如果活动当天晚上出现中雨以上的降雨，则不宜进行露营活动（小雨对露营基本无影响），届时我们将提前向 JR 度假酒店预订房间。

八、品牌宣传及服务介绍和承诺

（1）品牌介绍

HD 企业咨询公司是企业服务综合品牌，集企业会议、企业活动、企业培训等业务为一身，业务覆盖全国 90 多个城市，整合超过 1000 家供应商的服务，可为您提供一条龙式的企业咨询综合解决方案。

（附详细图文，此处省略。）

（2）服务介绍和承诺

HD 企业咨询公司致力于为您提供行业领先的企业活动解决方案，我们拥有以下优势：

- 全职的培训师和主教练团队。为从根本上保证活动质量，本公司所有培训师和主教练均为全职，活动效果与绩效直接挂钩。
- 全职的主摄影师。本公司所有活动的主摄影师均为全职，指挥所有其他摄影师完成活动的摄影、摄像、航拍、直播、剪辑等工作，保证活动后期宣传有看点。
- 海外活动服务。本公司为客户在全世界30多个城市举办过海外活动，是许多跨国集团公司的不变选择。

（附详细图文，此处省略。）

九、相关表格（或附件）

（1）活动预算和服务一览表（见表8-12）

表8-12 活动预算和服务一览表

类 别	项 目	单位和数量	备 注	总价/元
拓展培训费	课程设计	1次		18 000
	项目成本	2个	扎筏泅渡、篝火晚会，包括道具费用	
	主教练劳务费	1人		
	辅助教练劳务费	4人	包括足球裁判员	
	工作人员劳务费	2人		
	定制服务	1次	足球场地搭建	
配套服务费用	户外运动险	30人		300
	服装	30套	含速干短袖和防晒帽（Logo刺绣），含设计费用	1500
	饮用水	5箱（120瓶）	农夫山泉	300
	一次性雨衣	30件	高质量加厚雨衣	150
	横幅	1条	含设计费用	200
	背景板	1块	含设计费用	500
	摄影服务	1份	含摄影师1人费用（配备单反相机和无人机），含网盘照片服务	800
	交通服务	1辆（2天）	54座大巴车，含司机1人费用	2000
食宿场地费用	露营服务	30人（15顶帐篷）	可容纳3人的星空帐篷，含防潮垫、睡袋	2250
	草坪租赁费	3场	一号大草坪上午，二号大草坪（半个）上午加下午	2400

续表

类　别	项　目	单位和数量	备　注	总价/元
食宿场地 费用	沙滩租赁费	1 场	篝火晚会	800
	桌餐	30 人（3 桌）	第二码头标准桌餐	3000
	露天烧烤	30 人（6 个烧烤炉）	食材饮料自助拿取	3000
	自助早餐	30 人	不在酒店里住宿时此项不赠送	300
	自助餐	30 人	JR 迎宾酒店自助午餐	3600
赠送项目	游乐场券	50 枚	每张可供 1 人游玩一个项目，无券可按照价格自费游玩	0
	摆渡船券	30 枚	二号码头到一号码头	0
	户外头巾	30 块	赠送	0
税费	税费	1 份	不含拓展培训费部分	1477
合计				40 577

签订合同后 3 个工作日内，甲方应先向乙方支付活动定金（预算金额的 80%），在活动结束后的 2 周内支付活动尾款（预算金额的 20% 及出现的差价）。如因甲方未及时支付定金导致活动项目价格上涨，则差价由甲方承担。

以上预算不包括本方案中提到的雨天预案、可选增值服务等可能产生的额外费用。在实际活动执行时，已发生但未使用的项目费用无法退还，未发生的费用全额退还。在活动执行完成后，结算余款时进行多退少补。

以上预算仅适用于 30 人参与活动的情况。如活动人数误差不超过 10%（3 人及以内），则按照以上预算收取定金，人数差造成的差价在活动结束后结算。如活动人数误差超过 10%（3 人以上），则甲乙双方应重新制定相关预算表。

以上预算中，税费按照税率 7% 收取。拓展培训服务的价格已含税，我方为第三方服务统一开票，因此需要收取相应费用。

（2）活动推进时间总表（见表 8-13）

表 8-13　活动推进时间总表

期　间	工作事项	备　注
6 月 16 日—6 月 20 日	策划定稿	
6 月 18 日—6 月 21 日	签订合同，缴纳定金	定金为预算金额的 80%
6 月 23 日—6 月 27 日	完成设计工作	包括横幅、背景板、服装、帽子
6 月 28 日—7 月 3 日	机动筹备时间	暂无安排
7 月 4 日—7 月 9 日	对接活动场地	需确认实际人数

续表

期　　间	工　作　事　项	备　　注
7月4日—7月11日	活动物料完成下单	包括宣传品、服装、活动道具
7月14日—7月15日	购买活动保险	需提供准确的人员名单和身份证号
7月18日—7月18日	召开执行会议	欢迎活动发起方到场
7月19日—7月20日	活动执行	
7月21日—7月22日	完成结算，确认尾款	根据实际消费多退少补
7月23日—7月25日	活动照片上传网盘	可自行下载
7月23日—8月1日	服务满意度调查	请配合填写，谢谢
7月23日—8月5日	结清活动尾款	
8月1日—8月12日	开具活动发票并邮寄	结清尾款后3个工作日内即可开具发票

8.5　另一类案例：需合作执行的活动

虽然活动策划和活动执行是不可分割的，但这并不意味着活动策划方必然是活动执行方。有时候，我们进行的活动策划可能需要由他人主导执行，而我们在执行时却是配角。

在这类活动中，活动策划方案往往有不确定的部分，尤其会体现在我们不负责执行的地方。比如，在某场开业活动中，需要花篮这种物料，其由执行方负责购买；花篮的价格会因大小、种类、运费等差异有很大变化，因此我们无法在活动策划时预估这方面成本。

除此之外，这类活动策划起来和普通的活动并没有多大的区别，因此我们不做过多介绍，直接用一个案例来展示这类活动的特点即可。

8.5.1　活动需求和需求分析

本次案例的活动需求：

随着感恩节（2018年11月22日）临近，SL幼儿教育集团希望在下辖的10家私立幼儿园举办一场感恩节活动，活动的主题和内容暂未确定，但应符合感恩节的特色，提升家长对幼儿园的满意度。

由于幼儿园数量较多，SL幼儿教育集团希望得到一份他们可以自己执行的活动策划方案，并在感恩节当天分别由各幼儿园园长在园内执行活动。

本次活动的特殊性就在于，活动的现场执行是由活动发起方自己进行的，而我们只需负责活动策划。虽然活动策划的内容受限于活动发起方的执行能力，但是我们却可以在筹备期间帮助活动发起方完成部分工作。因此这次活动策划的主要思路是减少现场执行工作，增加前期筹备力度。

由于活动现场要用到 10 个不同的场地，因此我们必须考虑活动策划方案对场地的限制。本次活动策划要尽可能利用活动发起方已有的场地资源，并保持足够的自由度，让活动发起方可以自己处置场地问题。

下面我们来看看这个需求对应的活动策划方案，读者可以留意活动策划方案的哪些部分是由活动发起方（SL 幼儿教育集团）执行的，哪些部分是由活动策划方（HD 企业咨询公司）执行的，体会这类活动的活动策划方案的不同之处。

8.5.2　活动策划方案正文

活动策划方案标题："爸爸妈妈，我想对你说" SL 幼儿园感恩节主题活动

一、活动概述

（1）活动主题

爸爸妈妈，我想对你说。

（2）活动时间

2018 年 11 月 22 日 19:00—20:30。

（3）活动地点

SL 幼儿园 10 个园区。

（4）主办单位

SL 幼儿教育集团。

（5）活动对象

SL 幼儿园全体学员和家长。

（6）活动形式

以"爸爸妈妈，我想对你说"为主题召开家长会，放映学员的"真心话"视频，并让学员为家长送上贺卡，表达感恩节的祝福。

二、活动意义

通过感恩节主题活动，让学员表达对家长的感激之情，培养学员的感恩之心，让学员认识到家长的不易；让学员和家长有一次"心"的沟通，以增进家庭感情；让家长看到幼儿园在教育方面的用心，以提升幼儿园的口碑和形象。

三、活动流程

（1）前期筹备流程

在活动开始之前，幼儿园应提前通知家长在感恩节当天晚上前来召开家长会。活动前期需要完成视频拍摄、PPT设计、物料采购、场地装饰四项筹备工作。前期筹备流程表如表8-14所示。

表8-14　前期筹备流程表

时　　间	工 作 事 项	备　　注
11月1日—11月2日	策划定稿	HD企业咨询公司执行
11月2日—11月5日	KV设计	HD企业咨询公司执行
11月2日—11月8日	完成活动物料下单	各SL幼儿园执行，务必在"双11"之前全部完成下单
11月2日—11月16日	完成视频拍摄	各SL幼儿园执行
11月5日—11月7日	PPT模板和视频片头设计	HD企业咨询公司执行
11月7日—11月20日	制作家长会PPT	各SL幼儿园执行
11月16日—11月20日	完成视频剪辑 制作HTML5页面	HD企业咨询公司执行
11月20日—11月21日	装饰活动场地 订购活动蛋糕	各SL幼儿园执行
11月22日—11月22日	感恩节活动开始	各SL幼儿园执行

（2）活动现场流程

感恩节当天的活动主要以家长会的形式进行，并由各SL幼儿园园区的老师自行完成执行。各SL幼儿园园区应自行选定家长会主持人。活动现场流程表如表8-15所示。

表8-15　活动现场流程表

时　　间	事　　项	负 责 人
17:00	幼儿园放学	
17:00—18:30	为家长暂不能到场的学员提供晚餐	各SL幼儿园园区园长
18:30—19:00	家长带学员入场签到	各SL幼儿园园区老师
19:00—20:00	老师带领学员在教室制作贺卡	各SL幼儿园园区老师
19:00—19:30	召开家长会	各SL幼儿园园区主持人
19:30—20:00	第一重惊喜：播放提前录制的视频	各SL幼儿园园区主持人
20:00—20:15	第二重惊喜：学员为家长送上贺卡	各SL幼儿园园区主持人
20:15—20:30	第三重惊喜：分享感恩节蛋糕	各SL幼儿园园区主持人

时　　间	事　　项	负　责　人
20:30	活动结束，家长带学员回家 将视频链接分享至家长群	

四、前期筹备

（1）视频制作准备

本次活动的主要惊喜之一，是为各幼儿园的学员们录制一段剪辑视频，并在家长会上播放。视频主题为"爸爸妈妈，我想对你说"。

录制方案：

利用课余时间，由各班级老师问学员三个问题，并将他们的回答录下来。3 个问题如下：

- 你最喜欢吃爸爸妈妈做的哪道菜？
- 你平时都帮家里做什么家务？
- 在感恩节，你想对爸爸妈妈说一句什么？

可以在录制问题时，一并录制一些花絮。

利用课堂时间，由各班级的老师组织，让全班学员一起说一句"爸爸妈妈你们辛苦了"并录制下来。

视频录制要求：

使用手机、DV 或单反相机等录制均可，请在光照充足、噪音较小的环境下进行录制。要求视频比例为 16∶9，视频方向为横向。

为了预留充足的视频制作时间，请务必在 11 月 16 日前完成所有视频的录制工作，并将视频收集起来上传到网盘。

视频制作方案：

- 我们将为视频的开始部分设计统一片头，片头将包括幼儿园的名称和 Logo（请在 11 月 5 日前提供），以起到宣传作用。
- 我们将剪辑学员们的精彩回答，使用快闪的形式播放。每个学员会在视频中至少出现 1 次。
- 在问答结束后，我们将剪辑各班级学员一起说的"爸爸妈妈你们辛苦了"的视频片段。
- 在视频最后，我们会将视频花絮剪辑进去，并播放包含该幼儿园所有学员名字的字幕（请在提供视频时一并提供）。

视频宣传方案：

我们会为各 SL 幼儿园园区制作单独的 HTML5 页面，每个页面上包含该园区的视频。HTML5 页面上还可放置幼儿园介绍、老师介绍、品牌介绍等内容，如需要放置这些信息，请在 11 月 16 日前提供内容。

在活动结束后的当天，即可将 HTML5 页面分享到家长群中。参加家长会的往往只有 1 名家族成员，发送 HTML5 页面后，则可促使他们自行分享，让所有家族成员及家长的亲友观看视频，提升幼儿园的形象。

（注：为保护学员隐私，在 HTML5 页面中的视频将删除片尾的学员名字。）

（2）PPT 制作准备

各 SL 幼儿园园区同时进行感恩节活动，家长会的 PPT 应尽量统一。我们将负责制作 PPT 模板，家长会 PPT 由各 SL 幼儿园园区老师自行制作。

PPT 模板将采用 KV 设计的风格，如需在 PPT 模板中加入统一的宣传内容，可由我们代为制作，具体内容需在 11 月 5 日前提供。

（3）物料准备

请各 SL 幼儿园园区自行准备一些物料（见表 8-16）。

表 8-16　活动物料表

项　　目	内　　容	备　　注
场地布置	气球	
	彩旗	
	贴纸	
	横幅	建议提前至少 3 天下单制作
餐饮	部分学员的晚餐	
	感恩节蛋糕	建议提前至少 1 天订购
	感恩节苹果	可购买包装，自行打包
	饮料	
	一次性纸杯	
贺卡制作	彩笔	
	彩纸	
	卡通贴纸	
	空白贺卡	
	剪刀	
	胶水	

请根据实际情况自行评估物料的数量。在符合要求的前提下，所有物料均可自行选择购买，价格问题自理。在不影响活动执行的前提下，可以自行选择购买其他物料，比如感恩节礼品、抽奖箱、烤火鸡等。

五、现场执行

（1）活动项目介绍

在活动开始阶段，家长落座后，请按照正常的家长会流程进行，不必在最开始就提及活动。此时学员应由老师带领，在各自的教室里制作贺卡。

第一重惊喜：现场播放我们剪辑完成的视频，让家长们听听学员们在采访中的发言。

第二重惊喜：学员们带着贺卡登场，给家长们送上贺卡，表达感恩节的祝福。如果时间充裕，此时可以再放一次视频，让家长们和学员们一起观看。

第三重惊喜：园长端上感恩节大蛋糕，由老师们切成小份，分发给在座的家长和学员。幼儿园的老师们也应一起品尝蛋糕，让家长和学员有大家一起过感恩节的感觉。

在活动结束后，家长带学员依次离开时，为每个家庭发 1 个感恩节苹果，也可以制作背景板或易拉宝，让家长和学员合影留念。

在活动结束的同时，各 SL 幼儿园园长应负责将本园区学员的 HTML5 页面及时分享到家长群，让活动通过转发二次升温。

六、相关表格（或附件）

（1）活动预算表

在本次活动中，我方可提供以下服务，如表 8-17 所示。

表 8-17　活动预算表（报价）

类　　型	项　　目	数量和单位	备　　注	总价/元
活动策划	活动策划费	1 份		5000
设计费用	视频片头设计	1 份		2000
	视频剪辑	10 份	包括带片尾名单的和不带片尾名单的	5000
	活动 PPT 设计	1 份	包括活动 KV 设计费用	1000
HTML5 页面设计费用	活动 HTML5 页面设计	10 份	包括 H5 页面的品牌介绍等部分	3000
	服务器流量费	10 份	每份为 1 万访问量（PV）	1000
可选服务	前期视频录制服务	10 份	含 20 小时实际录制时间	16 000
	活动现场拍照服务	10 份	含 20 名摄影师	8000
	活动海报横幅设计	1 份	含制作费用	750

续表

类　　型	项　　目	数量和单位	备　　注	总价/元
可选服务	活动背景板设计	10 份	含制作费用	3600
	活动易拉宝设计	10 份	含制作费用	1500
	活动冷餐会	10 场	每场 60 人份	30 000
	幼儿园宣传片制作	1 份	含拍摄、剪辑和特效费用	10 000
	活动新闻稿	3 篇	每篇发送到 10 个主流新闻网站	4500
合计				91 350

活动的其他花费请根据实际情况自行核算。

签订合同后的 3 个工作日内，甲方应先向乙方支付活动定金（所选服务总金额的 80%），在活动结束后的 2 周内支付活动尾款（所选服务总金额的 20%）。活动策划费用 5000 元已收取，应在首付款中扣除 4000 元，在尾款中扣除 1000 元。

上述所有项目价格已含税。

第 9 章

活动策划方案的优化

在撰写完活动策划方案后,还可以对活动策划方案进行优化。这里说的优化,指的是"表面功夫"。在做"表面功夫"之前,务必要把"硬功夫"做到位,即应该在保证活动策划方案的逻辑和内容客观完整之后,再考虑其如何优化的问题。

笔者认为,对活动策划方案的优化可以从两方面入手:文字上和外观上。

9.1 统一关键文字内容

所谓文字上的优化,指的是提升活动策划方案的行文水平。大多数活动策划方案在本质上是一篇文章,而作为一篇文章,我们至少要关注 3 方面:内容、结构、文字。我们已经在前几章解决了活动策划方案的内容和结构的问题,而本章我们会谈谈文字的问题。

优化活动策划方案里的文字,并不是说要把句子写的多么优美,也不是要使用各种比喻、排比等修辞手法。活动策划方案是技术性的文章,让人看懂才是主要目的,因此,我们需要注重的是文字的严谨性。只要我们注意以下 3 个要点,就可以让活动策划方案的严谨性有所提升。

9.1.1 统一专用词汇

所谓的专用词汇，就是在活动策划方案里频繁出现的，特指某个内容的词汇。比如，本书中的"活动策划人"就是一个专用词汇，泛指需要进行活动策划工作的人群。

在活动策划方案中，专用词汇可以指特定人群、特定活动项目、特定物品、特定时间等。在使用专用词汇代指某个内容后，在活动策划方案全文中，如果再出现这个内容，就应该仍然使用这个专用词汇来替代。还是拿本书中的"活动策划人"来举例，在需要声明这个角色的时候，本书会用"活动策划人"或简称的"策划人"这个词汇，而不会用"活动策划师"等词汇。这就是所谓的统一专用词汇。

在撰写活动策划方案时，统一专用词汇是非常重要的。专用词汇出现混乱，就会让人很难看懂活动策划方案，更别说执行了。我们来看一个简单的例子：

在本次活动中，由 Xu 先生（设计部部长）带领设计部成员组成设计组，Xu 先生担任设计组组长。6 月 30 日前，设计组应完成 KV 设计，并由 Xu 先生和活动发起方对接人共同确认。从 7 月 1 日开始，设计部应开始全力设计宣传品，争取在 7 月 7 日前定稿，具体工作由设计组组长负责安排。7 月 8 日所有设计品应完成下单，由 Xu 先生负责对接印刷厂，以保证在 7 月 12 日能拿到所有宣传材料的成品。

在这段关于设计工作的文字中，有多对词汇是相互混用的，包括：

- 设计部和设计组。
- Xu 先生、设计部部长和设计组组长。
- 宣传材料、设计品和宣传品。

上述三对词汇在这段文字中的含义是相同的，由于它们在同一个段落中出现，因此我们稍加思考还是可以理解这段文字的，但如果下一个段落或其他章节里再出现这些问题，我们就很难搞清楚它们到底指的是什么了。

如果要优化这段文字，我们应把设计组和设计组组长作为专用词汇，因为即便没有这场活动，设计部、设计部部长、Xu 先生这些概念都是已存在的，而设计组、设计组组长这两个概念则专门为这场活动服务，具有针对性。当我们需要更换设计组组长，或者当设计组不包括所有设计部成员时，我们只需修改段落的第一句话，即可保证整个段落的内容依旧正确。至于宣传材料、设计品和宣传品，这三个词并没有很大区别，从中选择一个使用即可。

因此我们可以把上述段落改成：

在本次活动中，由 Xu 先生（设计部部长）带领设计部成员，组成设计组，Xu 先生担任设计组组长。6 月 30 日前，设计组应完成 KV 设计，由设计组组长和活动发起方对接人共同确认。从 7 月 1 日开始，设计组应开始全力设计宣传品，争取在 7 月 7 日前定稿，具体工作由设计组组长负责安排。7 月 8 日所有宣传品应完成下单，由设计组组长负责对接印刷厂，以保证在 7 月 12 日能拿到所有的宣传品成品。

这样一来，整段文字就变得清晰了许多。笔者在撰写活动策划方案时，会根据自己的需要定义专用词汇，只要保证该词汇不和其他概念冲突即可。

专用词汇和普通词汇一样，是可以缩写或简写的，只要保证观看者（指活动策划方案的读者或活动策划幻灯片的观众）能够看懂即可。比如，我们同时使用设计组和设计组组长这两个词汇时，如果段落的开头已经提到了设计组，并且段落中没有其他组出现，那么我们就可以用组长来代替设计组组长，让文字更加简练。

有些词天生就是专用词汇，比如活动项目的名称、道具的名称、职务的名称、人名等，其中有些专用词汇是比较常用的。我们已经介绍过项目经理、对接人、活动发起方等词汇，下面我们来介绍几个其他常作专用词汇的词语。

- 甲方和乙方：所谓的甲方乙方，是合同中的常用词汇，在活动策划方案中的甲乙双方也是同样，代表的基本是购买服务（甲方）和提供服务（乙方）的关系。比如：A 公司想要举办一场活动，于是找到了 B 公司来策划执行，那么 A 公司是甲方而 B 公司是乙方；而实际 B 公司只能做策划而不能做执行，因此 B 公司找到了 C 公司负责执行活动，那么 B 公司是甲方而 C 公司是乙方。从理论上说，虽然 A 公司享受了 C 公司的活动执行服务，但是 A 公司和 C 公司不具有甲方乙方那样的关系。在活动策划方案中，强调责任和义务的时候，可以使用甲方、乙方，在其他情况下不建议使用。

- 主办方、协办方和承办方：均指活动中的机构。一般来说，主办方指的是活动发起方，承办方指的是活动执行方，而协办方则在两者之间，起到协助作用。这里的概念不是绝对的，比如，主办方可能是实际的活动发起方，也可能只是名义上的。因此主办方和活动发起方并不总能画等号。承办方会承担大部分活动执行工作，甚至可能需要承担活动策划的工作。协办方的概念比较模糊，提供的协助可能是公共资源、关系资源或执行资源，有时候和下方的赞助商是同样的意思。在策划大型活动时，尤其是公共活动的时候，我们可以使用主办方或承办方来统一称呼一些机构。

- 赞助商：赞助商是为活动提供资金支持或资源支持的商业机构，一般是公司或企业，这些支持我们称为赞助。赞助商追求的往往是活动的广告效应，即让自己的商品、品牌或服务获得曝光。在赞助商中，值得一提的就是冠名赞助商，因为冠名赞助商的出现会改变活动的名称。比如，BJ 酒业冠名赞助了 2018 年 GZ 市马拉松活动，那么这场活动的名称可能会变为"BJ 酒业 2018 年 GZ 市马拉松"。

- 组委会：组委会即活动组织委员会，一般出现在大型体育类活动（包括户外活动）中。通常来说，组委会是由主办方、协办方、承办方的相关人员组成的，并在活动现场负责指挥、执行、监督和管理。在撰写大型活动的活动策划方案时，如果某个问题涉及多个方面，需要协商解决，则可以写为由组委会解决。比如，在某大型赛事的活动策划方案中，可以在注意事项里写"如参赛者关于比赛成绩发生纠纷，应由组委会出面协商解决"。

- 公关：公关即公共关系，其可以指公共关系的打通、维护和改善。取得场地使用权、获得某行为的许可、谈判合作条件等都可以称为公关。大型活动、公共活动等都需要公关。在撰写活动策划方案时，可以使用公关一词来代表一系列保障活动顺利进行的工作，比如，我们将举行大型绕城健康跑活动，策划部负责市政、交通、消防等部门的公关工作（用在居中）。

注意，所谓的统一专用词汇，注重的是词语的指代能力，并不是说在多个近义词里只能选择一个。如果使用不同的词汇既不会引起歧义，又不会改变对应的内容，那就可以按照自己的习惯书写。比如，"步行到停车场上大巴""走路到停车场上巴士"和"徒步到停车场上大巴车"都是可以的。虽然统一会更好，但是即便混用这几个词，也不会让人感到迷惑。

也就是说，要不要把某个词作为专用词汇，是读者可以自由选择的，而一旦使用了专用词汇，就要把它用到底，做到全文统一。

在撰写活动策划方案的过程中，可以一边写，一边列表，把希望使用专用词汇的概念和对应的词汇记录下来。这样，在下次遇到这个概念的时候，就可以把它找出来使用了。

比如，我们将在某酒店进行团队活动，而活动的大部分环节都在酒店的大草坪上进行，少部分环节在二号宴会厅进行。在撰写这场活动的活动策划方案时，我们把大草坪定义为主场地，把二号宴会厅叫作宴会厅。此时就可以做一张表把这两个词记下来，如表 9-1 所示。

表 9-1　专用词汇记录表

专 用 词 汇	含 义
主场地	酒店大草坪
宴会厅	酒店二号宴会厅（二楼）

在第一次用到专用词汇时，可以用括号进行解释。比如，该项目在主场地（酒店大草坪）进行，或者该项目在酒店大草坪（下文称为主场地）进行。如果活动策划方案很长，或者某专用词汇只在几个章节中出现，则可以在每个章节第一次出现该专用词汇时，都用括号做一次备注。

总的来说，使用专用词汇有以下几个好处：

- 指代对象清晰。比如，在文章中，主场地自始至终仅指代酒店大草坪，不指代其他任何地点，可以避免概念的混淆。
- 让语句更简洁。许多专用词汇比原词汇要短，而且更容易理解。
- 方便修改。在使用专用词汇时，如果专用词汇指代的对象需要变更，那么只需要修改定义的专用词汇的部分语句就可以实现全文修改。比如，主场地原本指酒店大草坪，但后来需要改成一号宴会厅，那么我们只要将"该项目在主场地（酒店大草坪）进行"这一句改掉就可以了。

如果读者此前没有撰写技术性文章或长文章的经验，可能无法意识到专用词汇的重要性，实际上，即便在小说、报刊等文学作品中，也会使用到很多专用词汇，有些作品甚至会将专用词汇编撰成一个单独的章节放在作品结尾。

9.1.2　统一单位标准

在同一份活动策划方案中，单位标准应该是统一的。这里的单位，指的是时间、距离、重量等计量内容，或者个、套、件等量词。标准指的是单位对应的格式、计量标准和书写方式。

统一单位标准意味着在活动策划方案全篇内容中，我们都采用统一的计量单位和统一形式，即一旦选择其中一种，就不要再使用其他任何一种了。比如时间，一旦将时间写成"18:00"这样的形式，就不要再和"6:00 P.M.""下午 6 点整"这样的形式混用。

在活动策划方案中，我们需要注意统一单位标准的主要有日期、时间、长度、面积、重量、温度，以及量词。下面请随笔者分别看看它们会出现的问题，以及在活动策划方案中对它们的书写建议。

日期即年月日，在活动的筹备部分，我们会写到大量日期。日期有很多常见写法，我们就拿 2018 年 8 月 7 日来举例，其常见写法如下。

- 二零一八年八月七日；
- 2018 年 8 月 7 日（有时会缩写为 18 年 8 月 7 日）；
- 2018.8.7；
- 2018-08-07（有时会写为 2018-8-7）；
- 2018/8/7。

在活动策划方案正文中，如果提到具体日期，建议使用数字加文字的形式，即 2018 年 8 月 7 日，在不需要强调年份时可以写为 8 月 7 日。当日期出现在正文中时，它就是句子的一部分，如果使用带有符号的日期，会让人感觉句子的结构有问题，比如，"在 2018-08-07 举行活动"阅读起来就有些奇怪。在使用数字加文字的形式时，读者可以从字符的外观上快速区分数字和文字，阅读起来相比纯文字日期更加舒适。

在表格中，如果觉得数字加文字的形式太长，可以使用横线形式，即 2018-08-07 这样的形式。在几种数字加符号表示日期的方法中，使用横线的方法得到的结果是比较容易阅读的。另外，如果代表月和日的数字出现单数，建议补上 1 个 0，这样在表格中 2018-08-07 和 2018-08-12 这样的日期是对齐的，会使表格更加美观。

时间主要指时分秒，但是在活动策划里我们很少精确到秒。我们就拿 18 点 30 分来举例，其常见写法如下。

- 18:30（24 小时制）；
- 18 点 30 分（24 小时制）；
- 1800（24 小时制）；
- 06:30 P.M.（12 小时制）；
- 下午 6:30（12 小时制）；
- 下午 6 点 30 分（12 小时制）。

在活动策划方案的正文中，上述的写法除 1800 和 06:30PM 之外都可以使用，因为这些写法在默读和朗读时都没有障碍。但要注意，时间的书写分为 12 小时制和 24 小时制，在活动时间超过半天时，选择二者都可以，只是习惯上的问题，如果活动时间短于半天，建议使用 24 小时制。比如，年会晚宴，所有的时间节点都是晚上，如果选择 12 小时制，就会出现大量重复的"下午"一词，会对阅读造成不必要的干扰。

在表格中，建议全部使用 24 小时制，而且要使用"18:30"这样的数字形式。数字形式的 24 小时制时间写出来干净简练，而且可以让不同的时间对齐。请务必注意，此处的冒号为半角的英文冒号，和"："不同。

我们经常将两个不同的日期和时间连接起来，表示一个时间段。此时日期和日期、时间和时间的连接方式如下。

- 横线（-或—）：8 月 7 日-8 月 8 日、18:30-18:35。
- 波浪线（~）：8 月 7 日~8 月 8 日、18:30~18:35。
- 汉字（至或到）：8 月 7 日至 8 月 8 日、18:30 至 18:35。

在活动策划方案的正文中，建议一律使用汉字来连接。在表格中，则建议使用短横线。虽然用波浪线连接日期的做法非常常见，但是在很多字体中，半角波浪线的位置是偏上的，并不美观，如图 9-1 所示。

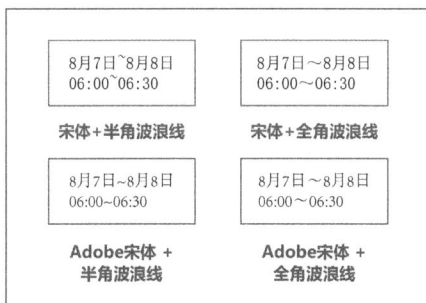

图 9-1 波浪线的样式

虽然全角波浪线总是在文字的中间位置，但是切换全角半角比较麻烦，而且全角波浪线相对于数字来说显得太宽。

综合来说，在撰写日期和时间时，建议采用以下形式：

- 2018 年 8 月 7 日 18:30 至 2018 年 8 月 8 日 18:35。
- 2018-08-07 18:30—2018-08-08 18:35。

当然你也可以选择使用自己习惯的或公司要求的形式。注意，一旦使用了某个形式，在写下一个日期或时间的时候，也要采用相同的形式，以保证全文统一。

长度即物体的长宽高。在使用长度单位时，可能会出现 3 种不同的单位制度，即市制、公制和英制。

- 市制：常见单位为丈、尺、寸，制作服装时经常使用这组单位，中老年人很喜欢使用。

- 英制：常见单位为码、英尺、英寸，平面设计经常使用这组单位，丈量场地时也可能用到。
- 公制：常见单位为米、分米、厘米，用途最广泛。

对我们来说，公制是最熟悉的，但问题在于，活动策划离不开服装制作、平面设计、场地丈量等问题，因此在日常沟通中，这些单位可能混合出现，让人摸不着头脑。在撰写活动策划方案的时候，我们必须避免单位的混用，让所有的长度单位都使用统一的单位制度。一般来说，我们选择全部使用公制，即米、分米、厘米。

在确定使用公制后，仍然有文字和字母两种写法，比如，10米可以写成10m。如果没有特殊要求，建议在正文和表格中统一使用文字书写，即全部写成 10 米的形式以方便阅读。10m 这种形式可以出现在图纸中，比如用在场地布置图中。

面积的单位制度存在和长度同样的问题，即公制和市制。在公制下，我们一般用平方米作为场地面积的度量单位，而且通常把 10 平方米写成 10 平。在市制下，则一般用亩或顷这两个市制单位表示场地面积。

人的习惯是很奇怪的，在询问场地面积的时候，人们倾向于用平方米来告知室内场地的面积，而用市制单位亩或顷来告知户外场地的面积。比如，笔者经常听到这样的句子，"我们酒店有 2000 平的宴会厅和 3 亩的大草坪"，请问到底哪个大？

面积和长度一样，有多种写法，比如 2000 平方米可以写成：

- $2000m^2$；
- 2000 平方米（可简写成 2000 平米或 2000 平）；
- 3 亩（市制）；

在撰写活动策划方案时，在正文和表格中建议统一使用公制，并使用数字和文字组合的形式，即写成 2000 平、2000 平米或 2000 平方米。

重量的问题比较简单，但却引出了一个复杂的问题。我们知道，在市制单位中，我们使用斤、两、钱这组单位，后来全面推行公制后，我们使用千克、克这组单位，并把千克叫作公斤。但斤、两至今仍然没有被淘汰，是普遍使用的单位，因而产生了 1 公斤等于 2 斤这样的换算关系。实际上，长度单位和面积单位也存在同样的问题。常见的换算关系包括：

- 1 公里=2 里=1 千米；
- 1 公尺=3 尺=100 厘米；
- 1 公亩=0.15 亩=100 平方米；

- 1 公顷=0.15 顷=10000 平方米；
- 1 公斤=2 斤=1 千克。

仅从上述几个换算关系里就可以看出，在我国推行市制改公制的过程中，计量单位已经变得非常复杂，尤其是亩、顷、里等单位，一旦加上"公"字就是完全不同的数量，很容易出现错误。如果再加上不时出现的英制单位，他们混合出现时将变得让人更难以理解。

因此在活动策划方案中，务必将单位制度统一。笔者建议全部使用公制单位，因为公制单位是我们最熟悉的，也不容易弄错。有时候非公制单位非常有代表性，比如，场地刚好是 1 亩大小，那在撰写活动策划方案的正文时是可以使用的，但要使用括号标注公制单位，写成"活动场地为 1 亩（约 667 平方米）的大草坪"。

温度经常出现在注意事项中。虽然环境温度通常用摄氏度或华氏度来表示，但是在中国，我们只考虑摄氏度的问题。摄氏度有几个常见写法，比如 30 摄氏度经常写成：

- 30 摄氏度（可简写成 30 度）；
- 三十度；
- 30℃；
- 30°或 30C（错误写法）。

在活动策划方案中出现温度时，建议统一使用摄氏度符号"℃"来表示温度。大多数现代输入法在输入"摄氏度"时，是可以输出"℃"字符的。如果选择使用数字加文字，建议全部简写为度，即使用 30 度这个形式，因为摄氏度这个单位太长，容易造成视觉干扰。

量词和上面这些单位不同，量词本身就代表某种计量方式，它可能是单一的，也可能是复合的。

单一的量词指那些代表单个物体的词，或者代表明确数量的单体的词。比如只、匹、个等对应单个物体，而打则对应 12 个单体。对于单一的量词，即便不统一也只影响到阅读体验。比如 1 只鱼、1 条鱼和 1 尾鱼如果混用，观看者只会感到不舒服，但并不会产生误解。

复合的量词一旦混用，就很容易发生误解。比如，在某场活动中，我们要为参与者预定 30 件衣服，我们可以理解这是 30 个件，每个件就仅代表 1 件衣服。如果在下一段中，我们改写成 30 套衣服就会产生歧义：这里的 30 个"套"，指的是 1 件衣服，还是上衣、裤子、帽子等的组合呢？

因此，当在活动策划方案的正文中使用到复合量词时，建议使用括号标注，比如30 套衣服（T 恤+帽子）；在表格中，则可以在备注中说明复合量词的内容。同样的复合内容对应的复合量词应该在全文范围内一致。

9.1.3 统一标点符号

标点符号的使用方式大多数人都学习过，我们不谈这个问题。我们要说的是标点符号的全角和半角的问题。

前面我们在介绍同一单位标准时，使用的基本是半角英文标点符号。

- 半角冒号：18:30-18:35。
- 半角减号（端横线）：2018-08-07。
- 半角句号：2018.8.7、08:00 P.M.。

另外，在使用英文缩写名词时，也经常使用半角英文标点符号。

- 固定名称：Co.,Ltd.（有限责任公司）
- 时间：A.M.（上午）、P.M.（下午）。
- 月份：Jan.（1 月）、Dec.（12 月）。
- 周几：Mon.（周一）、Fri.（周五）。

除上述特殊情况之外，我们绝大多数时候都应使用全角标点符号，尤其是在正文段落。如果全角和半角标点符号使用不恰当，会直接影响文章的观感，让人怀疑作者的写作水平。请看如下两个段落。

第一段：

我们将在 2019 年 7 月 19 日至 7 月 20 日，为 US 科技公司举办拓展培训活动，具体时间为 2019 年 7 月 19 日 09:00 至 2019 年 7 月 20 日 20:00，地点为 JR 度假酒店。我们将进行扎筏泅渡、露天烧烤、星空露营、足球比赛等多项活动……

第二段：

我们将在 2019 年 7 月 19 日至 7 月 20 日,为 US 科技公司举办拓展培训活动,具体时间为 2019 年 7 月 19 日 09:00 至 2019 年 7 月 20 日 20：00，地点为 JR 度假酒店.我们将进行扎筏泅渡、露天烧烤、星空露营、足球比赛等多项活动……

这两个段落的区别，仅 1 个逗号、1 个句号和 1 个冒号的全角半角的问题，但第二段明显看起来让人很不舒服，给人一种随意的感觉。如果这个问题出现在表格中，就会更加明显，甚至可以说是对阅读者的折磨，如表 9-2 所示。

表 9-2　全角半角标点符号混用的表格

时　　间	事　　项	地　　点
09:00-12:00	年度总结会议	大会议室
12:00-13：00	午餐	小宴会厅
13:00-17:00	企业拓展活动	大草坪
17：00-21:00	年会晚宴	大宴会厅

也许读者会觉得在意这些细节有些吹毛求疵，但活动策划很多时候真的是细节决定成败。想象一下，当活动发起方看到一份标点符号乱七八糟的活动策划方案和一份标点符号使用标准的活动策划方案，他会倾向于选择哪个呢？

9.2　美化活动策划方案

除在文字上让活动策划方案更加美观和正式之外，我们还可以从设计上对活动策划方案进行美化。活动策划人不是平面设计师，但却能在力所能及的范围内做到设计上的美化，并让活动策划方案有较好的观感。

我们在第 5 章提到过，有些活动策划方案是展示用的，用于路演、竞标等。这就要求活动策划方案既具有视觉冲击力，又让人感觉简洁大方不凌乱。也就是说，在美化活动策划方案时，平平无奇和用力过猛都是不好的。

下面，笔者将介绍几种可行且适度的美化方案。下述所有的美化方式都可以用微软 Office 办公三件套（Word、Excel、PowerPoint）来实现，读者可在阅读的同时自行尝试。

9.2.1　数据可视化

所谓数据可视化就是用图表来表示数据。在活动策划中，我们可以将很多数据通过可视化形式来展示，带给人视觉冲击力。

比如，某场大型活动中的 320 名参与者的构成比例，如表 9-3 所示。

表 9-3　活动参与者构成表（简单）

类　　别	属　　性	人　　数
性别	男性	180 人
	女性	140 人

续表

类　别	属　性	人　数
年龄	18～24 岁	30 人
	24～30 岁	100 人
	30～40 岁	160 人
	50 岁以上	30 人
总人数	320 人	

　　虽然表 9-3 已经能将参与者的属性展示得很清楚了，但是其视觉冲击力却不够强。我们可以绘制双层的饼状图，用来表示人员构成关系，如图 9-2 所示。

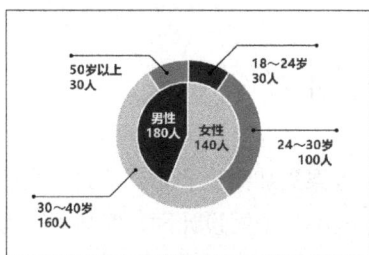

图 9-2　活动参与者构成（叠放的饼状图）

　　图 9-2 可用 Excel 绘制，即将两张饼状图叠放在一起。

　　当原始数据有更多的内在逻辑时，其进行数据可视化之后的视觉冲击力会更强，而且数据可视化后的图表也更有实际意义。更有趣的是，当拥有两个以上的维度时，我们还可以根据需求制作不同的图表，如表 9-4 所示。在表 9-4 中仍然是活动参与者的构成，但是数据内容被细分了，因此表 9-4 比表 9-3 更加详细。

表 9-4　活动参与者构成表（复杂）

年　龄	男　性	女　性	合　计
18～24 岁	25 人	5 人	30 人
24～30 岁	60 人	40 人	100 人
30～40 岁	75 人	85 人	160 人
50 岁以上	20 人	10 人	30 人
合计	180 人	140 人	320 人

　　根据表 9-4，我们可以绘制出对比式柱状图，先强调男女比例关系，再强调各年龄段的人数，如图 9-3 所示。

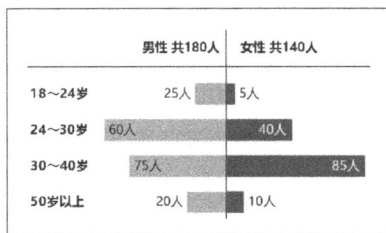

图 9-3　活动参与者构成（对比式柱状图）

图 9-3 可用 Excel 绘制，即将男女人数分别绘制成柱状图，再将两个柱状图拼接在一起。如果想要先强调年龄段，再展示男女比例，则可以使用分割式柱状图，如图 9-4 所示。

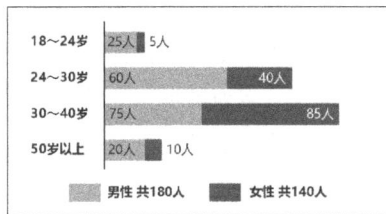

图 9-4　活动参与者构成（分割式柱状图）

图 9-4 可以直接使用 Excel 绘制出来，但要达到样图中的效果，需要在默认柱状图的基础上稍加修改。如果对于参与者的构成比例，你什么都不想强调，或者不想绘制复杂的图形，可以用普通的基本柱状图来表示，如图 9-5 所示。

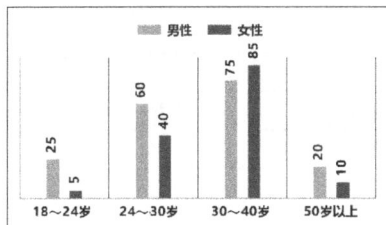

图 9-5　活动参与者构成（基本柱状图）

图 9-5 也可以直接使用 Excel 绘制出来。从我们绘制的图 9-3、图 9-4 和图 9-5 可以看出，虽然它们包含着同样的信息，但是三者的样式不同，表现的侧重点也不同。

上面所说的数据可视化是从内容上来说的，而从形式上来说，你还可以用图形化的方式，让数据变得更加美观，如图 9-6 所示，我们使用了男性和女性的图标来代表他们的数量。

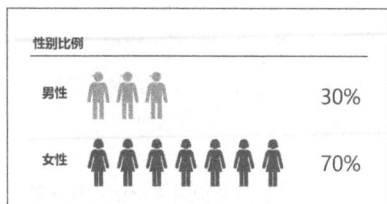

图 9-6　性别比例图

图 9-6 可使用 PowerPoint 中的图片填充功能来制作：先使用 PowerPoint 生成柱状图，然后选中数据柱，在图片填充选项中将它替换成对应图标。

上面的数据都比较简单，在数据可视化后，得到的图也会比较简单，我们可以很容易从图中读出具体数据。如果将比较复杂的数据可视化，那我们的目的就不再是通过图来传递具体数据，而是要让观看者对数据留下整体印象。

表 9-5 是一份活动物料清单，其列出了某项活动所需物料的数量和价格。物料被分为了 3 种类型，分别是材料、工具和道具。

表 9-5　活动物料清单

类　　型	名　　称	数　　量	价格/元
材料	竹筏材料	3 套	900
	划桨	6 支	60
	尼龙绳	3 卷	45
	塑料布	6 块	6
	丙烯颜料	2 套	120
	彩带	20 卷	60
工具	工具套装	6 套	300
	手摇钻	3 台	300
	绘画套装	3 套	45
道具	救生衣	36 件	900
	小游戏道具	3 套	360
	彩色气球	3 袋	30
合计			3126

如果我们希望将这份清单中的数据可视化，首先要在表中选择要用于图中的项目。在活动物料清单中，物料的类型和名称有包含关系，可以作为图的逻辑结构，而

在数量和价格两个数据中，显然价格更加重要。因此，我们选择类型、名称和价格这 3 项进行图的制作。

图 9-7 便是我们制作完成的图。可以看到，由于原始数据比较复杂，制作出的图表中也含有大量的数据，因此并不能做到让所有数据都一目了然。

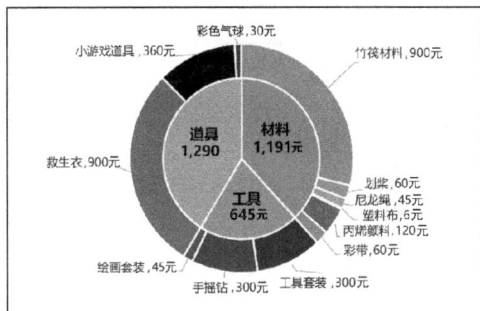

图 9-7　活动物料（叠放的饼状图）

然而，在看到图 9-7 之后，观看者能很快找出这次活动中花费较多的几项物料：救生衣、竹筏材料、小活动道具。而什么物料花费最多，占到了较高的比例，不正是观看者最关心的内容吗？因此，将复杂数据可视化之后，可以在视觉上帮助观看者筛选数据，让他们更快地找到自己想要的信息。

微软 Office 办公软件中的 Word、Excel 和 PowerPoint 都拥有绘制图表的功能，尤其是后两者。Excel 的图表类型最丰富，能表现出很复杂的数据关系，可以支持带单位的数据；PowerPoint 的绘制能力最强，你可以利用自定义图形、文本框等工具，在已生成图表的任意位置添加额外的内容。

在第 3 章，我们还介绍了微软的专用绘图软件 Visio，如果愿意花时间学习，微软 Visio 将会是你绘图的好帮手。

9.2.2　绘制示意图

作为活动策划人，我们经常需要各种定制化的图片，包括场地布置图、KV 设计图、舞台效果图等。其中有些图片需要工业绘图、平面设计、3D 建模等专业技能才能绘制，这就需要活动策划人和设计师合作完成活动策划方案。

需要设计师制作的图片往往比较复杂，沟通和制作过程需要消耗大量时间。在活动策划阶段，活动还没有正式立项，如果在图片完成绘制后活动仍没能立项或需要进

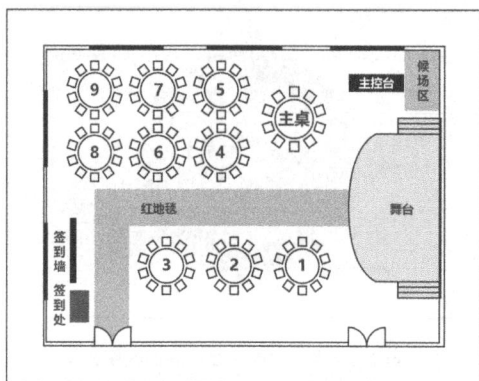

活动策划实战全书（图解版）

行重大调整，那沟通和制作图片花费的时间就被彻底浪费了。

因此，如果有些图片比较简单，可以由我们自己尝试完成。此时 PowerPoint 可以作为绘图的主要设计工具。

图 9-8 就是我们使用 PowerPoint 绘制的活动场地布置图。

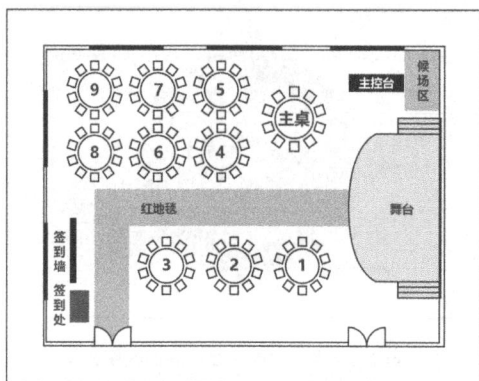

图 9-8　活动场地布置图

在图 9-8 中，所有的图形都是使用 PowerPoint 中的工具绘制的，其中部分内容的绘制方法如下。

- 双扇门入口：插入了 2 个 "形状" 中的 "饼型" 组合而成，填充使用白色，描边使用黑色。绘制完成之后，单击鼠标右键选择 "置于顶层" 将它们放置在最上方。
- 舞台：插入了 1 个 "形状" 中 "流程图" 下的 "延期"。在舞台的上下两侧，插入了几个 "形状" 中的 "矩形" 作为阶梯。所有图形使用灰色填充、黑色描边。
- 红地毯：插入了 2 个 "形状" 中的 "矩形"，填充使用灰色，无描边。绘制完成后，单击鼠标右键选择 "置于底层" 将它们放置在最下方。
- 文字：位于形状正中心的文字，可以在选中形状后直接输入。在其他位置的文字，则可以通过插入文本框的形式在输入相应文字后，将文本框移动到想要的位置。

在使用 PowerPoint 绘图时，如果你发现图形之间的遮挡关系和你想要的不同，可以选中图形，单击鼠标右键，在弹出的快捷菜单中分别选择 "置于顶层" "置于底层" 等选项，然后在展开后的相应对话框中选择 "上移一层" "下移一层" 等选项来调整图形的遮挡关系。另外，你还可以通过 PowerPoint 中的 "选择窗格" 功能，自由地调整所有图形间的遮挡关系。在微软 PowerPoint 的 2010、2013、2016 三个版本中，单击"开始"主选项卡，然后在弹出的快捷菜单中单击"选择"选项，最后在打开的下拉列表中单击"选择窗格"选项即可。

在绘制复杂的图形时，可以灵活应用复制、组合、旋转、对称、对齐等命令。比如，图 9-8 中的圆桌，就是组合使用多种命令绘制出来的。

绘制圆桌的步骤如图 9-9 所示。具体来说，应按照如下方式操作：

（1）插入 1 个"图形"中的"圆形"，作为中间的圆桌。

（2）在圆形顶部插入 1 个"图形"中的"矩形"，作为第 1 把椅子。

（3）将矩形复制 1 份，放到圆形的下方。选中图中的 2 个矩形和圆形，执行"对齐"下的"纵向分布"命令，让两个矩形和圆形的距离相等。

（4）选中 2 个矩形，执行"组合"命令将它们编组。

（5）选中刚刚的组合，复制一份并和原组合对齐，然后选中复制后的组合，单击"旋转"下的"其它旋转选项"选项，输入角度"36"让它旋转。

（6）重复步骤（5），直到矩形围满圆形一周。最后，你可以同时选中所有的矩形和圆形，将它们整体编组，编组后，就可以很方便地进行复制和放缩了。

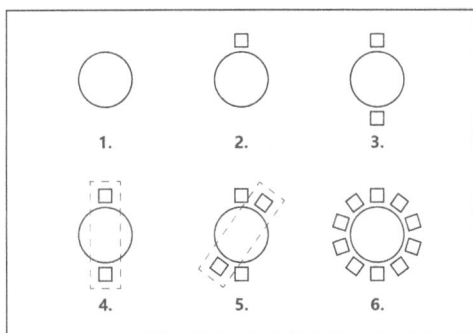

图 9-9　绘制圆桌的步骤

总而言之，PowerPoint 是一款很强大的工具，在还没有能力使用专业绘图软件时，它是一个很好的选择。在本书中，我们介绍的思维导图、鱼骨图、甘特图，以及树状图、柱状图、饼状图等也都可以使用 PowerPoint 来制作。

9.2.3　字体的选择和使用

在设计师之间有一个说法，是"1 页里不要超过 3 种字体"。虽然这不是一条必须恪守的原则，但是其说明了字体种类不宜过多这个道理。

在活动策划方案中，我们一般也就使用 3 种字体。

- 宋体，用于活动策划方案的正文和表格中。当正文和表格中出现英文和数字时，一般使用 Times New Roman 字体进行配合。
- 黑体，用于活动策划方案的标题。当标题中出现英文和数字时，一般使用 Arial 字体进行配合。
- 楷体，用于活动策划方案的备注、引用等特殊段落。当特殊段落中出现英文和数字时，一般使用 Times New Roman 字体进行配合。

你可能会有疑问，为什么英文和数字要使用不同的字体，而不使用中文字体呢？虽然中文字体也可以输入相应的英文和数字内容，但是中文字体对半角英文符号的支持度不够好。比如，当我们需要输入 08:00-13:00、Co.,Ltd.等内容时，中文字体可能显得不够协调，而替换为英文字体后就要好很多。

在 Word 等专业的文字编辑软件中，往往自带有区分中英文字体的功能，如图 9-10 所示。在撰写活动策划方案之前，可以在需要用到的字体样式中改好中英文字体，这样应用了该样式的段落就会自动将中英文字体区分开了。

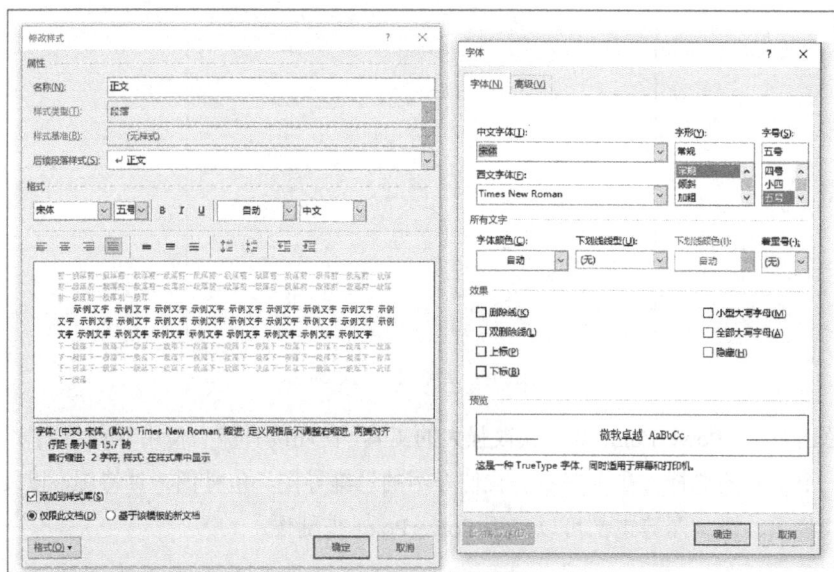

图 9-10　在 Word 中设置中英文字体

使用英文字体和中文字体进行配合，并不意味着我们犯了字体过多的错误。宋体和 Times New Roman 两款字体都属于衬线体，而黑体和 Arial 两款字体都属于非衬线体，所以这两对字体的风格是基本一致的。因此，我们的文章中没有出现 3 种以上风格的字体，也就没有出现字体种类过多的现象。

如果字体种类超过 3 种，而且字体之间的风格又不一致，那就真的会出现字体种类过多的问题，如图 9-11 所示。当一页中出现了太多种字体，就会显得非常凌乱。

图 9-11　字体种类过多

你也许觉得图 9-11 中的效果有些夸张，但类似的做法的确一次又一次地出现在笔者的视野中，尤其是在活动策划人使用 PowerPoint 制作活动策划方案的时候。混用字体的直接结果，就是让观看者给活动策划方案留下不好的第一印象。只要这种行为有可能降低活动策划方案的通过率，我们就应该尽力避免。

另外，即便仅仅使用 3 种以内的字体，也应注意避免大量使用花体字。在中文字体中，除宋体、黑体、楷体、Arial 及和它们类似的字体之外，其他字体基本都属于花体字的范畴，包括很多活动策划人喜欢用的行楷（如华文行楷）。

行楷、隶书、幼圆、魏书等常见字体虽然也属于花体字，但是其字形相对比较工整，少量使用在标题处是可以接受的。但这些字体不可作为正文字体，当大段文字使用这些字体时，一眼看上去会感觉版面不工整，文字内容阅读起来也会相当吃力。

至于彩云、琥珀、竹节、书法等比较花哨的花体字，请务必不要用在活动策划方案中，如图 9-12 所示。你没有任何理由让活动策划方案显得不正式，即便活动主题是低龄儿童、卡通动漫等轻松愉快的内容，那也没必要将活动策划方案本身做出轻松愉快的感觉。如果真的感觉需要这样的字体，请谨慎地将它用在封面的大标题上即可。

关于字体还有一点要注意的，就是要避免使用不常见字体。比如，黑体-简（STHeiti-Light）、汉仪旗黑、方正正准黑简体等字体都非常工整漂亮，用在标题和正文上看似是个不错的选择，然而，当你使用这些字体保存 Word 文档后，如果观看者的设备上没有对应的字体，那这些字体就会被系统替换为默认字体，这样一来你就无法预料观看者看到的效果了。

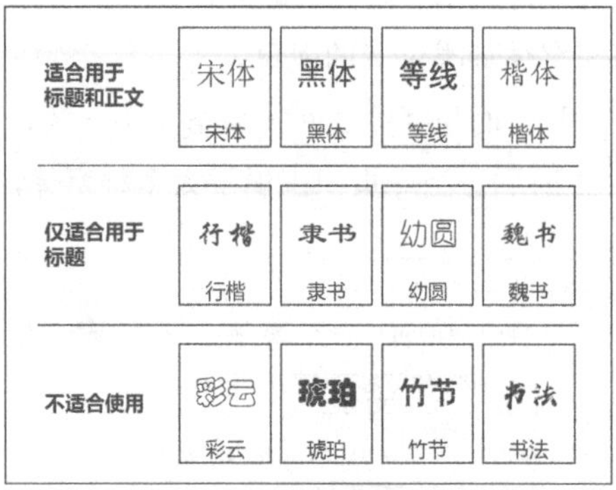

图 9-12　常见的几种字体类型

虽然可以通过嵌入字体等方式解决字体丢失的问题，但是其中很多字体有版权限制，而带有版权限制的字体相当一部分是不支持嵌入的，并且传播带有这些字体的文档是有侵权风险的。在笔者看来，即便字体丢失的问题可以解决，但从根源上不让这个问题发生才是最好的选择。

9.2.4　使用 PowerPoint 制作活动策划方案

在使用 Word 撰写活动策划方案的时候，你可能感叹过 Word 排版很困难。在处理大量图文混排的时候，Word 操作起来比较复杂，有时候很难控制图片、文本框的位置。在条件允许的情况下，你可以使用 PowerPoint 撰写活动策划方案。

我们这里说的使用 PowerPoint，不是指要制作横板的幻灯片型的活动策划方案，而是可以利用 PowerPoint 这款软件，完成纵版的、适合打印的、A4 大小的活动策划方案。

许多人认为，PowerPoint 只有 4:3 和 16:9 两种尺寸，这其实是一种定式思维。虽然 PowerPoint 的主要用途是制作幻灯片，但是其制作的文档是可以用于打印的，而且还可以是任意大小的。

在 PowerPoint 中打开"幻灯片大小"对话框后，在"幻灯片大小"下拉列表框中你可以找到很多种预设尺寸，如图 9-13 所示，其中就包括 A4、B5 等常见的纸张大小。也就是说，在开发者看来，用 PowerPoint 这款软件制作纸质文档是常规的使用方式。

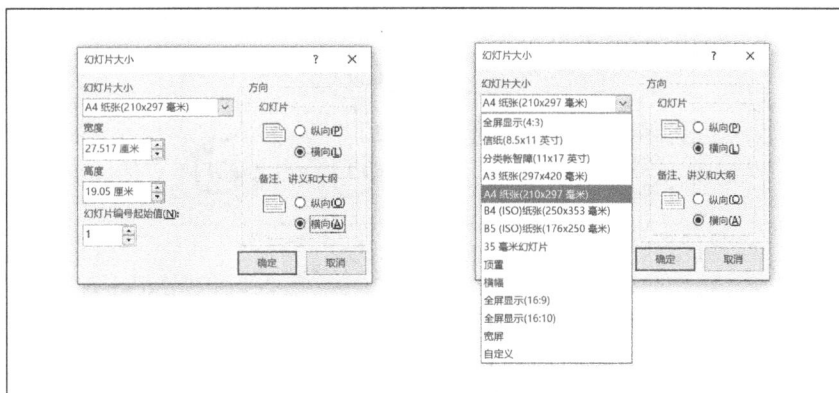

图 9-13　在 PowerPoint 中调整页面大小

当你在 PowerPoint 中建立了 A4 文档后，就可以使用基本功能制作出相对复杂的排版。比如，要并排排列多张图表，并排排列文本框和照片，以及将文字叠放到图形上等，这些操作在 Word 中是比较难以做到的，但在 PowerPoint 中就可以轻易完成，如图 9-14 所示。

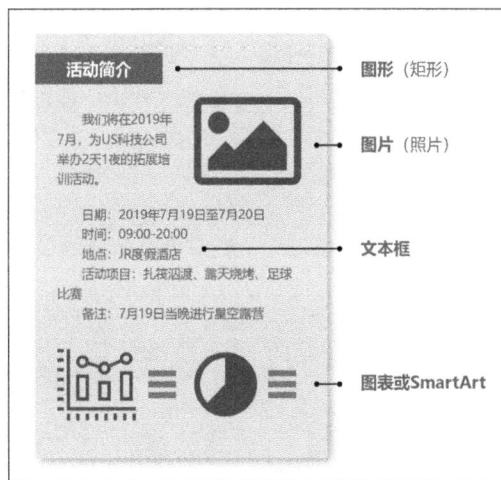

图 9-14　使用 PowerPoint 制作 A4 文档

在用 PowerPoint 制作好 A4 文档后，你可以将它另存为 PDF 格式的文件用于传阅和打印，也可以直接将每一页另存为 JPG 格式的图片（在另存为时选择 JPG 格式即可），然后再使用软件将它制作成电子书，如图 9-15 所示。

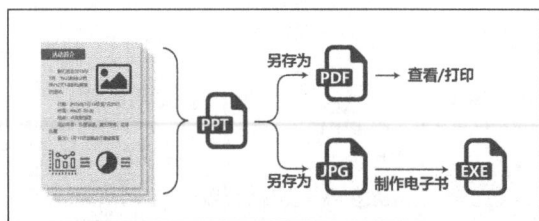

图 9-15　PowerPoint 文档的使用

PowerPoint 还是一款很适合绘图的工具。在使用 PowerPoint 制作活动策划方案时，如果需要定制化的图表或示意图，可以直接通过软件自带的形状、SmartArt、图表等工具进行绘制。

另外，由于 PowerPoint 是一页一页制作的，因此非常适合进行模块化。我们可以将每个活动项目、活动场地、活动服务等制作成 PowerPoint 文件单独保存，在使用的时候只需要插入这些页面即可。如果使用 Word 进行模块化，在插入模块的时候，就很容易出现换页的问题，导致排版变得混乱。

第 10 章

对活动策划的展望

活动策划和执行属于服务业。近 20 年来，整个服务业快速发展，活动策划和执行也发生着快速的变化。笔者认为，可以将活动策划和执行的发展分为三个时期：供给化时期、定制化时期和产品化时期。

在供给化时期，活动策划和执行的服务模式为有什么项目就做什么活动，在 2010 年之前，大部分地区还处于这一时期。在供给化时期，由于活动资源比较稀缺，花样不多，因此活动策划也相对比较简单，几个固定的活动项目组合可以连续重复使用。

供给化时期的活动项目甚至能直接售卖。对于很多活动发起方来说，根本不存在活动策划的问题，他们只要看到活动项目被定时定点的执行就可以了。因此经常能看到这样的现象：月初商店街的 A 商铺开业，开业典礼用了擂鼓、舞龙、歌曲，月底同一条街的 B 商铺开业，开业典礼仍然是用擂鼓、舞龙、歌曲，甚至两家商铺请的表演者都来自同一个公司。

总之，在供给化时期，活动的同质化现象比较严重，活动策划的含金量也不高；

企业对活动的需求也比较简单，甚至简单到企业老板经常让企业的行政部门直接策划并组织活动；活动策划对许多企业来说属于奢侈品，专业的活动策划公司也相对较少。

随着经济进一步发展，企业对活动的需求量不断上升，促成了一大批专业的活动策划公司的诞生。然而，活动发起方逐渐发现，活动的同质化现象依旧存在，不同的活动策划公司往往会给出极其相似的活动策划方案。大量的需求放大了同质化的负面影响，就好像商店街的100家店铺全部使用同样的方式举行开业典礼，于是这个方式的活动效果就被渐渐削弱了，最后大家开始追求新的方式。

这使得活动策划和执行服务迅速转向定制化时期，服务模式变为了有什么需求就做什么活动。在定制化时期，活动策划公司的服务能力得到了极大的提升，单个公司就能策划和执行多种活动项目，而且活动策划公司开始针对企业的特殊要求，给出定制化的活动策划方案，甚至开始开发各种新奇的玩法。

我国大部分地区进入定制化时期是近 10 年来的事情，团队建设、体验式培训、定制化旅游、整合营销等词汇就是在这个时期火起来的，它们是活动策划和执行行业进化的标志。

在定制化时期，活动策划公司非常关注活动发起方的需求，因此对活动策划人的要求也比较高。为了满足活动发起方的要求，活动策划人可能需要整合各种资源，撰写出相当复杂的活动策划方案，然后再将它呈现出来。因此，这个时期的活动项目不能再直接售卖，必须根据需求被组合成活动策划方案后才有价值。

虽然定制化时期才开始不过 10 年，但是在笔者看来，这一时期已经接近尾声了。如今生活节奏和工作节奏越来越快，尤其是在大城市，几乎所有企业都处于高速运转状态。世界日新月异，详细的年度计划已经越来越跟不上节奏，许多企业开始用月度计划甚至周计划来推进工作。因此活动策划公司会发现，筹备时间只有 1 个月甚至 1 周的活动订单越来越多。

在筹备期高度紧张的情况下，定制化的服务模式开始显得力不从心，因此许多活动策划公司开始尝试"提供服务菜单，根据需求选择"的服务模式，活动策划和执行服务开始转向产品化时期。

所谓活动策划和执行服务的产品化时期，是指将所有的活动项目、配套服务、增值服务等全部标准化，并转化为一个个独立的产品的时期。在活动发起方有需要时，我们直接出示产品菜单，让他们自行选择，选择的产品组成一次活动的内容。就像点菜一样，食客可以自由选择餐前小吃、凉菜、热菜、汤菜、果盘、茶点等，最终组成一桌自定义的宴席。

每个产品都对应完整的活动策划方案模块，当活动发起方选择完产品后，我们只需要将这些模块放在一起，然后用时间表、预算表、人员表等将它们关联起来，就可以快速完成活动策划方案了。这样的方式可以满足大多数需求，我们只要为剩余的小部分提供定制化服务就可以了。

许多活动策划公司都已经在使用这种模式了，部分细分行业（如旅游、婚庆等）甚至实现了全盘产品化。在产品化时期，活动策划人这个职位会被逐渐弱化，更多地转而担任产品设计的工作，即标准化服务内容，撰写活动策划方案模块。活动策划公司的销售模式，也将从"设计→策划→销售"逐渐变为"设计→销售"。

活动策划和执行行业的发展基本是按照供给化时期、定制化时期产品化时期的顺序发展的，只是不同地区、不同细分行业、不同目标市场下的发展速度可能不同。

以上就是笔者对活动策划的展望。

对于活动策划人来说，活动策划专员这类初级岗位会越来越稀缺，要想在这个行业内长久发展，有 3 个方向可以选择：

- 资深活动策划。即便活动策划和执行行业完全进入产品化时期，定制化服务的需求也不会完全消失，但那时的定制化服务会更高端、更复杂、更需要创意，对活动策划人的能力也会有更高的要求。因此，继续提升自己的能力，深入活动策划领域，是可选的发展方向。
- 活动执行。即便活动不再需要策划，那也永远少不了执行。要想参与到活动执行中，要么是作为项目经理，统筹协调现场资源完成执行，要么是作为专职技术人员，在活动中发挥自己的技能（如摄影师）。这条路是很宽的，可能会往舞台导演、广告人、会展经理等方向发展。
- 产品设计。产品设计即适应产品化时期的趋势，加入标准化、模块化的工作中。要想设计出优秀的活动类产品，就要对活动策划、活动执行、盈利模式等有一定认识。在产品化时期，产品设计关系到活动策划公司的命脉，因此产品设计师未来将是非常重要的岗位之一。

虽然上述内容仅代表笔者的观点，但是这个世界在高速发展，物联网、机器学习、人工智能等新兴技术正在改变着每个行业，活动策划人不可能也没必要逃避时代的变化，相反，他们应拥抱变化。

俗话说，机会是留给有准备的人的。时代可以淘汰岗位，但不会淘汰人——人从来都是被自己淘汰的。与其悲观，不如加紧学习提升自己，争取冲入行业新时代的最前列。

【读者服务】

微信扫码回复：38818

- 获取博文视点学院 20 元付费内容抵扣券
- 获取本书配套 PPT 课件资源
- 加入读者交流群，与更多读者互动
- 获取精选书单推荐

反侵权盗版声明

电子工业出版社依法对本作品享有专有出版权。任何未经权利人书面许可，复制、销售或通过信息网络传播本作品的行为；歪曲、篡改、剽窃本作品的行为，均违反《中华人民共和国著作权法》，其行为人应承担相应的民事责任和行政责任，构成犯罪的，将被依法追究刑事责任。

为了维护市场秩序，保护权利人的合法权益，我社将依法查处和打击侵权盗版的单位和个人。欢迎社会各界人士积极举报侵权盗版行为，本社将奖励举报有功人员，并保证举报人的信息不被泄露。

举报电话：（010）88254396；（010）88258888

传　　真：（010）88254397

E-m a i l：dbqq@phei.com.cn

通信地址：北京市万寿路 173 信箱

　　　　　电子工业出版社总编办公室

邮　　编：100036